Die Französische Revolution

Erarbeitet von Hermann Both und Prof. Dr. Andreas Gestrich
unter Mitarbeit der Verlagsredaktion

Cornelsen

KURSHEFTE GESCHICHTE

KURSHEFTE GESCHICHTE

Die Französische Revolution

Das Lehrwerk wurde erarbeitet von:
Hermann Both, Schwaikheim;
Prof. Dr. Andreas Gestrich, Trier;
unter Mitarbeit der Verlagsredaktion.

Redaktion: Volker Junker, Dr. Christine Keitz
Karten/Grafik: Dr. Volkhard Binder, Berlin; Amelie Glienke, Berlin
Bildassistenz: Dagmar Schmidt
Umschlaggestaltung: Ulrike Kuhr (Umschlagbild: Ölgemälde „Erklärung der Menschen- und Bürgerrechte" von Jean Jacques le Barbier, 1789/90; Hachette, Paris)
Layout und technische Umsetzung: Uwe Rogal, Berlin

www.cornelsen.de

Die Webseiten Dritter, deren Internetadressen in diesem Lehrwerk angegeben sind, wurden vor Drucklegung sorgfältig geprüft. Der Verlag übernimmt keine Gewähr für die Aktualität und den Inhalt dieser Seiten oder solcher, die mit ihnen verlinkt sind.

1. Auflage, 5. Druck 2022

Alle Drucke dieser Auflage sind inhaltlich unverändert und können im Unterricht nebeneinander verwendet werden.

© 2007 Cornelsen Verlag, Berlin
© 2022 Cornelsen Verlag GmbH, Berlin

Das Werk und seine Teile sind urheberrechtlich geschützt.
Jede Nutzung in anderen als den gesetzlich zugelassenen Fällen
bedarf der vorherigen schriftlichen Einwilligung des Verlages.
Hinweis zu §§ 60a, 60b UrhG: Weder das Werk noch seine Teile dürfen ohne eine solche Einwilligung an Schulen oder in Unterrichts- und Lehrmedien (§ 60b Abs. 3 UrhG) vervielfältigt, insbesondere kopiert oder eingescannt, verbreitet oder in ein Netzwerk eingestellt oder sonst öffentlich zugänglich gemacht oder wiedergegeben werden.
Dies gilt auch für Intranets von Schulen.

Druck: AZ Druck und Datentechnik GmbH, Kempten

ISBN 978-3-06-064236-6

PEFC zertifiziert
Dieses Produkt stammt aus nachhaltig bewirtschafteten Wäldern und kontrollierten Quellen.

www.pefc.de

Inhalt

Zur Arbeit mit dem Kursheft 4

1. Einleitung: „C'est une révolution!" 5
   Methodensonderseite: Präsentationen im Fach Geschichte 8

2. Krise ohne Ausweg? Zu den Ursachen der Französischen Revolution 9
   Themensonderseite: Die Öffentlichkeit – eine neue Macht? 32
   Methodensonderseite: Zum Umgang mit schriftlichen Quellen, Sekundärliteratur und Operatoren 36

3. Phasen der Französischen Revolution – Phase 1: „Vorrevolution" des Adels 41
   Methodensonderseite: Übung zum Erwerb narrativer Kompetenzen: Beschwerdebriefe als historische Quellen 50
   Methodensonderseite: Die Revolutionstheorie von Marx und Engels 52

4. Phase 2: Die konstitutionelle Phase (1789–1791) – Eine Revolution oder drei Revolutionen? 55
   Methodensonderseite: Konservative, liberale und sozialistische Analysen: Deutungsansätze zur Französischen Revolution? 70

5. Phase 3: Revolution der Gleichheit oder Despotismus der Freiheit (1791–1794)? 74
   Themensonderseite: Kleidung und Mode als revolutionäre Ausdrucksmittel 93

6. „Ein Zeichen setzen" – Medien, Symbole, Feste: Die neuen Ausdrucksformen der Revolution 96
   Methodensonderseite: Bildquellen – Das politische Flugblatt 108

7. 1789 – „Geburtsstunde" des modernen Feminismus? Geschlechterfragen in der Revolution 111
   Themensonderseite: Die Frauenrechtsbewegung in der Französischen Revolution aus der Sicht der Forschung 117

8. Phase 4 der Revolution (1794–1799) und die Herrschaft Napoleons (1799–1815) 120

9. Die Neugestaltung Europas unter den Vorzeichen der Revolution und der Herrschaft Napoleons 127
   Methodensonderseite: Napoleon in Karikaturen – Napoleon als Mythos 139

10. Die Revolution in der historischen Diskussion 144
    Methodensonderseite: Probeklausur – Analyse eines Sekundärtextes 147

Zur Wiederholung und Abiturvorbereitung: Methodenkompetenzen üben, Sach- und Urteilskompetenzen trainieren 148
Facharbeiten: Methodische Tipps und Beispiele für Gegenstandsbereiche 149
Zeittafel 150
Begriffslexikon 151
Personenlexikon und Personenregister 156
Fachliteratur, Internethinweise und Hilfsmittel für Präsentationen und Projekte 158
Sachregister 159
Bildquellenverzeichnis 160

Zur Arbeit mit dem Kursheft

Das Kursheft ist eine thematisch orientierte Materialsammlung für den Geschichtsunterricht in der Oberstufe. Im Zentrum eines jeden Kapitels steht eine umfangreiche Quellensammlung, die ergänzt wird durch einführende Darstellungen, „Methoden- und Themensonderseiten" (gelb umrandet) sowie „Weiterführende Arbeitsanregungen".

Einleitende Darstellungen

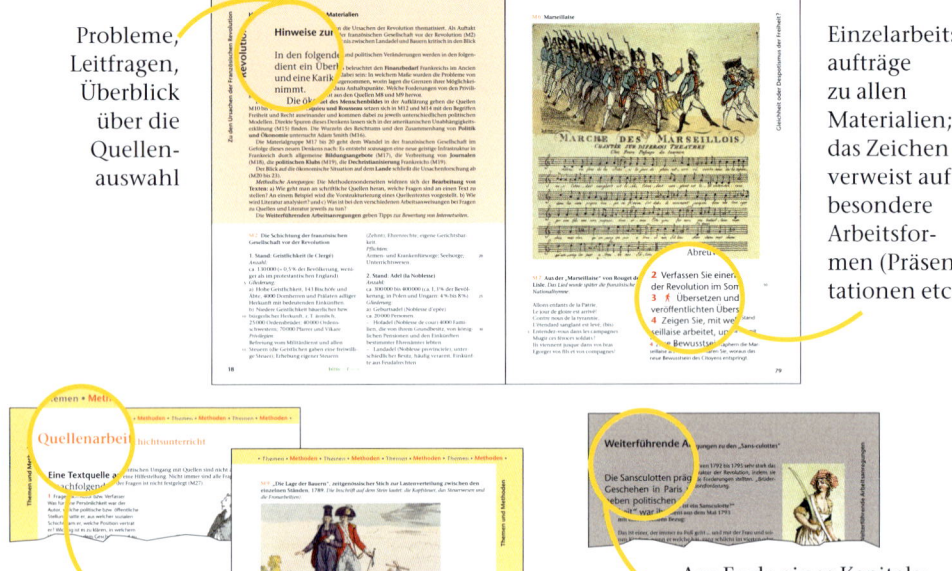

Probleme, Leitfragen, Überblick über die Quellenauswahl

Einzelarbeitsaufträge zu allen Materialien; das Zeichen 🚶 verweist auf besondere Arbeitsformen (Präsentationen etc.)

Methoden- und Themensonderseiten

Am Ende eines Kapitels: Projekte, Referate, Buchtipps

Der Anhang: Wiederholungsaufgaben – Facharbeiten – Serviceseiten

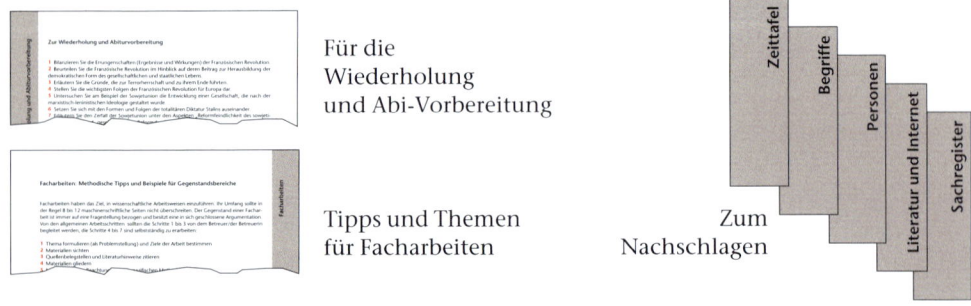

Für die Wiederholung und Abi-Vorbereitung

Tipps und Themen für Facharbeiten

Zum Nachschlagen

Aktuelle Materialien im Internet: *www.cornelsen.de/aktualitaetendienste*
Linktipps: *www.cornelsen.de/internet-lotse*

1 Einleitung: „C'est une révolution!"

„Non, Sire, c'est une révolution!", antwortete der Herzog von Liancourt dem französischen König, als dieser den Sturm auf die Bastille am 14. Juli 1789 als eine Revolte bezeichnete. Diese Episode wird in fast allen Darstellungen der Französischen Revolution erzählt. Sie soll verdeutlichen, dass Ludwig XVI. im Juli 1789 die **Tragweite des Geschehens** noch nicht erkannt hatte. Unruhen und Revolten waren dem König geläufig, denn es hatte sie im Frankreich des 18. Jahrhunderts in Krisensituationen immer wieder gegeben. Der Sturm der Pariser Bevölkerung auf die Bastille, das Symbol königlicher Macht, ließ sich nach der Meinung des Herzogs jedoch nicht mehr in diese Kategorie einordnen. Er markierte den Beginn – einer Revolution. Wusste der König überhaupt, was eine Revolution war? Verstand er dasselbe darunter wie wir? Das ist nicht sicher, denn die Bedeutung des Begriffs hat sich gewandelt. Nach modernem Verständnis ist eine Revolution eine „grundlegende Umgestaltung der gesellschaftlichen Struktur, der politischen Organisation sowie der kulturellen Wertvorstellungen in einem bestimmten geografischen Bereich" (Meyers Taschenlexikon Geschichte), die sich zudem in einem kurzen Zeitraum vollzieht. Diese moderne Definition von Revolution beruht jedoch ganz wesentlich auf der Erfahrung der Französischen Revolution, die zum **Vorbild** aller modernen Revolutionen wurde. An ihr orientieren sich unsere Begriffsbestimmungen und Revolutionstheorien.

Konnte der französische König also wissen, was eine Revolution war? Ursprünglich gehörte das vom lateinischen „**revolvere** = zurückwälzen, zurückkehren" abgeleitete Substantiv zur Fachsprache der Astronomie. Es bezeichnete die Vollendung des Umlaufs eines Planeten, die Rückkehr zu seinem Ausgangspunkt. Schon früh wurde der Begriff allerdings in die politische Sprache übertragen. Hier bedeutete Revolution seit der Spätantike die Wiederherstellung eines früheren, meist als besser angesehenen Zustands einer Gesellschaft oder einer staatlichen Ordnung wie z.B. noch in der „Glorious Revolution" von 1688 in England. Revolution drückte ursprünglich also genau das Gegenteil von dem aus, was wir heute darunter verstehen, nicht den Durchbruch zu etwas Neuem, sondern die Rückkehr zum „Altbewährten". Diesen Vorgang nennen wir heute Restauration.

Das **moderne Verständnis von Revolution** hatte sich allerdings schon vor der Französischen Revolution angebahnt. Seit dem ausgehenden 17. Jahrhundert definierten Lexika den Begriff als plötzliche oder gewaltsame Transformation der politischen Ordnung eines Staates. Und seit der Mitte des 18. Jahrhunderts galten Revolutionen in der Philosophie und Geschichtsschreibung der Aufklärung als zentrale Elemente historischen Fortschritts. Der amerikanische Unabhängigkeitskrieg und die daraus hervorgegangene demokratische Verfassung der USA wurden gerade in Frankreich bereits von den Zeitgenossen als Revolution in diesem neuen Sinn bezeichnet. Der Herzog von Liancourt und der französische König konnten im Juli 1789 den Begriff Revolution somit als „grundlegende Umgestaltung" der Verfassung und Struktur des Staates verstehen – auch wenn ihnen zu diesem Zeitpunkt weder die historische Bedeutung des Bastillesturms noch die weitere Entwicklung klar sein konnten.

Ein neues Geschichtsbild entsteht

Seit der Französischen Revolution ist der neue **Revolutionsbegriff** nicht nur fester Bestandteil unserer politischen Sprache, sondern besitzt auch eine wichtige Funktion in unserer Vorstellung vom Ablauf und von den Wirkkräften der Geschichte. Im Gegensatz zu der stark von religiös-heilsgeschichtlichen Aspekten bestimmten Geschichtsauffassung des Mittelalters und der Frühen Neuzeit ist Geschichte für den modernen Menschen gleichbedeutend mit innerweltlicher Veränderung, mit Bewegung und vielfach auch mit wirtschaftlichem, sozialem und politischem Fortschritt. Revolutionen spielen dabei eine wichtige Rolle. Sie gelten geradezu als „Motoren" des Fortschritts. Am deutlichsten ist dies in der **marxistischen Geschichtstheorie**

M 1 La Liberté, Gemälde von Nanine Vallain, 1793/94. *Weibliche Verkörperung der Freiheit mit Lanze, Freiheitsmütze, Erklärung der Menschen- und Bürgerrechte von 1789.*

der Fall. Nach ihr werden Gesellschaften durch Revolutionen auf eine höhere Stufe ihrer Entwicklung geführt, weil Revolutionen die Widersprüche lösen, die sich aus verschiedenen Entwicklungsgeschwindigkeiten gesellschaftlicher Teilbereiche ergeben haben. Dies gilt vor allem für die Widersprüche zwischen der wirtschaftlichen Macht und den politischen Partizipationsmöglichkeiten gesellschaftlicher Gruppen, die sich im Laufe der historischen Entwicklung der Produktivkräfte herausbilden.

Revolutionen markieren nach marxistischer Auffassung die Übergänge zwischen verschiedenen Gesellschaftsformationen, in der Neuzeit besonders die zwischen der feudalen, der kapitalistischen und der sozialistischen Gesellschaft. Die marxistische Revolutionstheorie spricht deshalb von „**bürgerlichen**" und „**sozialistischen Revolutionen**" und ordnet die Französische Revolution in die Kategorie der „bürgerlichen Revolutionen" ein. Auf der Grundlage der sich entfaltenden kapitalistischen Wirtschaftsweise hätte hier das Bürgertum erstmals die politische Macht errungen. Auf die bürgerlichen Revolutionen folge dann durch die neuen Widersprüche in den Produktionsverhältnissen der kapitalistischen Gesellschaft zwangsläufig eine sozialistische Revolution, in der die Arbeiterklasse die Macht erringen würde.

Diese nicht zuletzt auf der Grundlage der historischen Analyse der Französischen Revolution durch Marx und Engels formulierte Theorie hat in der Geschichte des 19. und 20. Jahrhunderts bekanntlich eine große historische Wirksamkeit entfaltet und die Französische Revolution immer wieder zum Bezugspunkt revolutionärer Bewegungen werden lassen. Die nicht-marxistische Geschichtsschreibung hat zwar die marxistische Einordnung der Französischen Revolution in einen universalhistorischen Zusammenhang zu Recht in Zweifel gezogen, stuft sie aber mehrheitlich ebenfalls als fortschrittlich und daher positiv ein. Die „Große Französische Revolution" habe die Grundlage zur Durchsetzung der modernen demokratischen Staats- und Gesellschaftsordnungen in Europa gelegt und die Ablösung des weitgehenden Monopols des Adels auf die politische Führung im Staat eingeleitet. Sie galt deshalb lange als entscheidende **Epochengrenze**, als Ende des so genannten Ancien Régime und Durchbruch der Moderne.

Heute wird die „epochale" Bedeutung der Französischen Revolution in der historischen Forschung in der Regel etwas zurückgenommen. Im Bereich der Wirtschafts- und Sozialverfassung seien viele Elemente der feudalen Gesellschaft in Frankreich schon vor der Revolution nicht mehr von großer Bedeutung gewesen, andere Bereiche wie z. B. die Familienstrukturen oder das Geschlechterverhältnis hätten sich dagegen durch die Revolution nicht nachhaltig gewandelt. Im politischen Bereich sei zwar die erstmalige Verankerung der Menschenrechte und der repräsentativen Demokratie in einer europäischen Verfassung bedeutsam gewesen. Prägend gewirkt hätte hier aber das **Vorbild der Vereinigten Staaten**, die 1776 mit der Unabhängigkeit von England die aufgeklärten Ideen in einem demokratischen Staat umsetzten. Die Französische Revolution sei deshalb auch in politischer Hinsicht nicht „einzigartig", sondern gehöre in einen breiteren Kontext demokratischer Bewegungen in Europa und Nordamerika im Zeitraum zwischen 1763 und 1800. Die Ereignisse in Frankreich werden deshalb von mehreren Historikern auch als Teil einer „atlantischen Revolution" interpretiert. Dennoch stellte die Französische Revolution für Europa zweifellos einen gewichtigen Einschnitt dar.

1 Was fällt Ihnen ein, wenn Sie den Begriff „Revolution" hören? (Mindmapping)
2 Wie untersucht man eine Revolution? Erstellen Sie ein Frageraster.
3 Erarbeiten Sie anhand der Einführung allgemeine Merkmale von Revolutionen.
4 Erörtern Sie Wege, um gesellschaftliche Konflikte zu lösen.
5 Definieren Sie „Reform", „Restauration", „Evolution" und „Revolution" (Lexika).

M 2 Der Revolutionsbegriff in der Werbung – IBM-Slogan zur CeBIT 1999

Präsentationen im Fach Geschichte

Eine Präsentation ist eine gründlich vorbereitete, themen- und zielgruppenbezogene Vorstellung von Inhalten, die informieren, überzeugen oder motivieren will. Sie kann die Zielgruppe einbeziehen, d. h. zu Nachfragen animieren oder Stellungnahmen provozieren. In manchen Bundesländern ist sie Bestandteil der Abiturprüfung. Methodische Hinweise finden sich auf dieser Seite, **Themenbeispiele** auf den Seiten 24, 31, 53, 69, 92, 116, 118 f. und 138.

Formen der Präsentation und Kriterien einer gelungenen Präsentation

Die häufigste Form der Präsentation, zumal in Abschlussprüfungen im Fach Geschichte, ist das Referat. Bevor einige methodische Hinweise zur Vorbereitung und Präsentation eines Referats vorgestellt werden, sei (im Anschluss an Peter Adamski) darauf hingewiesen, dass sich für den laufenden Geschichtsunterricht eine Vielfalt von Präsentationsformen anbietet:
a) *schriftliche:* Referat, Thesenpapier, Facharbeit, Rezension;
b) *visualisierte:* Wandzeitung, Lernplakat, Collage, Zeitstrahl, Strukturbild, Geschichtsfries;
c) *auditive:* Rede, Vortrag, Reportage, Interview;
d) *gestalterische:* Ausstellung, Rekonstruktion, Modell.
Die gelungene Präsentation entspricht folgenden Kriterien:
1. Sie ist inhaltlich und sprachlich richtig.
2. Sie macht Prozesse, Strukturen und Zusammenhänge deutlich.
3. Sie bezieht Unterrichtsinhalte mit ein.
4. Sie überträgt die Inhalte auf andere Bereiche (Transfer).
5. Sie wendet Fachmethoden (Textquellen-, Bild-, Statistikanalyse usw.) richtig an.
6. Sie nutzt Medien in angemessener Form.

Hinweise zur Vorbereitung und Präsentation eines Referats

1 Thema eingrenzen
– Das heißt: Frage formulieren, Zeitraum bestimmen, geografischen Raum festlegen.
2 Recherchieren
– Recherchieren heißt: Informationen sammeln, in Lexika, Expertengesprächen, Bibliotheken (Stichwort-/Autorenkatalog), im Internet (aber nie alleine auf das Internet verlassen).
– Kopieren heißt: nicht alles kopieren, sondern nur Basistexte, Basisquellen, Übersichten.
– Exzerpieren heißt: Stichpunkte notieren (für jeden Teilaspekt eine Karteikarte anlegen).
– Zitieren bedeutet: etwas wortwörtlich übernehmen, aber nur bei ganz zentralen Aussagen.
3 Informationen verarbeiten
– Material gliedern: Karteikarten und Zettel zu Teilbereichen gruppieren.
– Material gedanklich verarbeiten: Grafiken, Tabellen, Mindmaps usw. anfertigen.
– Gliederung erstellen und Kapitelüberschriften formulieren.
4 Vortrag vorbereiten
– Visuelle Unterstützung überlegen (Gliederung als Tafelbild, Folie, auf PC; Handout).
– Zentrale Fakten und schwierige Daten, Begriffe, Zitate auf Karteikarten farbig markieren.
5 Vortrag halten
– Erst jeweils die Teilbereiche benennen, dann in die Details gehen.
– Frei sprechen, Pausen machen, Redetempo und Lautstärke den Inhalten gemäß variieren.
– Reaktionen der Zuhörer/-innen aufnehmen, Gedanken ggf. nochmals präzisieren.

2 Krise ohne Ausweg? Zu den Ursachen der Französischen Revolution

Wir sprechen in der Regel, ohne zu zögern, von „der" Französischen Revolution. Aber war diese Revolution wirklich eine Einheit? Diese Frage wurde in der Geschichtswissenschaft viel diskutiert. Dahinter stehen grundsätzliche Probleme der Interpretation der **Ursachen** und des Ablaufs der Revolution. Wird die Revolution als ein einheitlicher Ereignis- und Handlungszusammenhang aufgefasst, dann bedeutet dies, dass die Menschen damals alle weitgehend übereinstimmende Interessen und Ziele besaßen, dass ein einheitlicher Ursachenkomplex für den Ausbruch der Revolution verantwortlich und die Revolution deshalb kein zufälliges, sondern ein historisch notwendiges Ereignis war.

Die Französische Revolution wird heute jedoch nicht mehr als eine einheitliche Revolution angesehen, sondern als ein komplexer, aus verschiedenen Handlungssträngen zusammengesetzter **Prozess.** Zu der Verfassungsrevolution der Bürger stießen die sozialrevolutionären Bestrebungen der Bauern und der städtischen Unter- und Mittelschichten, und am Anfang stand als beschleunigender Faktor sogar eine „Vorrevolution" der Oberschichten, die häufig auch als „Revolte des Adels" bezeichnet wird. Die Frage nach den Ursachen der Revolution muss diese verschiedenen **Trägerschichten** und ihre spezifischen Probleme und Ziele berücksichtigen. Zugleich muss sie nach den Bedingungen fragen, die es ermöglichten oder erzwangen, dass die verschiedenen Ebenen der Revolution sich gegenseitig unterstützten und verstärkten. Nur so lässt sich die Frage nach „Zufall" oder „Notwendigkeit" der Revolution und ihres spezifischen Verlaufs sinnvoll beantworten. Es sind im Wesentlichen drei Problemkomplexe, die man bei der Suche nach den Ursachen der Revolution zu beachten hat: die politische Krise des Ancien Régime, die Folgen der Aufklärung und die wirtschaftliche und soziale Lage der Bevölkerung.

1. Die politische Krise des Ancien Régime

Am Anfang der Revolution stand der Widerstand des Adels, des hohen Klerus und teilweise auch der privilegierten Eliten aus dem Finanz-, Handels- und Gewerbebürgertum. Sie wehrten sich nicht nur gegen die absolutistische Regierungsform des Königs und seiner Verwaltungsbürokratie, sondern auch gegen deren Reformversuche. Dieser Widerstand spitzte sich in der so genannten **Vorrevolution des Adels** zu. Sie entzündete sich am Versuch des Königs bzw. seiner Finanzminister, die Privilegien von Adel und Klerus, die von einem großen Teil der Staatssteuern befreit waren, aufzuheben oder einzuschränken. Dies schien der einzige Weg, um die enormen Staatsschulden abzubauen. An den Auseinandersetzungen um die Steuerprivilegien zeigen sich verschiedene Dimensionen der politischen Krise des Ancien Régime:

1. Die enorme **Schuldenlast** des Staates war ganz wesentlich eine Konsequenz der „amphibischen Lage" (Skocpol), in der sich Frankreich als Land- und Seemacht befand: Der traditionelle Grundsatz französischer Außenpolitik war es, stärkste Macht auf dem europäischen Kontinent zu sein. Dies erforderte erhebliche militärische Anstrengungen und die Beteiligung an praktisch allen europäischen Kriegen. Daneben war Frankreich aber auch See- und Kolonialmacht, wollte es zumindest sein und bleiben, und musste deshalb auch mit England außerhalb Europas um Einflussgebiete und Anteile am wachsenden Kolonialmarkt ringen.

2. Schulden wegen Kriegen hatten die französischen Könige auch in früheren Jahren gemacht. Es war ihnen jedoch meist gelungen, sie in den Zwischenkriegszeiten wieder einigermaßen abzutragen. In den 1780er-Jahren weitete sich die Schuldenkrise, die durch das kostspielige Engagement Frankreichs im amerikanischen Unabhängigkeitskrieg erneut verschärft worden war, zu einer **Systemkrise** aus. Dadurch sanken die öffentliche Kreditfähigkeit der

Regierung und vor allem auch die Bereitschaft der traditionellen Geldgeber der Krone, der Steuerpächter, der verschuldeten Regierung weiterhin Geld zu leihen; eine Offenlegung der Einnahmen und Ausgaben wurde gefordert; der Luxus am Hofe wurde kritisiert.

3. Die Systemkrise hing eng mit der Tatsache zusammen, dass Frankreich besonders im Siebenjährigen Krieg (1756–63), in dem es mit Österreich gegen Preußen und England verbündet war, einen erheblichen **Territorialverlust in Übersee** (Indien, Nordamerika) und einen deutlichen **Prestigeverlust** als europäische Macht hinnehmen musste. Dies schwächte die innenpolitische Stellung der Krone und ihres Verwaltungsapparats. Die Effizienz und die Legitimität der absolutistischen Regierungsweise wurde durch diese Misserfolge in Frage gestellt.

4. Diese Faktoren wirkten sich deshalb so gravierend aus, weil es der Regierung nicht gelang, das ineffiziente und **ungerechte Steuersystem** so zu reformieren, dass dadurch die regulären Einkünfte des Staates hätten erhöht werden können. Steuern galten nach mittelalterlicher Tradition als außerordentliche Leistung der Untertanen in Notsituationen. Normalerweise hatte der Monarch seine Ausgaben bzw. die seines Hofstaates und der Regierung aus dem Einkommen aus seinen Eigengütern bzw. Krondomänen zu bestreiten. Die französischen Könige konnten zwar im Laufe des Spätmittelalters und der Frühen Neuzeit eine ganze Reihe von direkten und indirekten Steuern als permanente Abgaben durchsetzen, allerdings nur auf der Basis einer außerordentlich großen Steuerungleichheit. Das heißt, die privilegierten Stände, der Klerus und der Adel, waren von dem größten Teil der Steuern ausgenommen. Die eigentliche Steuerlast hatten die Bauern und Bürger zu tragen. Aber auch für sie war die Steuerbelastung in den verschiedenen Regionen und Provinzen Frankreichs sehr unterschiedlich.

5. Das zunehmende **Legitimitätsdefizit** führte dazu, dass neben den Finanzen auch ein sehr grundsätzliches politisches Thema ins Zentrum der öffentlichen Diskussion rückte: die Frage der **politischen Repräsentation**. Die Kontroverse um diese Frage ging an die geistigen Grundlagen des Ancien Régime. Gegen die traditionelle Auffassung, dass das Staatsganze nur in der Person des Königs repräsentiert sei und bei ihm die eigentliche Souveränität liege, wurde zunehmend ein Organ für die Repräsentation des Willens der Nation gefordert, da diese der eigentliche Träger der Souveränität im Staat sei. Diese Diskussionen bestimmten bereits Monate vor dem eigentlichen Beginn der Revolution die öffentlichen Debatten. Die Konfrontation zwischen Monarch und Drittem Stand bzw. auch den reformwilligen Mitgliedern der anderen Stände im Juli 1789 über die Frage der Repräsentation war deshalb keine aus dem Augenblick heraus entstandene Entwicklung. Die Gründung der Nationalversammlung und der Beginn der „Verfassungsrevolution" waren vielmehr die Zuspitzung einer länger sichtbaren Tendenz.

2. Die Aufklärung

War es das zufällige Aufeinandertreffen zahlreicher Konfliktfelder und Krisenerscheinungen, die die Französische Revolution ausgelöst haben, oder bahnte sich in den unterschiedlichen geistigen Bewegungen des 18. Jahrhunderts eine Revolution an?

Neuere Untersuchungen betonen heute stärker die Bedeutung eines allgemeinen **Mentalitätswandels** als gemeinsame Grundlage. Ins Zentrum rücken sie dabei die allmähliche Auflösung des christlich-religiösen Weltbildes, die sich bis in das ländliche Frankreich hinein feststellen lässt, das Vordringen einer **rationalistischen Sicht** auf Gesellschaft und Staat und vor allem eine neue Auffassung vom Menschen, seinen Bedürfnissen, Möglichkeiten und Rechten.

Die neue Auffassung von Mensch und Gesellschaft wurde vor allem in den gesellschaftlichen Oberschichten rezipiert und diskutiert. Besonders **Akademien**, **Salons** und **Freimaurerlogen** waren wichtige Orte der Verbreitung aufgeklärten Gedankenguts. Letztere verbreiteten sich in Frankreich seit den 1730er-, vor allem aber seit den 1760er-Jahren. Die Großloge „Grand Orient" hatte im Jahr 1789 insgesamt 629 Einzellogen mit etwa 30000 Mitgliedern. In den Freimaurerlogen war keineswegs nur das Bürgertum organisiert, ihnen gehörten auch viele Adlige an. Diese Form des standesübergreifenden Zusammenschlusses war eine wichtige Voraussetzung für die Verbreitung radikaler aufklärerischer Kritik an den Strukturen der ständischen Gesellschaft des Ancien Régime und die Rezeption der neuen Ideen von „Freiheit – Gleichheit – Brüderlichkeit" unter den Eliten der Gesellschaft.

Die Wirkung der **Aufklärungsphilosophie** strahlte aber weit über diese geschlossenen Gesellschaften hinaus und in eine **neue Öffentlichkeit**, in der die Ideen diskutiert wurden. Der Anteil der Lese- und Schreibkundigen verdoppelte sich im Laufe des 18. Jahrhunderts, sodass die Begriffe und Argumentationsmuster auch von den ländlichen und städtischen Mittel- und Unterschichten zur Formulierung ihrer Interessen und Ziele aufgegriffen werden konnten. Die Aufklärung führte dazu, dass traditionelle Wissensbestände auf den verschiedensten Ebenen hinterfragt und durch rationale Erklärungen der Welt verdrängt wurden. Nahmen z. B. in der ersten Hälfte des 18. Jahrhunderts auch die Gelehrten noch an, dass die Welt von Gott geschaffen wurde und erst wenige tausend Jahre alt sei, so war in der zweiten Hälfte zumindest den Intellektuellen aufgrund der Auseinandersetzung mit geologischen Funden klar, dass man bei der Erdgeschichte in Zeiträumen von mehreren hunderttausend Jahren rechnen müsse. Dies warf nicht nur ein neues Licht auf die Entstehung und Entwicklung der natürlichen Welt und auf die Stellung des Menschen in ihr, sondern zugleich auch auf die religiöse Begründung der sozialen und politischen Ordnung des Ancien Régime. Die angeblich mit der Schöpfung etablierte gottgewollte Hierarchie und statische Ordnung der Stände wurde zweifelhaft. Dynamik, Veränderungs- und Anpassungsfähigkeit in allen Bereichen von Gesellschaft und Staat sind seither die Ideale, „**Entwicklung**" und „**Fortschritt**" die zentralen Wertbegriffe der modernen Welt.

War das traditionelle Menschenbild davon geprägt, dass der Mensch ein erlösungsbedürftiger Sünder ist, so kennzeichnete den **Fortschrittsoptimismus** der Aufklärung die Vorstellung, dass die Menschheit durch die richtige Anwendung der **Vernunft** in der Lage sei, die Formen des Zusammenlebens und die materiellen Grundlagen des Lebens ständig zu verbessern. Die „Perfektibilität" (Kant) von Mensch und Gesellschaft schien unbegrenzt. Damit eröffnete sich ein ganz neues Verständnis einer im Prinzip offenen, nicht mehr durch die christliche Heilsgeschichte und ihre Vorstellung von einem baldigen Ende der Welt bestimmten Zukunft.

Die Verweltlichung und zeitliche **Öffnung des Geschichtshorizonts** ist ein ganz wesentliches Kennzeichen des modernen europäisch-westlichen Weltbilds. Sie beruht auch auf einer neuen Wahrnehmung der Kräfte, die das Handeln des einzelnen Menschen und das Funktionieren von Gesellschaften bestimmen. Eine zentrale, autoritäre Steuerung der Gesellschaft schien der schöpferischen Kraft mündiger und vernunftbegabter **Individuen** immer weniger angemessen. Schon im Jahr 1756 hatte der schottische Moralphilosoph **Adam Smith** in seinem berühmten Werk über den „Wohlstand der Nationen" der Überzeugung Ausdruck verliehen, dass nur eine vom Staat ungehinderte Aktivität der einzelnen Bürger ein kontinuierliches Wirtschaftswachstum garantiere, dass die egoistische Verfolgung der Einzelinteressen in der Summe für das gesamte Gemeinwesen positive Folgen habe.

Das vernünftige und mündige Individuum und seine Rechte standen also im Zentrum des aufklärerischen Denkens und der Ideen seiner wichtigsten Vertreter. **Montesquieu** entwickelte den Gedanken der Gewaltenteilung („Vom Geist der Gesetze", 1748). **Voltaire** prangerte religiöse und soziale Missstände an, blieb allerdings politisch Anhänger eines reformierten Absolutismus. **Rousseau** hingegen trat in seinem „Gesellschaftsvertrag" (1762) für Volkssouveränität und Demokratie ein. Diderot sorgte mit der von ihm mit herausgegebenen 35-bändigen „Enzyklopädie der Wissenschaften, der Künste und des Handwerks" (1751–1780) für eine große Verbreitung der Ideen der Aufklärer. Ihre gemeinsame Überzeugung, dass dem Menschen **von Natur aus** bestimmte Rechte zukämen, lag den demokratischen Verfassungen und Menschenrechtserklärungen der Amerikanischen wie der Französischen Revolution zugrunde. Diese markieren einen Bruch mit den Wertvorstellungen der vorangegangenen Zeiten, der nicht nur die rechtliche Stellung des Individuums betraf, sondern weit reichende Auswirkungen auf das Alltagsleben hatte, auf das Verhältnis zwischen Mann und Frau, Eltern und Kindern, Herr und Knecht.

Die Vorstellung von den natürlichen und unveräußerlichen Rechten des Individuums war außerdem die Grundlage für die Vorstellung, dass die Macht eines Monarchen nicht von Gott komme, sondern Folge eines **Vertragsschlusses** sei, mit dem die Menschen zu ihrem eigenen Vorteil einen Teil ihrer natürlichen Rechte an einen Herrscher abgetreten hätten. Die Gesellschaft und der sie verkörpernde Staat wurden von den Aufklärern also nicht mehr als eine gottgegebene Ordnung angesehen, die sich aus Ständen, Gemeinden und Körperschaften mit abgestuften Rechten zusammensetzte, sondern als Zusammenschluss von Individuen, die in ihrem Verhältnis zum Staat alle gleich sind. Gemeinsam bilden sie die **Nation.** Bei ihr liegt die Souveränität, also die höchste Gewalt. Ihren Willen gilt es durch eine entsprechende Repräsentation der Individuen zu berücksichtigen.

Durch die Aufklärungsphilosophie wurde die Beziehung des Individuums zu Gesellschaft und Staat neu gefasst. Diese Ansätze wurden durch die Französische Revolution erstmals in die Praxis einer **Verfassung** umgesetzt. Auch wenn manche alten Strukturen und Denkweisen weiterhin erhalten blieben, bedeutete dies einen solchen Bruch mit den politischen und sozialen Grundsätzen des Ancien Régime.

3. Die wirtschaftliche und soziale Lage der Bevölkerung

Über 80 Prozent der Bevölkerung Frankreichs lebten im ausgehenden 18. Jahrhundert noch auf dem Land. Ohne die Unterstützung der **bäuerlichen Bevölkerung** hätte die Revolution kaum Erfolg haben können. Viele französische Bauern besaßen zwar im Gegensatz zu den erbuntertänigen bzw. leibeigenen Bauern in Mittel- und Osteuropa in der Regel auch eigenes Land. Der Großteil von ihnen war jedoch Pächter, allerdings mit einer vergleichsweise großen Sicherheit. Sie konnten das Land vererben und die Erträge des Bodens selbst nutzen, mussten aber dem Grundherrn dennoch Dienste leisten und Abgaben entrichten. Für viele Bauern reichten Eigenbesitz und Pachtland nicht zur Ernährung einer Familie aus. Insgesamt besaßen die Bauern, also über 80 Prozent der Bevölkerung, nur ein gutes Drittel des Bodens. Der Adel hingegen, der nur ein Prozent der Bevölkerung ausmachte, besaß über ein Viertel des bebauten Landes, ebenso das städtische Bürgertum. Zehn Prozent des Bodens gehörten – allerdings mit großen regionalen Schwankungen – der Kirche, der Rest war Gemeineigentum.

Das stetige **Bevölkerungswachstum** hatte im 18. Jahrhundert dazu geführt, dass aufgrund erhöhter Nachfrage die Lebenshaltungskosten und vor allem die Lebensmittelpreise gestiegen waren. Gleichzeitig wurden bei wachsender Kinderzahl die Bauernstellen in vielen Regionen Frankreichs durch Erbteilung immer kleiner. Diese kleinbäuerlichen Schichten konnten von ihrer Landwirtschaft nicht mehr leben und mussten ihr Einkommen durch gewerbliche Nebentätigkeit oder Taglohndienste erhöhen. Das bedeutete, dass sie keine Selbstversorger mehr waren, sondern Lebensmittel zukaufen mussten. Steigende Getreidepreise trafen bei stagnierenden Löhnen deshalb auch die ländlichen Unter- und Mittelschichten hart.

Gleichzeitig wurden diese ärmeren Bauern von den Versuchen der adligen und bürgerlichen Großgrundbesitzer, die Produktivität ihrer Landwirtschaft zu erhöhen, schwer getroffen. Denn im Rahmen der **Modernisierungsmaßnahmen** wurden alte dörfliche Gewohnheitsrechte wie das Recht auf Waldnutzung angegriffen und vor allem das allen Dorfbewohnern zur Nutzung als Weide offenstehende Gemeindeland privatisiert. Viele Kleinbauern verloren dadurch die Möglichkeit, auf ihrer Stelle als selbstständige Bauern zu überleben. Sie mussten ihr Land verkaufen oder wegen Pachtrückständen an den Grundherrn zurückgeben.

Besonders hart belastet wurden die Bauern zusätzlich noch dadurch, dass sie den Großteil der Staatssteuern zu tragen hatten. Alle Formen der **direkten Steuern** mussten fast ausschließlich von ihnen aufgebracht werden. Die privilegierten Stände waren davon befreit. Es gab zudem keine einheitliche, am Ertrag der Wirtschaft orientierte direkte Steuer, sondern eine Vielzahl von Steuern, die bei steigendem **Finanzbedarf des Staates** unabhängig vom Ertrag der Wirtschaft erhöht wurden. Als direkte Steuern entstanden so die taille (Leibsteuer), die capitation (Kopfsteuer), die corvée (Steuer als Ersatz für Frondienste) und der vingtième (Zwanzigste). Der Adel war von der corvée und der taille befreit. Das galt auch für viele Stadtbürger, vor allem in Paris, denn über Ämterkauf konnte man sich auch die Befreiung von Steuern erwerben. Außerdem gab es **indirekte Steuern** wie die Salzsteuer (Gabelle), von der der Adel ebenfalls in den meisten Regionen ausgenommen war. Insgesamt erhöhte sich die Steuerlast des Staates in den fünfzehn Jahren vor der Revolution für die Bauern um ein Viertel. Die absoluten Staatssteuern waren in Frankreich zwar nicht außergewöhnlich hoch. Zumindest in England wurden ähnliche Beträge gefordert, allerdings war dort durch die wesentlich höhere Produktivität der Landwirtschaft auch das Einkommen der Bauern besser.

Zu den Staatssteuern kamen für die Bauern als Belastung noch die **grundherrlichen Abgaben und Rechte** hinzu. Letztere bestanden aus dem ausschließlich dem Grundherrn zukommenden Recht auf Jagd, Fischfang und Taubenhaltung in ihrem Gebiet, aus dem Recht auf Brücken-, Weg- und Marktzoll und aus so genannten Bannrechten (banalité) wie Mühlen-, Kelter- oder Backzwang. Letztere legten fest, dass die Bauern die entsprechenden Einrichtungen des Grundherrn benutzen und ihm dafür Abgaben entrichten mussten. Dazu kamen schließlich noch die Abgaben von der Ernte.

Allerdings bedeutete dies nicht, dass sämtliche adligen Grundbesitzer über große Vermögen verfügten. Auch beim **Adel** waren die Einkommensverhältnisse breit gestreut. Der kleine Landadel verfügte oft kaum über mittelständische Einkünfte. Der allgemeine Preisanstieg ließ auch ihr Einkommen sinken, denn viele der bäuerlichen Abgaben und Leistungen waren bereits in fixe Geldzahlungen umgewandelt worden, die nun immer weniger wert waren. Der kleine Adel hatte deshalb durchaus Grund zur Unzufriedenheit und fühlte sich durch Finanzreformpläne, die ihn mit einem Teil der Steuern belastet hätten, bedroht. Ihre wirtschaftliche Krise führte diese kleinen Adligen dazu, gegen ihre Bauern hart vorzugehen und sämtliche Abgaben und Rechte einzufordern. Dadurch verschärften sich die Spannungen auf dem Land.

Von dem langfristigen Anstieg der Lebenshaltungskosten bei vergleichsweise stagnierenden Löhnen und von den akuten Missernten in den Jahren 1788 und 1789 waren allerdings am schärfsten die **klein- und unterbürgerlichen Schichten** in den Städten betroffen. Sie waren ganz auf den Kauf von Lebensmitteln angewiesen. Ihnen ging es deshalb seit Jahrzehnten kontinuierlich schlechter. Zwar hatte es seit dem Beginn des 18. Jahrhunderts in Frankreich keine große Hungersnot mehr gegeben, aber die Gefahr war immer präsent und wurde von den städtischen Unterschichten immer gefürchtet. Ihre Bereitschaft zu politischen Aktionen war 1789 nach den Missernten entsprechend hoch.

M 1 Gebildete „Hofhaltung" im Salon der Madame Geoffrin bei einem Vortrag, Gemälde von Gabriel Lemonier, um 1745

Ursachen

Hinweise zur Arbeit mit den Materialien

In den folgenden Materialien werden die Ursachen der Revolution thematisiert. Als Auftakt dient ein Überblick zur Schichtung der französischen Gesellschaft vor der Revolution (M2) und eine Karikatur (M3), die das Verhältnis zwischen Landadel und Bauern beleuchtet.

Die ökonomischen, geistig-sozialen und politischen Veränderungen werden in den folgenden Materialien präsentiert.

Die erste Materialgruppe M4 bis M6 beleuchtet den **Finanzbedarf** Frankreichs im Ancien Régime (M4, M5). Leitfragen können dabei sein: In welchem Maße wurden die Probleme von den politisch Handelnden selbst wahrgenommen, worin lagen die Grenzen ihrer Möglichkeiten? Neckers Schriften (M6) geben dazu Anhaltspunkte. Welche Forderungen von den Privilegierten selbst gestellt werden, geht aus den Quellen M8 und M9 hervor.

Der Frage nach dem **Wandel des Menschenbildes** in der Aufklärung gehen die Quellen M10 und M11 nach. M10a–d sind Diderot und der „**Enzyklopädie**" gewidmet, M11 dem Philosophen Kant. **Montesquieu** und **Rousseau** setzen sich in M12 und M13 mit den Begriffen Freiheit und Recht auseinander und kommen dabei zu jeweils unterschiedlichen politischen Modellen. Direkte Spuren dieses Denkens lassen sich in der amerikanischen Unabhängigkeitserklärung (M15) finden. M14 ist den Ideen **Voltaires** gewidmet. Die Wurzeln des Reichtums und den Zusammenhang von **Politik und Ökonomie** untersucht Adam Smith (M16).

Die Materialgruppe M17 bis M20 geht dem Wandel in der französischen Gesellschaft im Gefolge dieses neuen Denkens nach: Untersucht werden allgemeine **Bildungsangebote** (M17), die Verbreitung von **Journalen** (M18), die **politischen Klubs** (M19), die **Dechristianisierung** Frankreichs (M20).

Der Blick auf die ökonomische Situation auf dem **Lande** schließt die Ursachenforschung ab (M21 bis M26). *Themensonderseite* zur Vertiefung: „Die **Öffentlichkeit** – eine neue Macht?"

Methodische Anregungen: Die *Methodensonderseiten* widmen sich dem Umgang mit **Textquellen**, **Sekundärliteratur** und **Operatoren**. a) Wie geht man an schriftliche Quellen heran, welche Fragen sind an einen Text zu stellen? An einem Beispiel wird die Vorstrukturierung eines Quellentextes vorgestellt. b) Wie wird Sekundärliteratur analysiert? c) Was ist bei den verschiedenen Arbeitsanweisungen (Operatoren) jeweils zu tun?

Die *Weiterführenden Arbeitsanregungen* geben Tipps zur *Bewertung von Internetseiten*.

M2 Die Schichtung der französischen Gesellschaft vor der Revolution

1. Stand: Geistlichkeit (le Clergé)
Anzahl:
ca. 130000 (= 0,5 % der Bevölkerung, weniger als im protestantischen England).
Gliederung:
a) Hohe Geistlichkeit, 143 Bischöfe und Äbte, 4000 Domherren und Prälaten adliger Herkunft mit bedeutenden Einkünften.
b) Niedere Geistlichkeit bäuerlicher bzw. bürgerlicher Herkunft, z. T. ärmlich; 25000 Ordensbrüder; 40000 Ordensschwestern; 70000 Pfarrer und Vikare.
Privilegien:
Befreiung vom Militärdienst und allen Steuern (die Geistlichen gaben eine freiwillige Steuer); Erhebung eigener Steuern (Zehnt); Ehrenrechte; eigene Gerichtsbarkeit.
Pflichten:
Armen- und Krankenfürsorge; Seelsorge; Unterrichtswesen.

2. Stand: Adel (la Noblesse)
Anzahl:
ca. 300000 bis 400000 (ca. 1,3 % der Bevölkerung; in Polen und Ungarn: 4–8 %).
Gliederung:
a) – Geburtsadel (Noblesse d'epée), ca. 20000 Personen.
– Hofadel (Noblesse de cour), 4000 Familien, Grundbesitz, königliche Pensionen, Einkünften bestimmter Ehrenämter.
– Landadel (Noblesse provinciele), unterschiedlicher Besitz, häufig verarmt, Einkünfte aus Feudalrechten.

Ursprung: Schwertadel, feudaler und militärischer Ursprung im Mittelalter.
b) Amtsadel (Noblesse de robe), durch Kauf von Ämtern mit adelnder Wirkung aus dem Großbürgertum hervorgegangen.
Privilegien:
Befreiung von den meisten Steuern; Feudalrechte: Frondienste abhängiger Bauern, Erhebung von Abgaben (Zehnt), Anrecht auf Ämter und Pfründe. Jagd-, Holz-, Wasserrechte u. a.; Herrenrechte. Einschränkungen bei der Betätigung in Handel und Gewerbe.
Pflichten:
ursprünglich Militärdienst, im 18. Jahrhundert keine Gegenleistung mehr.

3. Stand: Bürgertum und Bauern
Anzahl:
25 Millionen; umfasst das gesamte Volk in Stadt und Land, in sich vielfach nach der sozialen Lage geschichtet, einig nur in der Opposition gegen die Privilegierten.
Gliederung:
a) Großbürgertum (Bankiers, Fabrikanten, Steuerpächter, Großhändler), Aufstiegsmöglichkeit zur Noblesse de robe.
b) Bürgerliche in freien Berufen (10–20 % des Bürgertums, Advokaten, Notare, Ärzte, Gelehrte, Lehrer, Schriftsteller, Künstler). Diese Gruppe stellt die Wortführer der Revolution.
c) Handwerker und Ladenbesitzer (ca. 65 % des Bürgertums) mit großen Unterschieden im Lebensstandard. „Le peuple".
d) In Zünften organisierte Arbeiter, Gesellen und Lehrlinge, die im Haus des Meisters leben.
e) Fabrikarbeiter, Tagelöhner, Hauspersonal, im Laufe des 18. Jahrhunderts zunehmend verarmt durch die steigenden Brotpreise, meist schutzlos Krankheiten, Unfällen und dem Alter ausgesetzt. „La canaille".
f) Bauern (über 20 Millionen, 85 % der Gesamtbevölkerung; davon 1 Million Leibeigene) wurden infolge von Abgaben an die Feudalherren und hohen Steuerlasten am wirtschaftlichen Aufstieg gehindert.

Wenige Großpächter verfügen über den größten Teil der Bodenfläche. Tendenz zur weiteren Konzentration des Bodens in ihrer Hand zur billigen Großproduktion von Weizen für den Markt. Eine kleine Gruppe von Bauern, die von ihrem Boden leben und etwas an Überschüssen für den Markt produzieren; die „Bourgeoisie" der Dörfer. Proletarisierte Kleinbauern („paysans", ca. 8 Millionen), die nur kleine Landparzellen besitzen, deren Ertrag knapp das Existenzminimum liefert. Pächter, die gegen Ablieferung des halben Ertrags die Ländereien des Klerus, des Adels und Bürgerlicher bewirtschaften, ohne Viehbesitz und Überschüsse. Mobile Landarbeiter auf der Schwelle zum Bettlertum und zum Vagabundentum.

Zusammengestellt nach: Karl Griewank, Die Französische Revolution 1789–1799, Graz-Köln (Böhlau) 1958, S. 10 ff.; Maurice Duverger, Institutions Politiques, Paris (Press univ.) 1963; François Furet/Denis Richet, Die Französische Revolution³. Frankfurt/Main (Fischer) 1968, S. 29; Désiré Brelingard, Histoire. L'ère des Révolutions, Paris (Hachette) 1963, S. 11 ff.

1 Fertigen Sie ein Schaubild der Ständegesellschaft des Ancien Régime an, in dem Sie Umfang, Gliederung, Privilegien und Pflichten der Stände grafisch anschaulich verdeutlichen.

M 3 Die Spinne und die Fliege, Allegorie, französischer Kupferstich, 1789.
Text oben rechts: „Je mehr man hat, desto mehr will man. Der Arme bringt alles: Getreide, Obst, Geld, Salat. Der dicke Adlige sitzt da und nimmt es entgegen. Er will ihm keinen freundlichen Blick gönnen."

M4 Entwicklung der Einnahmen und Ausgaben des französischen Haushalts 1520–1780

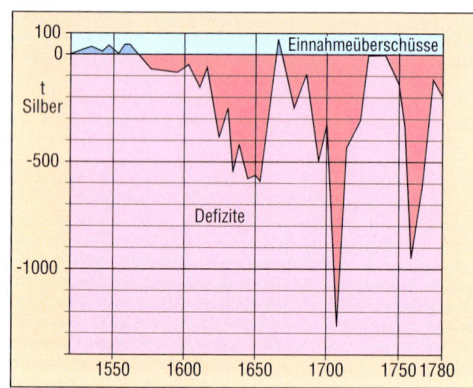

M5 Finanzhaushalt Frankreichs für 1788
1788 wurde in Frankreich zum ersten Mal der Haushalt veröffentlicht. Finanzminister Brienne wollte die Öffentlichkeit von der Notwendigkeit einer Finanz- und Steuerreform überzeugen.

I. Ausgaben (in livres tournois)	629 628 182
1. Zivilausgaben	145 802 388
davon u. a.	
a) für Eintreibung und Verwaltung der Steuern	38 035 137
b) für allgemeine Verwaltung, Gerichtsbarkeit, Polizei	19 087 036
davon u. a.	
Parlamente, fürstliche Höfe	3 690 081
Räte, Sekretäre des Königs	5 803 340
Intendanten u. a. Behörden	4 077 843
Gerichtsbarkeit	3 384 302
Polizei, Straßenpolizei	1 963 302
Dekrete	83 870
c) für Hilfe und Unterricht,	12 187 478
davon u. a.	
öffentlicher Unterricht	1 157 525
Kranken-, Findelhäuser	1 635 253
Wohltätigkeitsarbeit	1 785 350
Unterstützungen für Provinzen	4 421 850
Bettlerwesen	950 000
d) für die Wirtschaft,	25 201 400
davon u. a.	
Landwirtschaft	1 186 280
Industrie, Gewerbe,	2 098 000
davon Unterstützung für Manufakturen	2 000 000
Handel	4 964 000
öffentliche Investitionen,	14 953 120
davon Hafen von Cherbourg	5 400 000
e) Hilfe für Korporationen,	17 644 438
davon u. a.	
Paris: Befestigen, Pflasterung, Feuerwehr usw.	6 399 000
Languedoc Roussillon, Bretagne, Bourgogne usw.	3 103 000
f) Hof und Privilegierte	35 666 258
Hof (Versailles)	32 736 511
Privilegien (Pensionen usw.)	2 929 747
2. Militärische Ausgaben und Diplomatie	165 510 050
a) Haushalt des Kriegsministers	105 049 050
b) Marine- und Kolonialminister	45 180 000
c) Außenminister	14 390 000
3. Schulden	310 426 744
a) Pensionen	27 225 198
b) Zinsen regulärer Schulden	186 288 200
c) Zinsen für Anleihen	6 440 727
d) Zinsen für im Voraus erbrachte Leistungen	13 264 288
e) Erwerb von Gütern und Rechten	11 444 497
f) Rückzahlungen	73 652 834
II. Einnahmen	503 646 049
1. Steuerliche Einnahmen	459 919 549
a) direkte Steuern	157 582 461
b) indirekte Steuern	207 963 427
c) Monopole, industr. Unternehmen	14 334 774
d) Domäneneinkünfte	50 340 000
e) Subventionen der „Pays d'états" und anderer privilegierter Orte	29 698 887
2. Reguläre nicht-steuerliche Einnahmen	43 726 500
a) Einnahmen aus vorhergegangenen Jahren (z. B. Restsumme alter Anleihen)	26 913 500
b) außergewöhnliche Einnahmen (Lotterien, Forderungen an die USA)	16 813 000

Nach: Odette Voilliard u. a., Documents d'Histoire contemporaine, 2 Bde. 1776–1850, Paris (A. Colin) 1964, S. 27 ff.

M 6 Auszüge aus Werken Jacques Neckers

6 a) Jacques Necker (1732–1804) beschäftigt sich in seinen kritischen Schriften u. a. mit der Frage, wie der Geldbedarf des Staates gedeckt werden kann.

Ob man zusätzliche Steuern erhebt oder Geld leiht und nur so viel zusätzliche Steuern auferlegt, wie nötig ist, um die Schuldzinsen zu zahlen, läuft [wirtschaftlich gese-
5 hen] weitgehend auf das Gleiche hinaus. […] Aber es gibt moralische Überlegungen, die bestimmen, welcher Form man den Vorzug gibt. Wenn der Finanzbedarf erheblich und dringend ist und man Kredit hat, dann muss
10 man Geld leihen, denn eine große Summe über Steuern aufzubringen wäre schwierig und würde zu Unruhen Anlass geben. Aber für kleinere Summen muss man Steuern immer vorziehen, nicht nur um die Geschäf-
15 te zu vereinfachen und den Haushalt leichter auszugleichen, sondern auch, um öffentlichen Kredit aufzubauen und die Zinssätze durch geringere Geldaufnahmen zu senken.

6 b) Hofhaltung und Finanzbedarf

Der Teil der Ausgaben im Roten Buch, der die öffentliche Aufmerksamkeit besonders auf sich gezogen hat, ist zu Recht die außergewöhnliche Unterstützung, die den Prinzen,
5 den Brüdern des Königs, gewährt wurde. Das waren auch aus der Sicht des Königs erhebliche Summen. Aber da ich seit meiner ersten Amtszeit als Minister gegen diese Forderungen immer opponiert habe und da meine
10 Handlungen in dieser Sache, wie allgemein bekannt, mich die Gunst von Leuten gekostet haben, die für mich nützlich gewesen wären, sollte es mir mehr als irgendeinem anderen erlaubt sein, folgende Beobachtungen
15 vorzutragen: dass die Prinzen im Alter von 16 Jahren an die Spitze einer ausgedehnten Verwaltung gestellt wurden; dass die Prinzen unter dem verstorbenen König einen außerordentlich extravaganten und teuren Hof
20 unterhielten und dass jeweils eine Vielzahl käuflicher Ämter damit verbunden war; dass die Prinzen Verwalter für ihre Geschäfte in einem Alter aussuchen mussten, in dem man noch über keine Menschenkenntnis verfügt;
25 schließlich, dass die Prinzen von Kindheit an im Luxus einer großen Monarchie aufwuchsen und leicht jedes Jahr mehr ausgaben, als sie an Einkommen hatten.

Aus: Robert D. Harris, Necker and the Revolution of 1789, New York (Univ. Press) 1986, S. 120, 194 f., übers. v. Verf.

M 7 Austernfrühstück, Gemälde von J. F. de Troy (1679–1752), Ausschnitt

M 8 Forderungen des Adels vor 1789

Die Garantie der persönlichen Steuerfreiheit und der Auszeichnungen, die der Adel zu allen Zeiten genossen hat, sind Eigenschaften, die den Adel besonders hervorheben und die nur dann angegriffen und zerstört 5 werden können, wenn die Auflösung der allgemeinen Ordnung erstrebt wird. […] Der Adel von Amont fordert also, dass die Ordnung, an der er teilhat, mit allen persönlichen Vorrechten erhalten werde. 10

Nach: M. Chaulanges, Textes historiques. L'époque de la révolution, Paris (Delagrave) 1959, S. 13, übers. v. Verf.

Diese Ordnung hat ihren Ursprung in göttlichen Institutionen: Die unendliche und unabänderliche Weisheit im Weltenplan hat die Macht und die Gaben ungleichmäßig verteilt. […] Die französische Monarchie 5 besteht auf Grund ihrer Verfassung aus verschiedenen und getrennten Ständen. Diese Unterschiede sind zur gleichen Zeit mit der Nation und mit unseren Sitten und Gebräuchen entstanden. 10

Nach: Robert R. Palmer, The Age of Democratic Revolution, Princeton (Univ. Press) 1959, S. 480, übers. v. Herta Lazarus.

Ursachen

M 9 Lässt sich Frankreich reformieren?

Charles Alexandre de Calonne (1733–1802) war von 1783 bis 1787 Finanzminister des Königs. 1786 legte er in einer Denkschrift an den König einen umfangreichen Plan zur Verbesserung der Staatsfinanzen vor.

Ich werde zeigen, dass die Verschiedenheit, die Zerrissenheit, die Zusammenhanglosigkeit der einzelnen Teile der Monarchie den Kern all der verfassungsmäßigen Hemmnisse
5 darstellen, die an den Kräften des Staates zehren und seine Verwaltung behindern. Man kann nicht ein Übel beseitigen, ohne es anzupacken, und das Prinzip, das die Hemmnisse hervorgebracht und ihnen Dauer verliehen hat, auch zu beseitigen suchen. Denn
10 dieses Prinzip ist es, das alles beeinflusst, sich allem Guten in den Weg stellt. Ich werde zeigen, dass ein Königreich, das aus Provinzen, in denen die Stände an der Regierung beteiligt sind, und aus solchen, die ohne Mitwirkung der Stände vom König direkt regiert
15 werden, aus Provinzen mit einer eigenen Verwaltung und aus solchen mit einer „gemischten" (königlich-provinzialen)
20 Administration besteht, unmöglich gut regiert werden kann. Dieses Königreich, in dem die Provinzen einander völlig fremd sind, in dem die vielen inneren Grenzen die Untertanen voneinander und von ihrem
25 König trennen, in dem einige Gegenden völlig von den Lasten befreit sind, während andere das ganze finanzielle Gewicht der Steuer tragen, in dem die reichste Klasse am wenigsten beiträgt, in dem die Privilegien
30 alles soziale Gleichgewicht zerbrechen, ein Königreich, in dem es unmöglich ist, ein allgemeines Gesetz zu erlassen oder einen gemeinsamen Wunsch zu haben, muss notwendigerweise ein sehr unvollkommenes
35 Reich voller Missstände sein.

Nach: Jean Egret, La Pré-Revolution Française, Paris (PUF) 1962, S. 6 f., übers. v. Verf.

2 Untersuchen Sie die Materialien (M3–M9) unter dem Aspekt ihrer revolutionären Sprengkraft.

3 Arbeiten Sie aus den Materialien M6 und M9 Lösungen für die Probleme des Ancien Régime heraus. Diskutieren Sie deren Erfolgschancen.

M 10 Die Aufklärung – eine Revolution des Wissens? Die „Enzyklopädie"

10 a) Der französische Schriftsteller Denis Diderot (1713–1784) schrieb in der von ihm und d'Alembert herausgegebenen „Enzyklopädie" über den wahren Philosophen folgenden Absatz. Die Enzyklopädie war eine Art Konversationslexikon, jedoch mit stark aufklärerischer Ausrichtung. Von 1751 bis 1780 kamen 35 Bände heraus, in denen das gesamte Wissen allen Menschen zugänglich gemacht werden sollte:

Der [echte] Philosoph [ist ein Mensch], der die Vorurteile, die Tradition, das Überalterte, [den allgemeinen Brauch] […], die Autorität […], alles, was das […] Denken unterjocht, zu Boden reißt und wagt, selbst zu denken 5 […] und nichts zuzulassen, was nicht auf dem Zeugnis der Sinne und der Vernunft beruht.

Nach: Albert Soboul, Précis de l'histoire de la révolution française, Paris (Éd. Sociales) 1962, S. 45., übers. v. Verf.

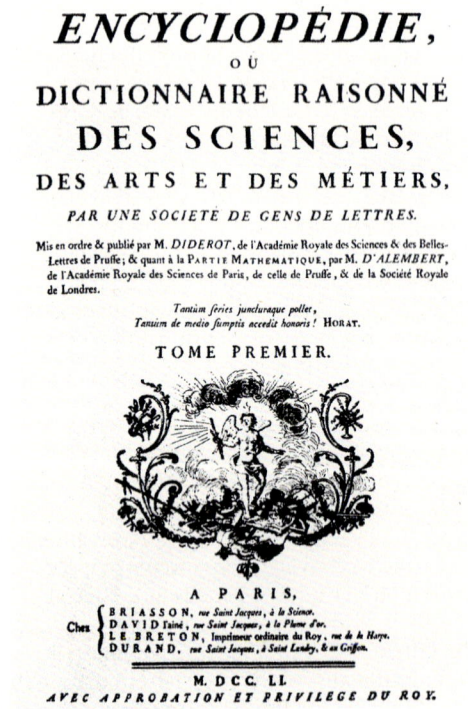

10 b) Das Titelbild der ersten Ausgabe der „Enzyklopädie", Paris 1751

10c) Christoph Helferich schreibt über die Entstehung der „Enzyklopädie" (1999):
Das Unternehmen begann 1746, als der rührig-windige Verleger Le Breton den jungen, begabten Schriftsteller Denis Diderot für das Lexikonprojekt gewinnen konnte. […] Mit dem Erscheinen der ersten beiden Bände 1751/52 erhob sich der Wutschrei des Klerus aller Konfessionen. Die „Enzyklopädie" sei Ausdruck der allgemeinen Krankheit der Zeit, schrieb der Bischof von Auxerre, denn das Werk arbeite daran, den Richterspruch des Glaubens durch den der Vernunft zu ersetzen („de vouloir appeler du tribunal de la foi à celui de la raison"). Womit er sich nicht getäuscht hat, denn die Grundhaltung der Artikel besteht gemäß deistischen[1] Prämissen in einer Kombination von Vernunft und natürlicher Religion. Das Werk musste umso gefährlicher erscheinen, da es einen weiten Leserkreis erreichte. Alle Artikel bemühen sich um Allgemeinverständlichkeit, sind also auf den interessierten Laien hin zugeschnitten. So wurde die „Enzyklopädie" mehrmals verboten. Nur dank der Zähigkeit und dem aufopferungsvollen Durchhaltevermögen der Herausgeber konnte das Projekt zum Abschluss gebracht werden. Diderots und d'Alemberts Taktik, bei „brenzligen" Artikeln Zurückhaltung zu üben und die Kritik an anderer Stelle einfließen zu lassen, rief allerdings auch wieder Enttäuschung und Ärger hervor. Voltaire, dem die Artikel zu lasch waren, zog sich nach dem Buchstaben M von der weiteren Mitarbeit zurück.

Christoph Helferich, Geschichte der Philosophie, 3. Aufl., München (bsv) 1999, S. 217 (© J. B. Metzlersche Verlagsbuchh. und Carl Ernst Poeschel Verlag).

1 Deismus: Gottesauffassung der Aufklärung, nach der Gott die Welt zwar geschaffen hat, aber keinen weiteren Einfluss mehr auf sie ausübt.

10d) Auszug aus dem Artikel „Autorität" von Denis Diderot, publiziert in der „Enzyklopädie":
Kein Mensch hat von Natur das Recht erhalten, den anderen zu gebieten. Die Freiheit ist ein Geschenk des Himmels, und jedes Individuum von derselben Art hat das Recht, sie zu genießen, sobald es Vernunft besitzt. Wenn die Natur irgendeine Autorität geschaffen hat, so ist es die väterliche Macht; aber die väterliche Macht hat ihre Grenzen und im Naturzustand würde sie aufhören, sobald die Kinder in der Lage wären, sich selbst zu leiten. Jede andere Autorität entspringt einer anderen Quelle als der Natur. Man untersuche sie genau; dann wird man sie immer auf eine der zwei folgenden Quellen zurückführen können: entweder auf die Stärke und die Gewalt desjenigen, der sie an sich gerissen hat, oder auf die Zustimmung derjenigen, die sich ihr tatsächlich oder angeblich durch einen Vertrag zwischen ihnen und demjenigen, dem sie die Autorität übertragen, unterworfen haben.

Der Fürst erlangt doch von den Untertanen selbst die Autorität, die er über sie hat, und diese Autorität ist durch die Gesetze der Natur und des Staates eingeschränkt. Die Gesetze der Natur und des Staates sind die Bedingungen, unter denen die Untertanen sich der Regierung des Fürsten tatsächlich unterworfen haben oder so anzusehen sind, als hätten sie dies getan. Eine dieser Bedingungen lautet: Da der Fürst Autorität und Gewalt über die Untertanen nur aufgrund ihrer Wahl und ihrer Zustimmung hat, darf er diese Autorität nie anwenden, um die Urkunde oder den Vertrag aufzuheben, durch die sie ihm verliehen worden ist. Er würde in diesem Fall gegen sich selbst handeln, da seine Autorität nur aufgrund des Rechtstitels bestehen kann, der sie begründet hat. Wer das eine zunichte macht, zerstört das andere. Der Fürst kann also über seine Gewalt und seine Untertanen weder ohne die Zustimmung der Nation noch unabhängig von der im Unterwerfungsvertrag zutage getretenen Wahl verfügen. […] Zudem ist die Regierung, auch wenn sie in einer Familie erblich ist und in die Hände eines Einzelnen gelegt wurde, kein privates Gut, sondern ein öffentliches, das eben deshalb nie dem Volk genommen werden darf, dem es – dem Wesen nach und als volles Eigentum – allein gehört. Daher verpachtet doch immer das Volk dieses Gut; es nimmt immer an dem Vertrag teil, der zu seiner Ausübung berechtigt. Der Staat gehört nicht dem Fürsten, sondern der Fürst gehört dem Staat.

Zit. nach: Denis Diderot, Enzyklopädie. Philosophie und politische Texte aus der „Encyclopédie", Übers. Theodor Lücke, München (dtv) 1969, S. 198 ff.

M 11 Immanuel Kant, Beantwortung der Frage: Was ist Aufklärung? (1783)

Aufklärung ist der Ausgang des Menschen aus seiner selbst verschuldeten Unmündigkeit. Unmündigkeit ist das Unvermögen, sich seines Verstandes ohne Leitung eines anderen zu bedienen. Selbst verschuldet ist diese Unmündigkeit, wenn die Ursache derselben nicht am Mangel des Verstandes, sondern der Entschließung und des Mutes liegt, sich seiner ohne Leitung eines andern zu bedienen. Sapere aude! Habe Mut, dich deines eigenen Verstandes zu bedienen! ist also der Wahlspruch der Aufklärung.

Faulheit und Feigheit sind die Ursachen, warum ein so großer Teil der Menschen, nachdem sie die Natur längst von fremder Leitung freigesprochen, dennoch gerne zeitlebens unmündig bleiben; und warum es anderen so leicht wird, sich zu deren Vormündern aufzuwerfen. Es ist so bequem, unmündig zu sein. Habe ich ein Buch, das für mich Verstand hat, einen Seelsorger, der für mich Gewissen hat, einen Arzt, der für mich die Diät beurteilt usw., so brauche ich mich ja nicht selbst zu bemühen. Ich habe nicht nötig zu denken, wenn ich nur bezahlen kann; andere werden das verdrießliche Geschäft schon für mich übernehmen. Dass der bei weitem größte Teil der Menschen (darunter das ganze schöne Geschlecht) den Schritt zur Mündigkeit, außer dem, dass er beschwerlich ist, auch für sehr gefährlich halte, dafür sorgen schon jene Vormünder, die die Oberaufsicht über sie gütigst auf sich genommen haben. Nachdem sie ihr Hausvieh zuerst dumm gemacht haben und sorgfältig verhüteten, dass diese ruhigen Geschöpfe ja keinen Schritt außer dem Gängelwagen, darin sie sie einsperreten, wagen durften, so zeigen sie ihnen nachher die Gefahr, die ihnen droht, wenn sie es versuchen, allein zu gehen. Nun ist diese Gefahr zwar eben so groß nicht, denn sie würden durch einige Mal Fallen wohl endlich gehen lernen; allein ein Beispiel von der Art macht doch schüchtern und schreckt gemeiniglich von allen ferneren Versuchen ab.

Es ist also für jeden einzelnen Menschen schwer, sich aus der ihm beinahe zur Natur gewordenen Unmündigkeit herauszuarbeiten. Er hat sie sogar lieb gewonnen und ist vorderhand wirklich unfähig, sich seines eigenen Verstandes zu bedienen, weil man ihn niemals den Versuch davon machen ließ. Satzungen und Formeln, diese mechanischen Werkzeuge eines vernünftigen Gebrauchs oder vielmehr Missbrauchs seiner Naturgaben, sind die Fußschellen einer immer währenden Unmündigkeit. Wer sie auch abwürfe, würde dennoch auch über den schmalesten Graben einen nur unsicheren Sprung tun, weil er zu dergleichen freier Bewegung nicht gewöhnt ist. Daher gibt es nur wenige, denen es gelungen ist, durch eigene Bearbeitung ihres Geistes sich aus der Unmündigkeit herauszuwickeln und dennoch einen sicheren Gang zu tun.

Dass aber ein Publikum sich selbst aufkläre, ist eher möglich; ja es ist, wenn man ihm nur Freiheit lässt, beinahe unausbleiblich.

Immanuel Kant, Berlinische Monatsschrift. Dezemberheft 1784, S. 481–494.

4 Informieren Sie sich mithilfe eines Lexikons, einer Philosophiegeschichte oder einer Biografie über den Herausgeber und Mitautor der „Encyclopédie", Denis Diderot (M10a–d).
5 Erarbeiten Sie Diderots Auffassung von der Aufklärung anhand von M10a und d.
6 a) Vergleichen Sie Diderots und Kants Definition von Aufklärung (M10a, M11).
b) Arbeiten Sie heraus, welche Gründe Kant für die „Unmündigkeit" anführt (M11).
c) Untersuchen Sie, welche Folgen sich aus Kants „Schritt zur Mündigkeit" für Individuum und Gesellschaft ergeben.
7 Referat: „Die Encyclopédie – Entstehungsgeschichte und Hintergründe" (M10b, c).

M 12 Keine politische Freiheit ohne Gewaltentrennung – Montesquieu

12a) Wenige politische Schriften waren so erfolgreich wie das Werk „De l'esprit des lois" des Parlamentsrats Charles de Secondat, Baron de La Brède et de Montesquieu (1689–1755), das 1748 erschien und innerhalb von zwei Jahren 20 Auflagen erlebte. Montesquieu, der von der Ungleichheit des Menschen ausgeht, untersucht in diesem Werk die Bedingungen politi-

M 12 b) Moderne Karikatur zum Thema Gewaltenteilung

scher Freiheit und die dazu geeigneten Verfassungsprinzipien.

Man muss sich gegenwärtig halten, was Unabhängigkeit und was Freiheit ist. Freiheit ist das Recht, alles zu tun, was die Gesetze erlauben. Wenn ein Bürger tun könnte, was die Gesetze verbieten, so hätte er keine Freiheit mehr, weil die anderen ebenfalls diese Macht hätten. [...]

Es gibt auch eine Nation in der Welt, die als unmittelbaren Zweck ihrer Verfassung die politische Freiheit hat. Wir werden nunmehr die Grundsätze untersuchen, auf welche sie die Freiheit stützt. Sind sie gut, so wird die Freiheit darin wie in einem Spiegel erscheinen. [...]

In jedem Staat gibt es drei Arten von Gewalt: die *gesetzgebende Gewalt, die vollziehende Gewalt in Ansehung der Angelegenheiten, die vom Völkerrechte abhängen, und die vollziehende Gewalt hinsichtlich der Angelegenheiten, die vom bürgerlichen Recht abhängen.*

[...] Ich werde diese letzte die richterliche Gewalt und die andere schlechthin die vollziehende Gewalt des Staates nennen.

Die politische Freiheit des Bürgers ist jene Ruhe des Gemüts, die aus dem Vertrauen erwächst, das ein jeder zu seiner Sicherheit hat. Damit man diese Freiheit hat, muss die Regierung so eingerichtet sein, dass ein Bürger den anderen nicht zu fürchten braucht.

Wenn in derselben Person oder der gleichen obrigkeitlichen Körperschaft die gesetzgebende Gewalt mit der vollziehenden vereinigt ist, gibt es keine Freiheit; denn es steht zu befürchten, dass derselbe Monarch oder derselbe Senat tyrannische Gesetze macht, um sie tyrannisch zu vollziehen.

Es gibt ferner keine Freiheit, wenn die richterliche Gewalt nicht von der gesetzgebenden und vollziehenden getrennt ist. Ist sie mit der gesetzgebenden Gewalt verbunden, so wäre die Macht über Leben und Freiheit der Bürger willkürlich, weil der Richter Gesetzgeber wäre. Wäre sie mit der vollziehenden Gewalt verknüpft, so würde der Richter die Macht eines Unterdrückers haben.

Alles wäre verloren, wenn derselbe Mensch oder die gleiche Körperschaft der Großen, des Adels oder des Volkes diese drei Gewalten ausüben würde: die Macht, Gesetze zu geben, die öffentlichen Beschlüsse zu vollstrecken und die Verbrechen oder die Streitsachen der Einzelnen zu richten. [...]

Die richterliche Gewalt darf nicht an einen dauernden Senat gegeben, sondern muss von Personen ausgeübt werden, die zu bestimmten Zeiten des Jahres in gesetzlich vorgeschriebener Weise aus der Mitte des Volkes entnommen werden, um einen

Gerichtshof zu bilden, der nur so lange besteht, wie die Notwendigkeit es erfordert.

Auf diese Weise wird die unter den Menschen so schreckliche richterliche Gewalt, losgelöst von der Bindung an einen bestimmten Stand oder einen bestimmten Beruf, sozusagen unsichtbar und zu einem Nichts. Man hat nicht ständig Richter vor Augen und man fürchtet das Amt, aber nicht die Beamten. […]

Wenn die gesetzgebende Gewalt der vollziehenden das Recht überlässt, Bürger in Haft zu nehmen, die für gute Führung Bürgschaft zu stellen fähig sind, dann gibt es keine Freiheit mehr; es sei denn, dass sie festgenommen werden, um ohne Verzug auf eine Anklage zu antworten, welche nach dem Gesetz das Leben fordert. In diesem Falle sind sie wirklich frei, weil sie nur der Macht des Gesetzes unterworfen sind.

Wenn sich aber die gesetzgebende Gewalt in Gefahr glaubt durch irgendwelche geheime Verschwörung gegen den Staat oder durch eine Verständigung mit den äußeren Feinden, so könnte sie für eine kurze und fest bemessene Zeit der vollziehenden Gewalt erlauben, verdächtige Bürger festzunehmen, welche ihre Freiheit auf Zeit verlieren würden, um sie auf die Dauer zu erhalten. […]

Da in einem freien Staate jeder, dem man einen freien Willen zuerkennt, durch sich selbst regiert sein sollte, so müsste das Volk als Ganzes die gesetzgebende Gewalt haben. Das aber ist in den großen Staaten unmöglich, in den kleinen mit vielen Misshelligkeiten verbunden. Deshalb ist es nötig, dass das Volk durch seine Repräsentanten das tun lässt, was es nicht selbst tun kann. […]

Der große Vorteil der Repräsentanten besteht darin, dass sie fähig sind, die Angelegenheiten zu verhandeln. Das Volk ist dazu keinesfalls geschickt. Das macht einen der großen Nachteile der Demokratie aus. […]

Zu allen Zeiten gibt es im Staate Leute, die durch Geburt, Reichtum oder Ehrenstellungen ausgezeichnet sind. Würden sie mit der Masse des Volkes vermischt und hätten sie nur eine Stimme wie alle übrigen, so würde die gemeine Freiheit ihnen Sklaverei bedeuten. Sie hätten an ihrer Verteidigung kein Interesse, weil die meisten Entschließungen sich gegen sie richten würden. Ihr Anteil an der Gesetzgebung muss also den übrigen Vorteilen angepasst sein, die sie im Staate genießen. Das wird der Fall sein, wenn sie eine eigene Körperschaft bilden, die berechtigt ist, die Unternehmungen des Volkes anzuhalten, wie das Volk das Recht hat, den Ihrigen Einhalt zu gebieten.

So wird die gesetzgebende Gewalt sowohl der Körperschaft des Adels wie der gewählten Körperschaft, welche das Volk repräsentiert, anvertraut sein. Beide werden ihre Versammlungen und Beratungen getrennt führen, mit gesonderten Ansichten und Interessen.

Charles Louis de Secondat de Montesquieu, Vom Geist der Gesetze, übers. und hrsg. v. Ernst Forsthoff, Bd. I, Tübingen (Mohr) 1951, S. 211–215, 217–226.

8 a) Erheben Sie aus der Quelle Montesquieus Gründe für die Gewaltenteilung.
b) Berücksichtigen Sie Montesquieus Verständnis von politischer Freiheit und erklären Sie, wie er staatlichen Machtmissbrauch einschränken will. Welche Rolle misst er dabei dem Interessenkonflikt verschiedener Gruppen bei?
9 Klären Sie, welcher Zusammenhang zwischen Montesquieus Gedanken und dem Grundgesetz der Bundesrepublik Deutschland, Art. 20 und 38, besteht.

M 13 Rousseau über die Grundlagen der Staats- und Gesellschaftsordnung

Von Freiheit und Gebundenheit des Menschen
Der Mensch wird frei geboren und überall ist er in Ketten.

Mancher hält sich für den Herrn der anderen und er ist doch mehr Sklave als sie. Wie ist es zu dieser Änderung gekommen? Ich weiß es nicht. Was kann ihr Rechtmäßigkeit verleihen? Diese Frage glaube ich beantworten zu können.

Würde ich nur die Gewalt und die Wirkungen, die sie hervorbringt, berücksichtigen, dann würde ich sagen: „Solange ein Volk dazu gezwungen ist zu gehorchen und solange es gehorcht, handelt es gut; sobald es sein Joch abschütteln kann und es abschüttelt, handelt es noch besser; denn wenn es seine Freiheit durch das gleiche Recht wiedererlangt, durch das man sie ihm geraubt hat, dann ist es entweder befugt, sie sich zurückzunehmen, oder man hatte kein Recht, sie ihm zu nehmen." Aber die gesellschaftliche Ordnung ist ein geheiligtes Recht, das die Grundlage aller übrigen bildet. Dieses Recht entspringt jedoch keineswegs der Natur; es beruht also auf Verträgen. Es kommt deshalb darauf an, über diese Verträge Klarheit zu schaffen.

Der Gesellschaftsvertrag
„Es geht darum, eine Gesellschaftsform zu finden, die mit der ganzen gemeinsamen Kraft die Person und die Güter jedes Gesellschaftsmitgliedes verteidigt und schützt und durch welche jeder Einzelne, obwohl er sich mit allen verbindet, dennoch nur sich selbst gehorcht und so frei bleibt wie zuvor." Dies ist das Grundproblem, dessen Lösung der „Gesellschaftsvertrag" bietet.

Die Bedingungen dieses Vertrages sind derart durch seine Natur festgelegt, dass die geringste Veränderung sie nichtig machen und ihnen ihre Wirkung völlig nehmen würde; darum sind sie auch, obgleich sie vielleicht nie förmlich ausgesprochen worden sind, überall die gleichen, überall stillschweigend angenommen und anerkannt, bis zu dem Augenblick, in dem, wenn der Gesellschaftsvertrag verletzt worden ist, jeder Einzelne wieder seine ursprünglichen Rechte erlangt und seine natürliche Freiheit wiedergewinnt, wobei er die vertragsmäßige Freiheit, um derentwillen er darauf verzichtete, verliert. […]

Trennt man also von dem Gesellschaftsvertrag alles das ab, was nicht zu seinem Wesen gehört, so findet man, dass er sich folgendermaßen begrenzen lässt: „Jeder von uns stellt gemeinschaftlich seine Person und seine ganze Kraft unter die oberste Leitung des allgemeinen Willens und wir nehmen jedes Mitglied als unteilbaren Teil des Ganzen auf." […]

Die Begründung des Staates als Tat der Gesellschaft
In dem gleichen Augenblick erzeugt diese Tat gesellschaftlichen Zusammenschlusses an Stelle der einzelnen Person jedes Vertragsteilnehmers eine sittliche und gesellschaftliche Körperschaft, die sich aus so viel Mitgliedern zusammensetzt, wie die Versammlung Stimmen hat, und diese Körperschaft gewinnt durch diese Tat ihre Einheit, ihr gemeinschaftliches Ich, ihr Leben und ihren Willen. […]

[Dann hat der] Staat […] keine […] einander widersprechenden Interessen; das Gemeinwohl tritt überall sichtlich hervor, und es bedarf nur gesunder Vernunft, um es wahrzunehmen […] Aus dem Vorhergehenden ergibt sich, dass der allgemeine Wille beständig der richtige ist und immer auf das allgemeine Beste abzielt; daraus folgt jedoch nicht, dass Volksbeschlüsse immer gleich richtig sind. Man will stets sein Bestes, sieht jedoch nicht immer ein, worin es besteht. Das Volk lässt sich nie bestechen, wohl aber hinters Licht führen, nur dann scheint es Böses zu wollen. Oft ist ein großer Unterschied zwischen dem Willen aller (volonté de tous) und dem allgemeinen Willen (volonté générale); Letzterer geht nur auf das allgemeine Beste aus, Ersterer auf das Privatinteresse und ist nur eine Summe einzelner Willensmeinungen […] Man muss verstehen, dass weniger die Anzahl der Stimmen den allgemeinen Willen ergibt als vielmehr das allgemeine Interesse. […]

Der Gesellschaftsvertrag enthält stillschweigend folgende Verpflichtungen […]: dass jeder, der dem allgemeinen Willen den Gehorsam verweigert, von dem ganzen Körper dazu gezwungen werden soll: das hat keine andere Bedeutung, als dass man ihn zwingen werde, frei zu sein.

Jean-Jacques Rousseau, Du Contrat social, Amsterdam 1762, übers. v. H. Brockard, nach: Schmid, Fragen an die Geschichte 3, Berlin (Cornelsen) 1997, S. 149 f.

10 Beschreiben Sie, wie Rousseau den Naturzustand des Menschen charakterisiert.
11 a) Erarbeiten Sie (M13) die Gründe für die Herausbildung des Gesellschaftsvertrages und bestimmen Sie seinen Inhalt.
b) Begründen Sie, welche Gedanken Rousseaus im Widerspruch zur Gesellschaftsordnung des Ancien Régime stehen.
c) Erläutern Sie, inwiefern Rousseaus Ideen auch zur Einschränkung der Freiheit des Einzelnen benutzt werden können.
12 Vergleichen Sie diesen Staatsentwurf mit dem von Montesquieu.

Ursachen

M 14 Der Philosoph Voltaire über Aberglaube und Fanatismus (1770)

Der Aberglaube, entstanden im Heidentum und übernommen vom Judentum, hat die christliche Kirche von Anfang an verpestet. […] Heute glaubt die eine Hälfte Europas, dass die andere lange dem Aberglauben verfallen war und es noch immer ist. Die Protestanten betrachten die Reliquien, den Ablass, die Kasteiungen, die Gebete für die Toten, das Weihwasser und fast alle Riten der römischen Kirche als abergläubischen Wahnwitz. Der Aberglaube besteht ihrer Ansicht nach darin, dass sinnlose Gebräuche als notwendig angesehen werden. Die römischen Katholiken sind teilweise aufgeklärter als ihre Vorfahren und haben auf viele dieser ehemals heiligen Gebräuche verzichtet. Dass sie andere beibehalten haben, verteidigen sie mit der Behauptung, diese seien indifferent, und was indifferent sei, könne nichts Schlechtes sein.

Die Grenzen des Aberglaubens sind schwer abzustecken. […]

Die Mohammedaner bezichtigen alle christlichen Gemeinschaften des Aberglaubens und werden selbst des Aberglaubens beschuldigt. Wer wird diesen großen Streit entscheiden? Die Vernunft? Aber jede Sekte behauptet ja, die Vernunft auf ihrer Seite zu haben. Also wird die Gewalt entscheiden, bis die Vernunft so viele Köpfe erleuchtet, dass die Gewalt entwaffnet wird. […]

[J]e weniger Aberglaube, desto weniger Fanatismus, und je weniger Fanatismus, desto weniger Unheil. […] Der Fanatismus ist das Ergebnis eines falschen Bewusstseins, das die Religion den Launen der Phantasie und der Unberechenbarkeit der Leidenschaften dienstbar macht.

Im Allgemeinen entsteht er [der Fanatismus] dadurch, dass die Gesetzgeber nicht weitsichtig genug gewesen sind oder die Grenzen, die sie sich steckten, überschritten haben. Ihre Gesetze waren nur für eine ganz bestimmte Gesellschaft gedacht. Wenn sie in blindem Eifer auf ein ganzes Volk ausgedehnt und ehrgeizig auf Länder mit anderem Klima übertragen wurden, hätten sie sich wandeln und den örtlichen und menschlichen Gegebenheiten anpassen müssen. […]

Es gibt aber noch andere Gräuel und Schaustellungen. Ganz Europa zieht nach Asien, und sein Weg ist getränkt vom Blut der Juden, die sich selbst umbringen, um nicht unter dem Schwert der Feinde zu fallen. […] Es war die Zeit, da man betrügerische Orakel, kriegerische Eremiten, Monarchen auf der Kanzel und Prälaten im Feldlager erlebte. Alle Stände gingen in der Masse unter, die ganz von Sinnen war. Gebirge und Meere wurden überquert, rechtmäßige Besitzungen aufgegeben, um Eroberungen zu machen, die mit dem Gelobten Land nichts mehr zu tun hatten. […]

Der gleiche Geist des Fanatismus nährte die Gier nach Eroberungen in weiter Ferne. Kaum hatte Europa sich von seinen Verlusten erholt, als die Entdeckung einer neuen Welt den Niedergang der unsrigen beschleunigte. Unter der entsetzlichen Parole „Nehmt, was ihr könnt!" wurde Amerika verwüstet und seine Bewohner ausgerottet. […]

[D]as ist die Geschichte des Fanatismus – das sind keine Heldentaten.

Zit. nach: Hagen Schulze/Ina Ulrike Paul (Hg.), Europäische Geschichte. Quellen und Materialien, München (bsv) 1994, S. 853 f.

13 a) Arbeiten Sie aus M14 die Ansichten Voltaires zu Ursachen, Merkmalen und Folgen von Fanatismus heraus.
b) Ordnen Sie die Quelle in den historischen Zusammenhang ein.
14 Verfassen Sie einen Brief an Voltaire, in dem Sie zu dessen Ansichten in M14 Stellung nehmen, und zwar entweder
a) aus der Sicht eines Zeitgenossen oder
b) aus Ihrer persönlichen heutigen Sicht.

Präsentation
15 🚶 Im Vorwort zu seinem Werk „Das Jahrhundert Ludwigs XIV." schrieb Voltaire im Jahre 1752, dass es sich bei diesem Zeitalter um das „aufgeklärteste Jahrhundert" handele, das es je gegeben habe.
a) Untersuchen Sie hiervon ausgehend anhand von Biografien, Philosophiegeschichten und historischen Handbüchern Voltaires politische Ansichten.
b) Vergleichen Sie diese anschließend mit den politischen Vorstellungen Jean-Jacques Rousseaus (M13).

M 15 Die Unabhängigkeitserklärung von 1776

Eine Erklärung der im Allgemeinen Kongress versammelten Bevollmächtigten der Vereinigten Staaten von Amerika. […]
Wir halten diese Wahrheiten für in sich einleuchtend: dass alle Menschen gleich geschaffen sind; dass sie von ihrem Schöpfer mit gewissen unveräußerlichen Rechten ausgestattet sind, darunter Leben, Freiheit und Streben nach Glück; dass zur Sicherung dieser Rechte Regierungen unter den Menschen eingesetzt sind, die ihre gerechten Vollmachten von der Einwilligung der Regierten herleiten; dass, wenn immer eine Regierungsform diesen Zielen zum Schaden gereicht, es das Recht des Volkes ist, sie zu ändern oder abzuschaffen und eine neue Regierung einzusetzen, die sich auf solche Grundsätze aufbaut und ihre Macht in einer Weise organisiert, wie sie am geeignetsten erscheint, seine Sicherheit und sein Glück zu schaffen. In der Tat wird die Klugheit gebieten, dass seit langem bestehende Regierungsformen nicht aus geringfügigen und vorübergehenden Ursachen geändert werden sollten, und dementsprechend beweist alle Erfahrung, dass die Menschheit eher geneigt ist zu dulden, solange die Missstände erträgbar sind, als sich Recht zu verschaffen durch Abschaffung der Formen, an die sie gewöhnt ist. Aber wenn eine lange Kette von Missbräuchen und Anmaßungen, stets das gleiche Ziel verfolgend, die Absicht enthüllt, ein Volk unter den unbeschränkten Despotismus zu beugen, so ist es sein Recht, ist es seine Pflicht, eine solche Herrschaft abzuschütteln und sich neue Bürgschaften für seine zukünftige Sicherheit zu verschaffen. Solcherart ist das geduldige Leiden dieser Kolonien gewesen, und so zwingt sie jetzt die Notwendigkeit, ihr früheres Regierungssystem zu ändern. Die Geschichte des gegenwärtigen Königs von Großbritannien ist eine Geschichte wiederholter Beleidigungen und Anmaßungen, die alle das direkte Ziel verfolgen, eine unbeschränkte Tyrannei über diese Staaten aufzurichten. […]
Auf jeder Stufe dieser Bedrückungen sind wir in untertänigsten Ausdrücken um Abhilfe eingekommen; unsere wiederholten Bitten wurden nur mit wiederholten Kränkungen beantwortet. Ein Fürst, dessen Charakter so durch jede seiner Handlungen als tyrannisch gebrandmarkt ist, ist ungeeignet, der Herrscher über ein freies Volk zu sein. […]
Wir, die Vertreter der Vereinigten Staaten von Amerika, versammelt im Allgemeinen Kongress, rufen deshalb den höchsten Richter der Welt zum Zeugen an für die Rechtlichkeit unserer Absichten. Im Namen und in Vollmacht des guten Volkes dieser Kolonien geben wir feierlich bekannt und erklären, dass diese Vereinigten Kolonien sind und von Rechts wegen sein sollen freie und unabhängige Staaten, dass sie von jeder Untertanenpflicht gegen die britische Krone befreit sind und dass jeder politische Zusammenhang zwischen ihnen und dem Staate Großbritannien völlig gelöst ist und sein soll und dass sie als freie und unabhängige Staaten die volle Macht besitzen: Krieg zu führen, Frieden zu schließen, Bündnisse einzugehen, Handelsbeziehungen anzuknüpfen und alle anderen Handlungen und Dinge vorzunehmen, die unabhängige Staaten von Rechts wegen tun dürfen. Und zur Bekräftigung dieser Erklärung, in festem Vertrauen auf den Schutz der göttlichen Vorsehung, verpfänden wir uns gegenseitig unser Leben, unser Gut und unsere heilige Ehre.

Zit. nach: Geschichte in Quellen, Bd. 4, bearb. von Wolfgang Lautemann, München (bsv) 1981, S. 90–94.

16 Skizzieren Sie die Grundprinzipien der amerikanischen Unabhängigkeitserklärung. Vergleichen Sie die amerikanische Unabhängigkeitserklärung mit Rousseaus Positionen.

M 16 Adam Smith: Über die Gesetze des Reichtums, 1776

Adam Smith hatte einen Lehrstuhl für Moralphilosophie, als dessen Teilgebiet die Ökonomie verstanden wurde:
Der Mensch […] braucht fortwährend die Hilfe seiner Mitmenschen und vergeblich erwartet er diese von ihrem Wohlwollen allein. Er wird viel eher seine Ziele erreichen, wenn er ihr Selbstinteresse zu seinen Gunsten lenken und ihnen zeigen kann, dass sie

Ursachen

auch ihrem eigenen Vorteil folgen, wenn sie für ihn tun, was er von ihnen haben will. Wer einem anderen ein Geschäft irgendwelcher Art anträgt, verfährt in diesem Sinne. Gib mir, was ich brauche, und du sollst haben, was du brauchst, und das ist der Sinn eines jeden solchen Anerbietens, und auf diese Weise erhalten wir voneinander den bei weitem größten Teil all der Dienste, auf die wir gegenseitig angewiesen sind. Nicht von dem Wohlwollen des Fleischers, Brauers oder Bäckers erwarten wir das, was wir zum Essen brauchen, sondern von der Rücksichtnahme auf ihr eigenes Interesse. Wir wenden uns nicht an ihre Menschenliebe, sondern an ihr Selbstinteresse, und sprechen zu ihnen nie von unserem Bedarf, sondern von ihren Vorteilen. […]

Stets sind alle Menschen darauf bedacht, die für sie vorteilhafteste Anlage ihrer Kapitalien ausfindig zu machen. In der Tat hat jeder dabei nur seinen eigenen Vorteil, nicht aber das Wohl der gesamten Volkswirtschaft im Auge. Aber dieses Erpichtsein auf seinen eigenen Vorteil führt ihn ganz von selbst – oder besser gesagt – notwendigerweise dazu, derjenigen Kapitalanlage den Vorzug zu geben, die zu gleicher Zeit für die Volkswirtschaft als Ganzes am vorteilhaftesten ist. […] Der Jahresertrag einer Volkswirtschaft ist höher, wenn sie sich auf die Erzeugung derjenigen Waren beschränkt, in denen sie vor anderen Ländern Kostenvorteile voraushat, und die ihrerseits von anderen Ländern diejenigen Waren kauft, die dort billiger sind. Die Regelung dieser Austauschverhältnisse aber muss dem freien Spiel der wirtschaftlichen Kräfte überlassen bleiben. […]

Kapitalbildung und Industrieentfaltung müssen in einem Lande dem natürlichen Gang der Entwicklung überlassen bleiben. Jede künstliche wirtschaftspolitische Maßnahme lenkt die produktiven Kräfte der Arbeit und auch die Kapitalien in die falsche Richtung. […] Räumt man also alle Begünstigungs- und Beschränkungssysteme völlig aus dem Weg, so stellt sich das klare und einfache System der natürlichen Freiheit von selbst her. Jeder Mensch hat, solange er nicht die Gesetze der Gerechtigkeit verletzt, vollkommene Freiheit, sein eigenes Interesse auf seine eigene Weise zu verfolgen und sowohl seinen Gewerbefleiß als auch sein Kapital mit dem Gewerbefleiß und den Kapitalien anderer Menschen in Konkurrenz zu bringen.

Adam Smith, An Inquiry into the Nature and Causes of the Wealth of Nations, New York 1909, S. 20, 349, 466, übers. v. Max Stirner, nach: Schmid, Fragen an die Geschichte 3, Berlin (Cornelsen) 1997, S. 149.

17 Erläutern Sie Adam Smiths System der natürlichen Freiheit.
18 Benennen Sie Unterschiede zwischen klassischem Wirtschaftsliberalismus und Merkantilismus.

M 17 Politischer Katechismus für den „kleinen" Mann

Bücher gehören sich für Männer und Katechismen[1] für Kinder.

Der Dritte Stand ist noch ein sehr schwaches und unwissendes Kind. Dieser kleine Katechismus wird ihn sehr weise machen, wenn er ihm zeigt, was er anderen schuldig ist, und sehr mächtig, wenn er ihm zeigt, was die anderen ihm schulden. […]

Was bist du? Ein Bauer. – Was ist ein Bauer? Ein Mensch, ein Bürger, ein Glied des Dritten Standes. – Was ist der Dritte Stand? Der Nährvater des Staates, sein edelster Verteidiger. – Inwiefern ist er der Nährvater? Durch den Ackerbau, den Handel, die Gewerbe, die er allein treibt zum Vorteil

M 18 Die Zahl der „Journale" 1600–1780

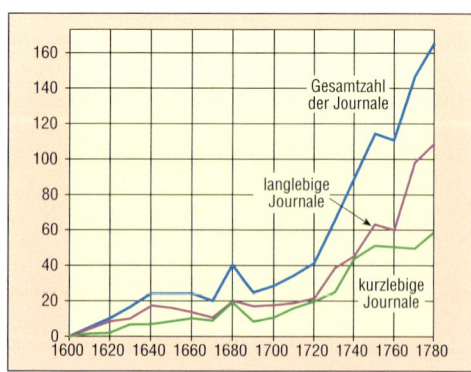

In: H. U. Gumbrecht/R. Reichardt/T. Schleich (Hrsg. u. Verf.): Für eine Sozialgeschichte der Aufklärung in Frankreich, München (Oldenbourg) 1981.

aller. – Wieso sein edelster Verteidiger? Weil er sich allem widmet, indem er alles opfert, ohne andere Entschädigung noch Hoffnung als fünf Sous, das Spital oder den Tod. – Bringen die beiden ersten Stände keine Opfer? Sie sollten es, zum mindesten aus Gerechtigkeit und Dankbarkeit; sie sind die reichsten Grundherren, sie genießen alle Auszeichnungen, alle Vergünstigungen. – Aber zahlen sie denn keine Abgaben? Sehr wenig, so wenig und so ungern, mit so viel Einschränkungen, dass man sie nicht rechnen darf. – Aber noch einmal, was zahlen sie denn? Ungefähr den zwanzigsten Teil ihrer Einkünfte, den sie leicht ihrem Überfluss entnehmen, während der Dritte Stand, überlastet, ausgemergelt, etwa den dritten Teil seines Einkommens zahlt und meist gezwungen ist, ihn seiner Lebensnotdurft zu entreißen.

Katechismus des Dritten Standes zum Gebrauch für alle Provinzen Frankreichs und insbesondere der Provence, Dezember 1788, aus: Irmgard und Paul Harttig, Die Französische Revolution, Stuttgart (Klett) 1997, S. 32.

1 Katechismus: eigentl. Lehrbuch für den christlichen Glaubensunterricht, hier in Form von Flugblättern zur Zeit der Wahlen zu den Generalständen.

M 19 Die Politisierung Frankreichs

M19a) Die Herausbildung politischer Organisationen:
Ein grundlegendes Massenphänomen der Französischen Revolution [war]: jenes Netz meist spontan gegründeter Revolutionsklubs oder Volksgesellschaften, das sich, ausgehend von den städtischen Zentren, 1791/92 über das ganze Land verbreitete und zur Zeit seiner größten Dichte, um die Jahreswende 1793/94, bis zu 6000 Sozietäten umfasste (Karte 19b). Tulle gehört zu den Städten mit über 4000 Einwohnern, die landesweit sämtlich einen Revolutionsklub aufweisen, während diese Quote bei Orten mit 2000 bis 3000 Einwohnern auf 87% und bei den Dörfern auf 13% sinkt. Das war freilich immer noch genug, um die wichtigsten revolutionären Schlagworte auch auf dem platten Lande bekannt zu machen. Insgesamt traten 15 bis 30% aller erwachsenen Männer (in Tulle 20%) einem Revolutionsklub bei. Verglichen mit den 850 Freimaurerlogen der 1780er-Jahre, bedeutete dies nicht nur quantitativ, sondern auch qualitativ eine neue

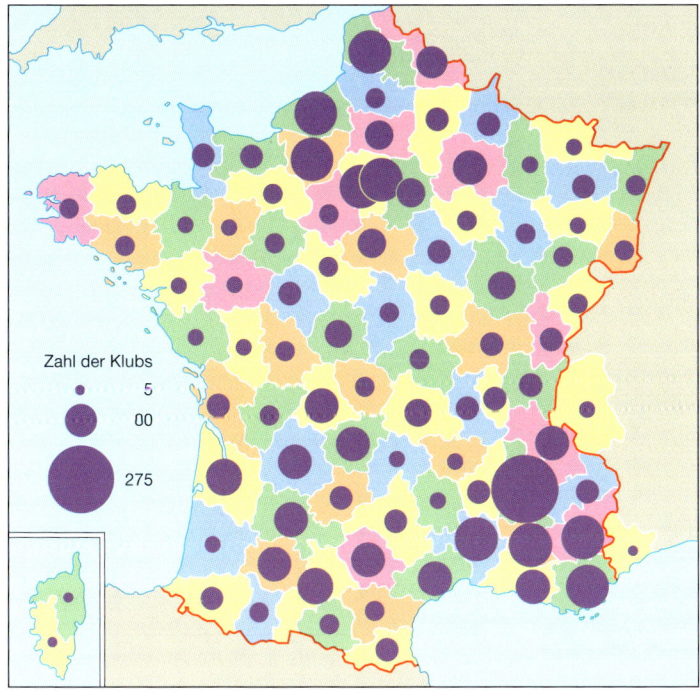

M19b) Anzahl und Verteilung der Revolutionsklubs oder Volksgesellschaften in Frankreich um 1793/94

Dimension; denn während die Logen der Aufklärungszeit ziemlich unpolitische Geheimgesellschaften und nur ein Sozietätsmodell unter anderen (Akademien, Salons, Lesekabinette) waren, waren die revolutionären Volksgesellschaften zugleich öffentlich und politisch und galten zu ihrer Zeit als die einzige legitime Form der Vereinigung.

Rolf E. Reichardt, Das Blut der Freiheit, Frankfurt am Main (Fischer TB) ²1999, S. 84 f.

M 20 Dechristianisierung in der Provence

Die französische Forschung hat sich darum bemüht, eine Änderung der Bewusstseinsinhalte im Sinne der Aufklärung nicht nur bei einzelnen Philosophen und Schriftstellern, sondern auch in der großen Masse der Bevölkerung nachzuweisen. Zu diesem Zweck hat man beispielsweise die Testamente einer Region über einen längeren Zeitraum untersucht und nach typischen Änderungen der darin enthaltenen religiösen Bestimmungen gefahndet.

20 a) Prozentsatz der Testamente, in denen die Erblasser die Mutter Gottes anrufen:

1690–1710	90%	1760–1769	39%
1740–1749	64%	1770–1779	25%
1750–1759	50%	1780–1789	16%

20 b) Prozentsatz der Testamente, in denen Bestimmungen zur Feier von Gedenkmessen für die Verstorbenen enthalten sind:

	Männer	Frauen
vor 1710	70%	84%
um 1750	80%	88%
1760–1769	66%	75%
1770–1779	57%	68%
1780–1789	46%	67%

Nach: Pierre Goubert, L'Ancien Régime, Bd. 2, Paris (Colin) 1973, S. 220 f.

19 Untersuchen Sie den Bewusstseinswandel und das politische Bewusstsein der französischen Bevölkerung anhand der Quellen und Statistiken M17–M20, hier besonders M19.

M 21 Erträge der Landwirtschaft

Weizen	(Verhältnis Saatgut : Ernte)
Frankreich in seinen meisten Provinzen:	1 : 4
Frankreich, Languedoc (1730–1825)	1 : 6
Mitteleuropa (18. Jh.)	1 : 2 bis 4
England (Ende 18. Jh.)	1 : 12 bis 14
Roggen	**(Verhältnis Saatgut : Ernte)**
Frankreich (18. Jh.)	1 : 5

Nach: Albert Soboul, La civilisation et la révolution française, 2 Bde., Paris (Arthaud), S. 48.

M 22 Preise und Löhne

22 a) Löhne pro Tag, Paris 1789
Dabei ist zu berücksichtigen, dass wegen der zahlreichen Feiertage an etwa 110 Tagen im Jahr nicht gearbeitet wurde.

Arbeiter einer Tapetenfabrik	25 Sous
Bauarbeiter	30 Sous
Maurergeselle	40 Sous
Schlosser, Schreiner	50 Sous
Goldschmied, Bildhauer	100 Sous

22 b) Preis für ein 4-Pfund-Brot in Paris (in Sous)

	1767–1774	11
April	1775	11?
Mai	1775	13?
	1776	8 bis 9
	1784	10? bis 11
Juli	1788	9
17. August	1788	9?
20. August	1788	10
2. September	1788	10?
7. September	1788	11
8. November	1788	12
28. November	1788	13
11. Dezember	1788	14
1. Februar	1789	14?
14. Juli	1789	15
22. Juli	1789	13?
8. August	1789	12
Juni	1790	11
Juli	1790	8

In: Eberhard Schmitt (Hrsg.), Die Französische Revolution, Köln (Kiepenheuer) 1976, S. 152 ff.

M 23 Verteilung des Grundeigentums. – *Die französischen Statistiken, auf denen die Grafik beruht, verstehen unter dem modernen Begriff des „Eigentums" stets das so genannte „Untereigentum" (dominium utile), das viele Bauern an ihrem Land hatten. Das heißt, zahlreiche Bauern besaßen das ihnen verliehene Land bereits zu solch gutem Recht, dass es dem Eigentumsrecht gleichkam und der Grundherr (seigneur) sein „Obereigentum" (dominium directum) nur noch begrenzt beanspruchen konnte. Die Angaben in der Grafik beziehen sich auf die bebaute Fläche.*

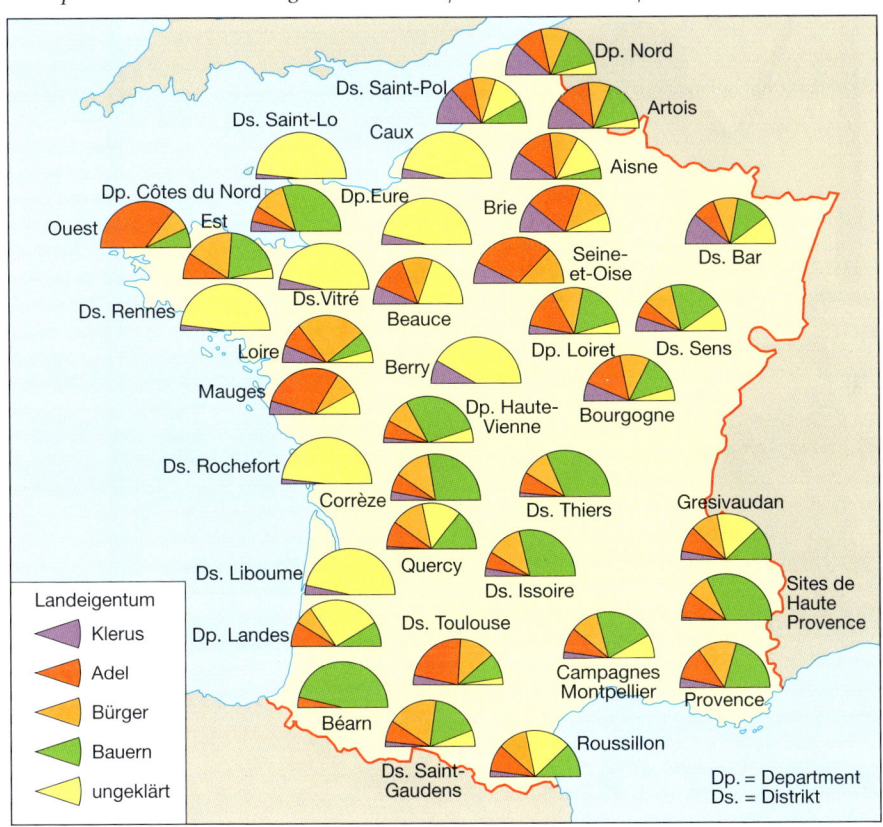

Grafik nach: Michel Vovelle, La chute de la monarchie, Paris (Ed. du Seuil) 1972.

M 24 Rechte des Grundherrn (seigneur) – aus einer Rechtsaufzeichnung aus dem Dorf Essigey in Burgund, 18. Jahrhundert

Art. 1: Wenn etwas verkauft wird, gebührt dem Herrn ein Teil des Erlöses, im Allgemeinen ein Zwölftel des Preises, mit dem Recht der Eintreibung, wenn diese Abgabe nicht innerhalb von 40 Tagen gezahlt wird, oder eines Strafgeldes in Höhe von 3 Pfund 5 Sous.

Art. 2: Die Einwohner von Essigey, die eine Feuerstelle im Dorf haben, schulden dem Herrn jeder ein Huhn am ersten Tag der Fastenzeit und jeder Arbeiter schuldet einen Tag Dienst zur Zeit der Heuernte. […]

Art. 3: Jeder Arbeiter oder jeder andere, der Pferde oder Rinder und Geschirr besitzt, schuldet dem Herrn auch jährlich einen Tag Dienst beim Pflügen oder bei der Weinernte oder bei der Jagd oder bei der Aussaat.

Art. 4: Dem Herrn steht es zu, den Zehnten auf allen Höfen seiner Grundherrschaft (seigneure) zu erheben in Höhe von 1/4, unter Berücksichtigung, dass auch der Pfarrer […] die gleiche Abgabe erhebt. […]

Art. 6: Alle Einwohner müssen das Schloss des Ortes bewachen.

M 25 „Der Bauer – zu Müh und Not geboren", Radierung ca. 1790. – *Jeden Tag auf dem Felde / bei Hitze und Kälte / sieht man den armen Bauersmann. Er arbeitet hart das ganze Jahr, / damit er durch sein Schaffen / horte, was die Steuereintreiber raffen.*

Art. 7: Die Einwohner müssen den Zufluss unterhalten, der Wasser vom Fluss in die Gräben des Schlosses führt. Sie sind gleichermaßen verpflichtet, die Wiese, genannt „Closeau", die neun „soitures" (ca. 3 Hektar) umfasst, einzuzäunen.

Art. 8: Alle, die Wein in Essigey verkaufen, schulden einen Schoppen (ca. 0,5 l) Wein dem Herrn, bei Strafe von 3 Pfund 5 Sous. […]

Art. 9: Keiner der Einwohner hat das Recht des Fischfangs oder der Jagd auf dem Gebiet, das zu Essigey gehört, bei Strafe der Konfiskation seiner Arbeitsgeräte und seines Zuggeschirrs. […]

Art. 10: Der Herr hat das Bannrecht über seine Wälder; es ist keinem gestattet, dort Holz zu sammeln oder sein Vieh dort hinzutreiben.

Nach: Pierre Goubert, L'Ancien Régime, Paris (Colin) 1969, Bd. 1, S. 83f., übers v. Verf.

M 26 General de Besenval berichtet über Hungerunruhen

General de Besenval, vom Herzog de Broglie, dem Kriegsminister, mit der Verteidigung von Paris im Juli 1789 betraut, berichtet:
Seit acht Jahren habe ich im Auftrag des Königs das Kommando über die Provinzen im Innern des Landes, bestehend aus den Provinzen Ile de France ohne die Stadt Paris, Soissonnais, Berry, Bourbennais, Orléanais, Touraine und Maine. Die zahlreichen Aufgaben in den ausgedehnten Gebieten vermehrten sich im April des Jahres 1789 noch durch den spürbaren Mangel an Getreide, der eine nahe Hungersnot ankündigte. Die Knappheit an Brot und die ungewisse Zukunft verbreiteten Angst und Schrecken und steigerten die allgemeine Unruhe. Auf den Märkten kam es zu Tumulten und die Transporte der Regierung in die am stärksten betroffenen Gebiete wurden abgefangen: Das zwang mich, die mir zur Verfügung stehenden Truppen aufzuteilen, um die vielen Märkte, die mir unterstanden, zu schützen, die Ordnung aufrechtzuerhalten, die Getreidetransporte zu sichern und Ruhe in den Gebieten herzustellen, in denen verwegene Banditen Gewalttaten begingen. Bis zum 12. Juli, an dem die Revolution ausbrach, hatte ich die Genugtuung, in meinem Befehlsbereich den Frieden wahren zu können, ohne dass sich ein ärgerlicher Zwischenfall ereignete, ein einziger Bewohner belästigt wurde, eine einzige Klage gegen die Truppe erhoben wurde, obgleich die große Zahl von Kommandos, die ich stellen musste, es unmöglich machte, in jedem Fall einen Offizier an die Spitze zu stellen. Die Befehle, die ich gegeben hatte, wurden genau und pünktlich ausgeführt, so vollkommen war zu dieser Zeit die Disziplin.

Ich habe schon gesagt, dass ich in Paris überhaupt keine Befehlsgewalt hatte, wo in normalen Zeiten die allgemeine Verwaltung dem Parlament unterstand und alle Einzelheiten in den Händen des Ministre de la Maison lagen. Die immer stärker werdende Unruhe sowie die Knappheit der Lebensmittel erzwangen die Anwendung der in ähnlichen Fällen gebräuchlichen Mittel, das heißt, die beiden Regimenter der Palastwache und der Schweizergarde wurden eingesetzt, um die Ordnung aufrechtzuerhalten.

Die Französische Revolution in Augenzeugenberichten, hrsg. von Georges Pernoud und Sabine Flaissier, Stuttgart (Klett) 1989, S. 22.

20 Erläutern Sie anhand von M21–M26, inwiefern wirtschaftliche und soziale Spannungen ursächlich für die Revolution sind. Erstellen Sie ein Raster zu den verschiedenen Ursachen der Systemkrise von 1789. Unterscheiden Sie langfristige, mittelfristige und kurzfristige Ursachen in Wirtschaft, Staat, Gesellschaft/Kultur.
21 Diskutieren Sie das Zusammenwirken der verschiedenen Bereiche.

Präsentationen
22 🚶 Vordenker der Revolution?
Erarbeiten Sie eine Präsentation über das Leben und die Ideen von
a) Montesquieu (s. M12a, S. 20ff.) oder
b) Rousseau (s. M13, S. 22f.).

• Themen • Methoden • Themen • Methoden • Themen • Methoden • Themen • Methoden

Die Öffentlichkeit – eine neue Macht?

M 27 Was ist „Öffentlichkeit"?

27 a) Artikel „Öffentlichkeit" aus einem Internet-Lexikon (2007):
Öffentlich ist das, was nicht privat oder geheim ist. Öffentlichkeit kommt Orten zu, die für jeden zugänglich sind, Gerichtsverhandlungen bzw. parlamentarische Verhandlungen u. Ä. Als Öffentlichkeit bezeichnet man aber auch den amtlichen, staatlichen Bereich im Gegensatz zum privaten und alles, was die Allgemeinheit betrifft. Die herrschaftskritische Verwendung des Begriffs von Öffentlichkeit geht auf Kant zurück, der nicht nur forderte, dass jeder sich seiner eigenen Vernunft bedienen solle, sondern auch eine öffentliche Kommunikation und den freien Austausch von Argumenten vor allem über die Politik der Herrschenden. Die Schaffung entsprechender Institutionen und Rechte forderte die liberale Gesellschaftstheorie des 19. Jahrhunderts. Die Möglichkeit öffentlicher Kommunikation und Meinungsbildung wird heute garantiert durch Grundrechte wie Presse-, Versammlungs-, Forschungs- und Meinungsfreiheit.
Zit. nach: www.diegesellschafter.de/information/lexikon/ (30. Juli 2007).

27 b) Der Soziologe und Philosoph Jürgen Habermas schreibt über die vormoderne „repräsentative Öffentlichkeit" (1990):
Öffentlichkeit als ein eigener, von einer privaten Sphäre geschiedener Bereich lässt sich für die feudale Gesellschaft […] nicht nachweisen. Gleichwohl heißen die Attribute der Herrschaft, etwa das fürstliche Siegel, nicht zufällig „öffentlich"; nicht zufällig genießt der englische König „publicness" – es besteht nämlich eine öffentliche Repräsentation von Herrschaft. Diese repräsentative Öffentlichkeit […] ist […] so etwas wie ein Statusmerkmal. Der Status des Grundherrn […] stellt sich dar als die Verkörperung einer wie immer „höheren" Gewalt. […] Vertretung, etwa im Sine der Repräsentation der Nation oder bestimmter Mandanten, hat mit dieser repräsentativen Öffentlichkeit, die an der konkreten Existenz des Herrn haftet und seiner Autorität eine „Aura" gibt, nichts zu tun. Wenn der Landesherr die weltlichen und geistlichen Herren, die Ritter, Prälaten und Städte um sich versammelt […], dann handelt es sich nicht um eine Delegiertenversammlung, die jemand anderen repräsentiert […]; sie repräsentieren ihre Herrschaft, statt für das Volk, „vor" dem Volk.
Jürgen Habermas, Strukturwandel der Öffentlichkeit, Neuaufl., Frankfurt/M. (Suhrkamp) 1990, S. 60 f.

23 a) Informieren Sie sich über die Bedeutung des Begriffs „Öffentlichkeit" (M27a).
b) Legen Sie eine Tabelle mit Beispielen an, die zeigen, was Ihrer Meinung nach zum privaten bzw. zum öffentlichen Lebensbereich gehört.
24 a) Grenzen Sie den modernen Begriff der Öffentlichkeit von der vormodernen „repräsentativen Öffentlichkeit" mithilfe von M27b ab.
b) Beschreiben Sie den Begriff der „repräsentative Öffentlichkeit" anhand weiterer Beispiele.

M 28 Staatsmacht und Öffentlichkeit vom 17. bis zum 19. Jahrhundert: Beispiele aus Frankreich, England und Deutschland

Der Historiker Wolfgang Reinhard schreibt in seiner „Geschichte der Staatsgewalt" (1999):
Ludwig XIV. [Reg. 1661–1715] und seine Mitarbeiter waren Meister der Selbstdarstellung des Königs durch Herrscherporträts, die massenhaft unters Volk geworfen wurden, durch Monumentalarchitektur und durch höfisches Ritual. Die Prägung von Münzen und Medaillen wurde zu Propagandazwecken forciert und eine besondere Akademie mit der Herstellung der Entwürfe betraut, wie denn überhaupt die verschiedenen, auf Colberts Betreiben gegründeten weiteren Akademien gezielt der Beeinflussung der öffentlichen Meinung dienen sollten. Auch die publizistische Auseinandersetzung erreichte in Ludwigs Kriegen einen neuen Höhepunkt. Nach Colbert übernahm dessen Neffe Jean-Baptiste Colbert de Torcy, Außenminister 1699–1715, die Leitung der Propaganda. Zeitschriften wie das 1665 gegründete „Journal des Sanvans" und die „Mémoires de

32

Trévous" der Jesuiten ließen sich zeitweise mittels Subventionen in den Dienst der Regierungspropaganda stellen. Vor allem wurden seit 1701 zahlreiche Flugschriftenschreiber beschäftigt, aber auch gelehrte historisch-juristische Werke in Auftrag gegeben.

Die politische Bedeutung der Druckmedien erreichte einen Höhepunkt im 18. Jahrhundert auf den Britischen Inseln, wo sich infolge der zunehmend parlamentarischen Regierungsweise eine in den Londoner Kaffeehäusern lokalisierbare politische Öffentlichkeit gebildet hatte und die Notwendigkeit, Wahlen zu gewinnen, den Flugschriften wie den Zeitschriften und teilweise bereits täglich erscheinenden Zeitungen steigende Bedeutung verlieh. Viele große Namen der englischen Literatur jener Zeit wie Joseph Addison, Daniel Defoe, Richard Steele, Jonathan Swift sind als politische Journalisten tätig gewesen. 1762 wurde erstmals ein politischer Konflikt mit Zeitungsartikeln ausgefochten. Ein Permanent Undersecretary des Treasury beobachtete die Presse, gab gegebenenfalls juristischen Rat und schrieb selbst für die Regierung. Der Übergang zum geheimdienstlichen Informantensystem war dabei wieder einmal fließend. Selbst wenn Medienkampagnen nichts nützen, gilt es doch, in den Medien präsent zu sein, Flagge zu zeigen, und sei es nur, um dem Gegner nicht das Feld zu überlassen.

Dass Friedrich II. von Preußen [Reg. 1740 bis 1786] das geschickt beherzigte, hat nicht wenig zu seinem anhaltenden Ruhm beigetragen. Er hat als begabter Autor nicht nur langfristig an seinem eigenen Nachruhm gearbeitet, durch literarische und philosophische, politische und historische Schriften, durch Briefe und Aufzeichnungen von Gesprächen, durch Pflege von Kontakten zu aufgeklärten Meinungsführern. Er hat sich auch als Meister kurzfristiger Propaganda erwiesen, indem er seit 1741 seine eigenen militärischen Erfolge unter Pseudonym selber beschrieb, in Berliner Zeitungen drucken und im Ausland verbreiten ließ. Dass man ahnte, wer der Autor war, steigerte den Erfolg noch. Auch andere, subtilere Methoden funktionierten glänzend, gleichgültig, ob sie auf Initiative des Königs, auf die Gesinnung ihrer Urheber oder bloß auf die sich selbst aufschaukelnde Nachfrage nach fritzischen Devotionalien zurückzuführen waren. Zahlreiche Gedichte, Lieder und Dramen zur Verherrlichung des Königs kamen seit 1750 auf den Markt, und seit den 1750er-Jahren wurden im preußischen Iserlohn Tabaksdosen mit Darstellungen der Siege Friedrichs in hoher Stückzahl erzeugt.

Napoleon [Reg. 1799–1815] hat nicht nur das politische Ritual, sondern auch die Propaganda durch Planmäßigkeit zu einem neuen Höhepunkt geführt. Zu dem Bericht der Geheimpolizei erhielt er auch einen täglichen Bericht seiner „Pressereferenten". Neben den Zensurmaßnahmen wurde die öffentliche Meinung vor allem durch das strikte Nachrichtenmonopol des „Moniteur" und des „Journal de l'Empire" manipuliert. Er fand Nachahmer wie Metternich[1], aber im Zeichen der Pressefreiheit nach 1848 wurden neue Methoden notwendig. Bismarck[2] nutzte die subventionierte „Norddeutsche Allgemeine Zeitung" zu wirkungsvoller Informations- oder Desinformationspoltik, eine massive Meinungsbeeinflussung war aber so nicht möglich. Selbst die totale Kontrolle der Medien durch ein Regime wird ja von großen Teilen des Publikums mit spöttischer Ablehnung und dem Aufbau eines „schwarzen" Nachrichtenmarktes beantwortet.

Wolfgang Reinhard, Geschichte der Staatsgewalt, München (C. H. Beck) 1999, S. 397f.

1 Claus Fürst von Metternich (1773–1859): konservativer österreichischer Staatsmann.
2 Otto von Bismarck (1815–1898): konservativer preußischer Politiker; Reichskanzler 1871–1890.

Aus einem Sachtext Informationen entnehmen und verarbeiten (Partnerarbeit)

25 Arbeiten Sie aus M28 in Partnerarbeit heraus, wie die Staatsmacht bzw. der Herrscher
(I) in Frankreich,
(II) in England oder
(III) in Deutschland
bis zum Ende des Zeitalters Napoleons mit der Öffentlichkeit umgegangen sind. Achten Sie darauf, dass Sie nur Informationen zu Ihrer Teilaufgabe (I, II oder III) sammeln.
26 Präsentieren Sie die Ergebnisse Ihrer Partnerarbeit im Kurs.
27 Erarbeiten Sie auf der Basis aller Ergebnisse (zu I, II und III) im Kurs einen Kurztext über

Gemeinsamkeiten europäischer Staatsmächte im Umgang mit der Öffentlichkeit bis zum Beginn des 19. Jahrhunderts. Gehen Sie dabei auch auf die Grenzen der Aussagekraft des Sekundärtextes M28 ein (das heißt: Auf welche Fragen gibt M28 keine Antworten?).

28 Referatvorschlag: Prüfen Sie am Beispiel der Rolle der Medien in der DDR-Öffentlichkeit (1949–1990) die Schlussthese des Autors (Z. 98–102): „Selbst die totale Kontrolle der Medien durch ein Regime wird ja von großen Teilen des Publikums mit spöttischer Ablehnung und dem Aufbau eines ‚schwarzen' Nachrichtenmarktes beantwortet."

Recherchetipp: Bücher und Quellensammlungen zur Geschichte der DDR können Sie auf der Internetseite der „Bundeszentrale für politische Bildung" recherchieren: *www.bpb.de*

M 29 Wandel der Öffentlichkeit im Zeitalter der Aufklärung?

29 a) Der Soziologe und Philosoph Jürgen Habermas beschäftigt sich in seinem Werk „Strukturwandel der Öffentlichkeit" (1961) mit der Entstehung der „bürgerlichen Öffentlichkeit"; diese sei, so Habermas, eng gebunden an einen besonderen Prozess der europäischen Geschichte, und zwar an die sich seit dem Hochmittelalter herausbildende „bürgerliche Gesellschaft". Im Vorwort der Neuauflage schreibt der Autor (1990):

Wie dem Vorwort zur ersten Auflage zu entnehmen ist, hatte ich mir als erstes Ziel gesetzt, den Idealtypus bürgerlicher Öffentlichkeit aus den historischen Kontexten der englischen, französischen und deutschen Entwicklungen im 18. und 19. Jahrhundert zu entfalten. […]

In Deutschland hatte sich bis zum Ende des 18. Jahrhunderts „eine kleine, aber kritisch diskutierende Öffentlichkeit" herausgebildet. Mit einem vor allem aus Stadtbürgern und Bürgerlichen zusammengesetzten, über die Gelehrtenrepublik hinausgreifenden allgemeinen Lesepublikum, das nun nicht mehr nur wenige Standardwerke immer wieder intensiv liest, sondern seine Lesegewohnheiten auf laufende Neuerscheinungen einstellt, entsteht gleichsam aus der Mitte der Privatsphäre heraus ein relativ dichtes Netz öffentlicher Kommunikation. Der sprunghaft ansteigenden Zahl der Leser entspricht eine erheblich erweiterte Produktion von Büchern, Zeitschriften und Zeitungen, die Zunahme der Schriftsteller, der Verlage und Buchhandlungen, die Gründung von Leihbibliotheken und Lesekabinetten, vor allem von Lesegesellschaften als den sozialen Knotenpunkten einer neuen Lesekultur. Anerkannt ist inzwischen auch die Relevanz des in der deutschen Spätaufklärung entstehenden Vereinswesens; es erhielt eine zukunftweisende Bedeutung eher durch seine Organisationsformen als durch seine manifesten Funktionen. Die Aufklärungsgesellschaften, Bildungsvereinigungen, freimaurerischen Geheimbünde und Illuminatenorden[1] waren Assoziationen, die sich durch die freien, d. h. privaten Entscheidungen ihrer Gründungsmitglieder konstituierten[2], aus freiwilligen Mitgliedern rekrutierten[3] und im Innern egalitäre[4] Verkehrsformen, Diskussionsfreiheit, Majoritätsentscheidungen[5] usw. praktizierten. In diesen gewiss noch bürgerlich exklusiv zusammengesetzten Sozietäten konnten die politischen Gleichheitsnormen einer künftigen Gesellschaft eingeübt werden.

Die Französische Revolution wurde dann zum Auslöser eines Politisierungsschubes einer zunächst literarisch und kunstkritisch geprägten Öffentlichkeit. Das gilt nicht nur für Frankreich, sondern auch für Deutschland. Eine „Politisierung des gesellschaftlichen Lebens", der Aufstieg der Meinungspresse, der Kampf gegen Zensur und für Meinungsfreiheit kennzeichnen den Funktionswandel des expandierenden Netzes öffentlicher Kommunikation bis zur Mitte des 19. Jahrhunderts. […]

In direkter Auseinandersetzung mit meinem Konzept der Öffentlichkeit hat Günter Lottes Theorie und Praxis des englischen Radikalismus im späten 18. Jahrhundert am Beispiel der Londoner Jakobiner untersucht. Er zeigt, wie sich aus der traditionellen Volkskultur, unter dem Einfluss der radikalen Intelligenz und unter Bedingungen moderner Kommunikation eine neue politische Kultur mit eigenen Organisationsformen entwickelt hat. „Die Entstehung einer plebejischen Öffentlichkeit bezeichnet mithin eine spezifische Phase in der historischen Entwicklung des Lebenszusammenhangs der klein- und unterbürgerlichen Schichten. Sie ist einerseits eine Variante der bürgerlichen Öffentlichkeit, weil sie sich an ihrem Vorbild orientiert. Andererseits ist sie mehr als das, weil sie das emanzipatorische Potenzial der bürgerlichen Öffentlichkeit in einem neuen sozialen Kontext zu Entfaltung bringt. [...]"

In einer anderen Weise funktioniert der Ausschluss des Volkes in den traditionalen Formen der repräsentativen Öffentlichkeit. Hier bildet das Volk die Kulisse, vor der die Herrschaftsstände, Adlige, kirchliche Würdenträger, Könige usw. sich selbst und ihren Status darstellen. Das Volk gehört, indem es von der repräsentierten Herrschaft ausgeschlossen wird, zu den Konstitutionsbedingungen[6] dieser repräsentativen Öffentlichkeit.

Jürgen Habermas, Strukturwandel der Öffentlichkeit, Neuaufl., Frankfurt/M. (Suhrkamp) 1990, S. 12–17.

1 Illuminatenorden: waren im Gegensatz zu den „Logen" direkte politische Vereinigungen, die darauf abzielten, durch „Unterwanderung der öffentlichen Ämter" einen „Vernunftstaat" zu errichten.
2 sich konstituieren: sich gründen
3 rekrutieren: zusammensetzen
4 egalitär: auf Gleichheit beruhend
5 Majoritätsentscheidung: Mehrheitsentscheidung
6 Konstitutionsbedingung: Gründungsvoraussetzung

29b) Der Historiker Thomas Schild über Öffentlichkeit im Zeitalter der Aufklärung (2006):
„Öffentlichkeit", das ist eine Kategorie, die erst mit der Philosophie der Aufklärung an Aussagekraft und an Bedeutung, an Verallgemeinerung gewann. Kein Geringerer als Immanuel Kant (1724–1804) hat ein neues Verständnis von Gemeinwesen formuliert und „Öffentlichkeit" als eine Kritik der überkommenen politischen Systeme des Absolutismus thematisiert, ja zugespitzt auf den Punkt gebracht: Der Bürger betritt nach Kant neben der Sphäre der Privatheit, in der er seinen Geschäften nachgeht und in der er sozial wie ökonomisch je unterschiedenen Bestimmungen unterliegt, eine Sphäre des öffentlichen Diskurses [Austausches] über die Belange der Allgemeinheit und des Gemeinwohls, des [lat.] bonum commune. In dieser zweiten Sphäre wird um eine öffentliche Meinung gerungen, eine Meinung über Gemeinwohl diskutiert und formuliert, die sich als Ausdruck von Vernunft und Mündigkeit artikuliert. Der Staatsgewalt des Alten Reichs setzt der Philosoph für die politische Praxis ein räsonnierendes, mündiges Publikum entgegen, das bis dato [bis dahin] als Untertanenschaft, in Unmündigkeit gehalten, verharrt hatte. Kant formulierte damit zum einen – und das macht ein Gutteil der politischen Sprengkraft der Aufklärung aus – einen Gegensatz zur Herrschafft des Fürsten; zum anderen war damit das Ideal der Öffentlichkeit propagiert: Herrschaft soll durch mündige Bürger kontrolliert werden. „Öffentlichkeit" war als Kategorie der Moderne geboren.

Thomas Schild, Vom „guten Regiment" über die Stadt, in: Matthias Ohm u. a. (Hg.), Ferne Welten – Freie Stadt. Dortmund im Mittelalter, Bielefeld (Verlag für Regionalgeschichte) 2006, S. 27.

29 a) Welche Voraussetzungen für die Entstehung von Öffentlichkeit in der Aufklärung benennt Habermas in seinem Text M29a?
b) Welche Unterschiede bestehen für Habermas zwischen „bürgerlicher" und „repräsentativer Öffentlichkeit" (s. auch M27b)?
30 Erläutern Sie, worin nach Ansicht des Historikers Schild in der Zeit der Aufklärung die „politische Sprengkraft" der Öffentlichkeit lag (M29b).
31 a) Erstellen Sie anhand von M29a und b einen Katalog von Merkmalen, die „Öffentlichkeit" im Zeitalter der Aufklärung kennzeichnen.
32 Schlussdebatte: Die Möglichkeit, frei in der Öffentlichkeit zu kommunizieren, ist eine Grundbedingung der Demokratie. Gerät diese Freiheit, die sich seit der Aufklärung in Europa herausgebildet hat, heute in Gefahr, z. B. durch
– die Einführung des Privatfernsehens?
– die Konzentration der Medien in den Händen weniger Unternehmen?
– die Schwächung der öffentlich-rechtlichen Rundfunk- und Fernsehsender?
– die Personalisierung der massmedialen Kommunikation (d. h. den Zuschnitt vieler Sendungen auf Personen und nicht auf Themen)?
– den Rückgang der Lesefähigkeit?
– die Aufhebung der Grenzen zwischen Privatheit und Öffentlichkeit, z. B. in Talk- und anderen Fernsehshows?

Zum Umgang mit schriftlichen Quellen, Sekundärliteratur und Operatoren

A Eine schriftliche Quelle analysieren

Die nachfolgenden Fragen zum kritischen Umgang mit Quellen sind nicht als schematische Anleitung gedacht, sondern als eine Hilfestellung. Nicht immer sind alle Fragen von gleicher Wichtigkeit, die Reihenfolge der Fragen ist nicht festgelegt (M27).

1 Frage nach Autor bzw. Verfasser
Was für eine Persönlichkeit war der Autor, welche politische bzw. öffentliche Stellung hatte er, aus welcher sozialen Schicht kam er, welche Position vertrat er? Wichtig ist es zu klären, in welchem Verhältnis er zu dem Geschehen und zu den beteiligten Personen steht. Aus welcher Weltanschauung und von welchen Wertmaßstäben aus fällte er ein Urteil über die historische Wirklichkeit?

2 Frage nach Entstehungsort, Situation, Zusammenhang und Datum
Wann, wo und unter welchen Umständen wurde die Quelle verfasst?

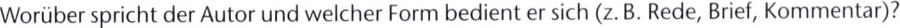

3 Frage nach dem Inhalt und nach der Form
Worüber spricht der Autor und welcher Form bedient er sich (z. B. Rede, Brief, Kommentar)?

4 Frage nach dem Zweck bzw. nach der Absicht des Textes
Aus welcher Perspektive ist der Text verfasst? Welche Interessen vertritt der Verfasser, wem nützen seine Aussagen, wem geben sie zu nützen vor? Was verschleiert er, was hätte er wissen können?

5 Frage nach der Sprache und Begrifflichkeit

6 Frage nach dem Adressaten
An wen wendet sich der Autor, an Freunde, an die Öffentlichkeit, an Machtträger usw.?

Systematisiert man diesen Fragenkatalog, lassen sich zwei Schritte unterscheiden:
1. Analyse der inhaltlichen und formalen Merkmale
2. Werten und Beurteilen des Aussagegehalts. Dabei geht es darum, den Erkenntniswert der Quelle durch Erklärung der Argumentation, der Darstellungsperspektive und der Aussageabsicht so zu überprüfen, dass die Aussage in ihrem historischen Gehalt problematisiert wird. Dabei kann ein Vergleich mit anderen Darstellungen und Dokumenten hilfreich sein.

M 30 Übung zum Umgang mit schriftlichen Quellen

Den Text von verschiedenen Seiten betrachten
Auf dieser Methodenseite soll direkt am Beispiel veranschaulicht werden, wie eine Textquelle zum „Sprechen" gebracht werden kann. Sinnvoll ist es, zunächst mit dem Autor und den Informationen zu beginnen. Zu der Textquelle M30 sind einige Angaben als Lösungshilfe angegeben. Nicht immer können jedoch zu jedem Quellentext alle Fragen beantwortet werden.

Ein Brief aus Paris

Informationen über den Autor: 43 Jahre alt (1789), Pädagoge, Sprachforscher; Reise nach Paris mit der Absicht, über die Französische Revolution zu berichten (?)

Johann Heinrich Campe (1746–1818), deutscher Pädagoge und Sprachforscher, schrieb „Briefe aus Paris", die zuerst im „Braunschweiger Journal" veröffentlicht wurden. In einem Brief vom 14. August 1789 schrieb er:

Quellenart: Brief
Adressat: Leser in Deutschland; Einflussnahme auf die Einstellung der Öffentlichkeit zur Französischen Revolution
Geschichtlicher Hintergrund: Was geschah vor und nach dem 14. August 1789?
Mai: Generalstände,
Juni: Nationalversammlung,
14. Juli: Sturm auf die Bastille,
4. August: Abschaffung der Privilegien,
26. August: Erklärung der Menschen- und Bürgerrechte

Lagebeschreibung: trotz Anarchie und Brotknappheit noch ruhig; Mäßigung; Ruhe

In Paris ist unterdes nichts Neues vorgefallen. Das Volk hält sich, trotz der fortdauernden Anarchie und trotz des knappen Brotvorrats, kleine unbedeutende Auftritte abgerechnet, noch immer ruhig – zum Erstaunen aller, welche wissen, was die Worte Volk, Anarchie und Brotmangel in Verbindung miteinander zu bedeuten haben. […]

Schlüsselbegriffe: Volk, Anarchie (Gesetzlosigkeit), Brotmangel

Ob indes dieser unerhörte Zustand von Mäßigung und Ruhe bei fortwährender Gesetzlosigkeit und Zerrüttung der bürgerlichen Verhältnisse noch lange andauern wird? […] Es kann daher und wird wahrscheinlich noch zu blutigen Auftritten kommen, weil es unmöglich scheint, dass die neue Konstitution so geschwind vollendet und an allen ihren Teilen an die Stelle der alten gesetzt werden könnte, als nötig wäre, wenn man jener Verwilderung zuvorkommen wollte. Unterdes werden die geheimen Bemühungen der Aristokraten, die neue Freiheit, wo möglich, in ihren Keimen zu zerknicken, fortdauern; unterdes werden der Adel und die Geistlichkeit, sowohl in der Nationalversammlung als auch im Lande, ihre letzten Kräfte aufbieten, um der Vollendung des größten Denkmals unseres Jahrhunderts, einer auf Vernunft und Menschenrecht gegründeten Konstitution, tausend Hindernisse und Schwierigkeiten in den Weg zu legen; unterdes wird das Volk immer argwöhnischer, immer eifersüchtiger auf seine neue Freiheit, an die es noch nicht gewöhnt ist, immer rascher in seinem Verfahren, immer unbändiger und zügelloser werden; und – der Menschenfreund wendet mitleidig seine Augen von den Gräueln weg, welche die Folgen sein können!

Zerrüttung der bürgerlichen Verhältnisse

neue Konstitution: am 14. September 1791 beschlossen, konstitutionelle Monarchie, Eid des Königs auf die neue Verfassung

Frage: Bedenken zur Zukunft der Revolution
Prognose: wahrscheinlich „blutige Auftritte"

Gegner (Feinde) der Revolution: Aristokraten (Adel und Geistlichkeit)

Schlüsselaussage Position des Autors: Konstitution (Verfassung) größtes Denkmal unseres Jahrhunderts; positive Bemerkung
Schlüsselbegriffe: Vernunft und Menschenrecht als Grundlage der Verfassung

Stimmung im Volk
Sicht des Autors

Vorahnung?

Johann Heinrich Campe, Briefe aus Paris zur Zeit der Revolution (1790), zit. nach: Irmgard und Paul Hartig, Die Französische Revolution im Urteil der Zeitgenossen und der Nachwelt, Stuttgart (Klett) 1980, S. 6 f.

B Übersicht zur Analyse von Sekundärliteratur

1 Mit welchem Thema und welcher Fragestellung beschäftigt sich der Autor/die Autorin?
2 Was will der Autor/die Autorin erklären?
3 Welche zentralen Aussagen werden getroffen bzw. Thesen aufgestellt?
4 Mit welchen Argumenten belegt der Verfasser/die Verfasserin die Aussagen und Thesen?
5 Will sich der Autor/die Autorin möglicherweise gegen eine andere Position absetzen? Wenn ja; gegen welche und warum?
6 Von welchen (Wert-)Maßstäben aus werden Ereignisse, Entwicklungen und das Handeln von Personen beurteilt (= erkenntnisleitende Interessen)?

Sekundärtexte sollte man immer „mit Bleistift" lesen, d. h.:
– Markieren Sie bei der Lektüre Argumente, Begriffe und Thesen in drei verschiedenen Formen: Linie, Schlangenlinie, doppelte Unterstreichung.
– Notieren Sie sich den Gedankengang des Autors/der Autorin durch Schlagworte am Rand: These, Argumente 1, 2, 3 usw., Gegenthese, Behauptung, weiterführender/abschweifender Gedanke, Begriffserläuterung, Schlussfolgerung, Bewertung.

C Gängige Arbeitsanweisungen (Operatoren) in der Oberstufe

Die Operatoren verdeutlichen neben direkten Fragen drei verschiedene Anforderungsebenen:
– Wiedergabe von Wissen und Materialerschließung (Ebene I)
– Einordnung in den historischen Zusammenhang (Ebene II)
– Beurteilung und Bewertung (Ebene III)

1 nennen: vorgegebenem Material unkommentiert Informationen entnehmen; Material durch Kenntnisse ergänzen
2 angeben/wiedergeben: Information richtig benannt aus Vorlage oder Wissen aufzählen
3 zusammenstellen: Informationen (meist anhand einer Vorlage) nach bestimmtem System/Prinzip aufreihen
4 zitieren/belegen: aus Material einzelne Stellen wörtlich und mit Zeilenangabe wiedergeben
5 aufzählen: Textinformationen oder Wissenselemente in sinnvoller Ordnung benennen
6 gliedern: Informationen in eine logische Ordnung bringen
7 herausarbeiten: etwas sprachlich so auf den Punkt bringen oder so raffen, dass Entscheidendes klar ausgedrückt wird
8 (in eigenen Worten) zusammenfassen: etwas als Ergebnis in wenigen Sätzen kurz und klar formulieren
9 in Themen zusammenstellen: Informationen (oft Kernstellen) unter Hauptgesichtspunkten zusammenfassen und so auswählend gewichten; gefordert ist nicht die wissenschaftliche These
10 ein-/zuordnen: vorgegebene Einzelelemente in gelernten (und erkannten) situativen Zusammenhang (logisch, ideologisch, argumentativ) einfügen

11 abgrenzen: Informationen (Fakten, Begriffe, Argumente) durch Differenzierung trennen und Gemeinsamkeiten/Unterschiede erfassen
12 gegenüberstellen: Informationen/Sachverhalte/Argumente/Urteile beschreibend einander gegenüberstellen; also keine Ergebnisformulierung (siehe „vergleichen")
13 vergleichen: Vergleichbares nennen oder vergleichbare Gesichtspunkte (z. B. Situation) selber finden; das Vergleich- oder Nichtvergleichbare gewichtend einander gegenüberstellen und ein Ergebnis formulieren (z. B. ähnlich/gegensätzlich/analog)
14 erklären: Informationen durch eigenes Wissen/eigene Einsichten in einen Zusammenhang (Theorie, Modell, Regel, Gesetz, Funktionszusammenhang) einordnen und so kausal begründen
15 skizzieren/charakterisieren: einen Sachverhalt (Ereignis, Ablauf, Zustand) nur in seinen Grundzügen, ohne Vertiefung vorstellen
16 darstellen: einen historischen Sachverhalt umfassend und ausführlich wiedergeben; verlangt eine Komposition in längeren Sequenzen, logischer Kontinuität und begrifflicher Sprache
17 beschreiben: einen Sachverhalt in Einzelheiten und genau, aber ohne Bewertung vorstellen
18 kennzeichnen: einen Sachverhalt mit gängigen fachtypischen Bezeichnungen versehen
19 zeigen/erläutern: umfangreichere, exakte Angaben selber wählen, um Tatbestände oder Sachverhalte durch zusätzliche Informationen verständlich zu machen
20 untersuchen: an Material oder Information gezielte Fragen stellen, diese beantworten und die Antworten begründen
21 prüfen/überprüfen: vorgegebene These oder Hypothese/Erklärung an Fakten oder innerer Logik messen; eventuell Widersprüche erkennen
22 begründen: in zusammenhängender Darstellung komplexe Grundgedanken argumentativ entwickeln (auch unter Verwendung von Material), entscheidend ist der schlüssige, folgerichtige Gedankengang
23 erörtern/sich auseinandersetzen: zu einer vorgegebenen Problemstellung eigene Gedanken entwickeln und zu einem abgewogenen Sachurteil führen. Dabei müssen verschiedene Standpunkte angeführt und begründet werden (Argumente, Beispiel). Als einfache Bauform der Erörterung gilt das Für-Wider-Schema.
24 beurteilen: Hypothesen oder Behauptungen im Zusammenhang prüfen und eine Aussage über deren Richtigkeit, Angemessenheit usw. machen, wobei die Kriterien selber gefunden werden müssen; erfordert in der Regel längere Argumentationsreihen als „begründen"
25 bewerten/deuten: fordert über „beurteilen" hinaus persönlichen Wertebezug. Da eine solche Entscheidung nicht immer verbindlich und allgemein sein kann, müssen Pluralität und Toleranz gewährleistet sein.

Weiterführende Arbeitsanregungen zur Quellenkritik im Internet

Informationen entsprechen nicht automatisch, weil sie gedruckt sind oder im Netz stehen, der Wahrheit. Webseiten auf ihre Qualität hin zu überprüfen, wird immer mehr auch eine Aufgabe des Unterrichts.
Welche Anforderungen sind nun an Quellen zu stellen, die im Unterricht behandelt werden und die bei der Recherche im Internet gefunden werden?
Die folgende Checkliste dient lediglich als Anhaltspunkt und kann mit Ja/Nein oder stichwortartig schnell ausgefüllt werden.

Arbeitsblatt zur Seitenbewertung im Internet
Überlegen Sie genau, welche Art von Informationen Sie benötigen, ehe Sie eine Seite suchen oder aufrufen: Benötigen Sie Fakten oder Meinungen, fundierte Argumente oder Beschreibungen?

Fragen zum Autor:
- Ist der Autor angegeben?
- Ist die Qualifikation des Autors für diesen speziellen Bereich vermerkt?
- Ist der Autor Vertreter einer anerkannten Bildungseinrichtung, Organisation oder Firma? (Erkenntlich evtl. an der URL (Uniform Ressource Locator): Das Kürzel edu weist z. B. auf eine amerikanische Bildungseinrichtung hin.)
- Ist eine Adresse des Autors für Rückfragen angegeben? (z. B. E-Mail)
- Ist das Verhältnis des Autors zum Sachverhalt bekannt?
- Ist die Publikationsintention enthalten? (z. B. Diplomarbeit, Selbstdarstellung)

Fragen zur Quelle:
- Sind Metainformationen über die Quelle vorhanden? (z. B. Zweck, Inhalt)
- Sind überprüfbare Quellen für die Informationen angegeben?
- Sind das Datum der Erstellung, der letzten Aktualisierung, die Häufigkeit von Updates bzw. eine Gültigkeitsdauer angegeben?
- Ist die Überschrift passend und informativ? Gibt sie den Kern der Quelle wieder?
- Ist eine Suchfunktion (bei umfangreichen Dokumenten) vorhanden?
- Ist ein Abstract, d. h. eine kurze Zusammenfassung, erstellt?
- Ist die Quelle objektiv oder gibt sie Meinungen wieder?
- Ist die Information fundiert?
- Enthält die Information Widersprüche in sich?
- Entsprechen Orthografie und Grammatik geltenden Regeln?
- Ist die Zitierbarkeit der Quelle gewährleistet, ein Copyright vorhanden?
- Existieren weiterführende Literaturangaben?
- Sind Links zu weiteren elektronischen Quellen gelegt, ist Interaktivität möglich?
- Ist die Wirkungsabsicht der Quelle vermerkt?
- Ist die Seite sinnvoll aufgebaut und gegliedert (Layout)? (z. B. Absätze, Schriftgröße)
- Ist die Seite multimedial attraktiv?

Fragen zum User:
- Sind Angaben zur vorausgesetzten Hard-/Software gemacht?
- Ist die Erreichbarkeit des Servers, auf dem die Quelle liegt, gewährleistet?
- Ist der Empfänger oder die Zielgruppe genannt?
- Steht die Ladezeit in einem adäquaten Verhältnis zur Informationsmenge?

Nach: Martin Sachse, Quellenkritik im Internet, Untersuchung zu Anwendungsmöglichkeiten der Historischen Fachwissenschaft im Bereich der Neuen Medien, in: Zeitschrift BUS der Zentralstelle für Computer im Unterricht 42 (4/2000).

3 Phasen der Französischen Revolution – Phase 1: „Vorrevolution" des Adels

Phasen, Ebenen und Verlauf der Revolution

Die Französische Revolution ist ein vielschichtiger Ereigniszusammenhang. Historiker unterscheiden vier, z. T. auch fünf **Phasen der Revolution**, in denen jeweils unterschiedliche Trägerschichten und deren Interessen das Geschehen dominierten. Bei dem Blick auf die Aktionen verschiedener Gruppen an unterschiedlichen Zeitpunkten wird jedoch leicht vergessen, dass sowohl die Bauern als auch die städtischen Volksmassen und die Oberschichten über den gesamten Revolutionsverlauf politisch aktiv waren, dass nur zu bestimmten Zeitpunkten eine Gruppe in den Vordergrund trat und dabei von den anderen gestützt, bekämpft oder auch ignoriert wurde.

Der Historiker Rolf Reichardt hat deshalb ein **Modell** entwickelt, das die verschiedenen Handlungsstränge der einzelnen **Trägerschichten** im Überblick über den gesamten Zeitraum der Revolution und in ihrem Verhältnis zueinander für ganz Frankreich darstellt. Mit dieser Konzeption versucht er der Tatsache Rechnung zu tragen, dass die Konzentration auf die Ereignisse in Paris, die die Revolutionsgeschichtsschreibung lange Zeit beherrschte, dem Geschehen nicht angemessen ist. Sie übersieht nicht nur die Bedeutung der **ländlichen Unruhen**, sondern auch die der **Unruhen in anderen Städten der Provinz** für das Revolutionsgeschehen. Wenn im Folgenden zur besseren Übersichtlichkeit dem chronologischen Ablauf der Revolution gefolgt und der Blick dabei in der Regel auf die jeweils wichtigsten Ereignisse und Akteure gelenkt wird, ist es hilfreich, Reichardts Modell als eine wichtige Vertiefung im Verständnis der komplizierten Strukturen des Revolutionsverlaufs im Blick zu behalten.

Umstritten ist auch, inwiefern die unterschiedlichen Trägerschichten und ihre Aktionen überhaupt einen solchen Zusammenhang bilden, dass man von einer Revolution sprechen kann. Der französische Revolutionshistoriker François Furet geht speziell für das Jahr 1789 von **drei verschiedenen, selbstständigen Revolutionen** aus, die sich zum Teil gegenseitig eher behindert als unterstützt hätten: von der Revolution der **Eliten** in der Nationalversammlung in Versailles, von der Revolution der **Bauern** und von der der städtischen **Mittel- und Unterschichten** v. a. in Paris. Die Aktionen der beiden letzten Gruppen hätten im Prinzip eher den Charakter traditioneller Unruhen als den einer Revolution gehabt. Ihre Ziele seien nicht revolutionär, sondern traditionell gewesen, orientiert an der Erhaltung ihrer Existenz als unabhängige kleinbäuerliche oder kleinbürgerliche Produzenten. Wirklich fortschrittliche Ziele im Sinne des Umbaus der Gesellschaft hin zu einer von traditionellen Bindungen freien, modernen Eigentümer- und Leistungsgesellschaft hätten nur die Eliten im Parlament verfolgt.

Die Konsequenz dieser Sicht ist, dass ein wahrhaft revolutionärer Charakter nur der zweiten Phase der Revolution, der **Verfassungsrevolution**, zugesprochen wird, während die Radikalisierung der Revolution in den nächsten Phasen als Entgleisung gewertet wird. In dem Maße, in dem die städtischen Mittel- und Unterschichten zu den dominierenden Kräften der Revolution wurden, wird für Furet auch die Bezeichnung der Französischen Revolution als eine „bürgerliche Revolution" fragwürdig. Der Historiker Ernst Schulin fasste diese Position prägnant zusammen: „Was die Bürger machten, war nicht in vollem Sinne Revolution. Was die Revolution war, war z. T. gegen die Bürger gerichtet."

Dagegen halten andere Historiker eher an der **Einheit der Revolution** fest und betonen die Künstlichkeit von Furets Trennung der drei Revolutionen. Die politischen Forderungen und die Sprache des aufgeklärten Bürgertums hatten auch die Beschwerden und die Aktionen der Bauern und der städtischen Mittel- und Unterschichten nachhaltig beeinflusst, sie beobachteten zudem die Vorgänge in Paris genau und versuchten sie in ihrem Sinne zu beeinflussen. Gerade weil Revolutionen immer komplexe Ereigniszusammenhänge mit unterschiedlichen

Trägergruppen seien, müsse die Revolution als eine Einheit betrachtet und die **Radikalisierung** der Revolution als notwendiger oder zumindest verständlicher Teil der Revolution akzeptiert werden. Der Revolutionshistoriker Axel Kuhn fasst den politischen Hintergrund dieser Auseinandersetzung prägnant zusammen, wenn er schreibt: „Auf der einen Seite steht der Wissenschaftler, der sich mit den Abgeordneten identifiziert und im Parlament, unbehelligt vom Volk, revolutionäre Beschlüsse fassen möchte; auf der anderen Seite der Wissenschaftler, der glaubt, dass solche Beschlüsse nur durch den Druck der Volksmassen zustande kommen, und sich deshalb mit diesen identifiziert. Ob das Volk bei der Revolution eigentlich nur stört oder sie erst möglich macht, das hängt vom Standpunkt des Betrachters ab."

Die Revolte des Adels – eine Revolution vor der Revolution?

Die erste Phase (1787–1789) wird als **Vorrevolution** der Privilegierten oder auch als „Revolte des Adels" bezeichnet. Adel und Klerus, die so genannten privilegierten Stände, opponierten gegen den Versuch der Krone, die maroden Staatsfinanzen dadurch zu sanieren, dass ihre Steuerprivilegien eingeschränkt und die Lasten gleichmäßig auf alle Stände verteilt wurden. Über das **Pariser „parlément"**, den obersten Gerichtshof, der für die so genannte Registrierung der königlichen Gesetze zuständig war und sich selbst zu einer Art Kontrollorgan gemacht hatte, ließen sie seit den 1770er-Jahren konsequent alle Reformgesetze scheitern.

Es waren im Wesentlichen die oppositionellen Kräfte des Adels, die aus Widerstand gegen alle Reformen auch den Sturz eines der bedeutendsten Finanztheoretiker Frankreichs im 18. Jahrhundert, Anne Robert Turgot, bewirkten. Ihn hatte Ludwig XVI. im Jahr 1774 in das Amt des Generalkontrolleurs der Finanzen berufen. Er wollte Gewerbefreiheit und Freihandel einführen und die königlichen Frondienste für den Wegebau in eine von allen Ständen zu zahlende Abgabe umwandeln. Turgot scheiterte mit diesen und anderen **Reformvorhaben** an dem Widerstand der Parlamente und der sie beherrschenden privilegierten Oberschichten. Er wurde bereits 1776 wieder entlassen. Ähnlich erging es seinen Nachfolgern Calonne und Necker. Calonne versuchte für seine Reformpläne, die eine **einheitliche Grundsteuer** vorsahen, das Pariser Parlament zu umgehen, und riet dem König, eine Versammlung ausgewählter Notabeln einzuberufen. Dies geschah im Frühjahr 1787. Diese **Notabelnversammlung** zeigte sich jedoch ebenfalls nicht gefügig. Es wurden deutlich antiabsolutistische und regierungskritische Stimmen laut.

Die Parlamente in Paris und in anderen Teilen des Königreichs (v. a. in Grenoble) gingen nun in strikte Opposition gegen die Versuche des Königs, die geplanten Reformgesetze ohne ihre Zustimmung durchzusetzen. Zur Lösung der Finanzkrise verlangte das Parlament von Paris eine Beteiligung der seit 1614 von den französischen Königen nicht mehr einberufenen **Generalstände**. Ludwig XVI. versuchte dies so lange wie möglich hinauszuziehen. Der weitgehende Vertrauensverlust der Regierung und ihre sinkende Kreditfähigkeit zwangen den König jedoch im Sommer 1788, diesen Schritt zu tun. Die Generalstände wurden für den 5. Mai 1789 nach Versailles einberufen.

Die Generalstände – eine Institution aus der Mottenkiste der Geschichte?

Mit der Einberufung der Generalstände, die in ganz Frankreich begeistert begrüßt wurde, traten allerdings auch gleich die **Interessengegensätze** zwischen dem in den Parlamenten tonangebenden Adel und dem Dritten Stand hervor. Das Pariser Parlament wollte eine Wahl zu den Generalständen nach dem alten Modus von 1614. Das hätte bedeutet, dass alle Stände eine gleiche Zahl von Abgeordneten hätten wählen können. Der **Dritte Stand** wäre damit nicht gemäß seiner realen Bevölkerungsstärke repräsentiert gewesen. In der breiten öffentlichen Diskussion wurde allerdings rasch klar, dass dies vom Dritten Stand nicht mehr akzeptiert würde.

M 1 Die Eröffnung der Ständeversammlung am 5. Mai 1789, Ölgemälde von Auguste Couder (1790–1873), Paris um 1840

Der König musste schließlich der Forderung nach einer Verdoppelung der Vertreter des Dritten Standes nachgeben. Damit war allerdings noch keine Entscheidung über den **Abstimmungsmodus** der Generalstände getroffen. Traditionell wurden die Stimmen der drei Stände, die getrennt abstimmten, nach der Abstimmung gleich gewichtet. Erster und Zweiter Stand, die weitgehend gemeinsame Interessen vertraten, besaßen dadurch immer die Mehrheit. Eine „Abstimmung nach Köpfen" dagegen hätte dem Dritten Stand nach dem neuen Wahlverfahren ein Übergewicht gesichert. Denn nach der Erhöhung der Zahl seiner Vertreter standen nun 291 Abgeordneten des Klerus und 270 des Adels 578 des Dritten Standes gegenüber.

Nach altem Brauch wurden den Abgeordneten der einzelnen Wahlbezirke von den Gemeinden **Beschwerdehefte** (Cahiers de doléances) mitgegeben, in denen jeweils die wichtigsten Missstände aufgezählt wurden, die dem König mit der Bitte um Abstellung vorgetragen werden sollten als Bedingung für die Bewilligung neuer Steuern. Diese Beschwerdehefte sind in großer Zahl überliefert (ca. 60 000) und vermitteln ein eindrückliches Bild vom Frankreich des ausgehenden 18. Jahrhunderts. Aus diesen Cahiers, die auch von Adel und Klerus in ihren Wahlbezirken erstellt wurden, lassen sich neben gegensätzlichen Interessen – z. B. bei der Besteuerung oder der Forderung nach Abschaffung der Feudallasten – auch durchaus Gemeinsamkeiten in den Forderungen der drei Stände entnehmen. Weitgehend einig war man sich in dem Wunsch nach Einschränkung der königlichen Macht durch eine **Verfassung** und in der Forderung nach Einrichtung einer dauerhaften **Nationalversammlung**, die über Steuern beraten und Gesetze verabschieden kann. Vorbild dafür war für viele die parlamentarische Monarchie Englands. Auch die Notwendigkeit einer **Finanzreform** wurde allgemein gesehen und eine Beteiligung an den Steuern unter veränderten politischen Rahmenbedingungen vom Adel letztlich akzeptiert. Die Bereitschaft für eine Veränderung der französischen Gesellschaft durch grundlegende Reformen war groß, die Erwartungen an die Nationalversammlung entsprechend hoch.

Phase 1: „Vorrevolution" des Adels

Hinweise zur Arbeit mit den Materialien

Als Einstieg in die Revolutionsphase kann die **chronologische Übersicht** zu den einzelnen Revolutionen (M2) oder die zeitgenössische „Bilderzeitung" der Ereignisse zwischen 1789 und 1791 (M3) gewählt werden.

War die **Krise 1787** noch abzuwenden? Der Finanzminister Calonne nimmt in M4 Stellung zum Staatsdefizit. Den Aufbruch und das neue Selbstverständnis des Dritten Standes formuliert Sieyès (M5); was viele Reformschriften seiner Zeit formulieren, bringt er wirksam auf den Punkt: Der Begriff der Nation leitet das moderne Staatsverständnis ein. Zur Zeit der Revolution war Frankreich noch ein Agrarstaat, die Mehrheit der Französinnen und Franzosen lebte und arbeitete auf dem Lande. Ihre bedrückende Lage wird in den Quellen M7a–g ausführlich beleuchtet.

Die *Methodensonderseite* zu den **Beschwerdeheften** (Cahiers de doléances) erweitert den Blick auf die vorrevolutionäre Stimmung. Die Hefte fangen die Erwartungen der Menschen im Lande vor der Einberufung der Generalstände ein und regen dazu an, über die Anfertigung von Plakaten, Briefen oder Zeitungen narrative Kompetenzen zu üben.

Die *Methodensonderseite* zu Karl Marx' **Revolutionstheorie** kann als Ausgangspunkt dienen, um die Arbeit mit Theoriemodellen in der Geschichte einzuüben. Eine Klärung des Begriffes „Revolution" wird dabei angeregt.

Die *Weiterführenden Arbeitsanregungen* bieten eine Beschäftigung mit der gesellschaftskritischen Rolle der **Musik** im 18. Jahrhundert an.

M2 Der Revolutionsprozess als Geflecht von drei autonomen Revolutionen

Die Verfassungsrevolution der aufgeklärten Eliten:

17. 6. 1789:	Konstituierung der Nationalversammlung
4.–11. 8. 1789:	„Abschaffung" der Feudalität
10. 8. 1792:	Sturz des Königtums
21. 1. 1793:	Hinrichtung Ludwigs XVI.
31. 5. bis 6/1793:	Vertreibung der Girondisten
10. 10. 1793:	Ermächtigungsgesetz der Revolutionsregierung
10. 6. 1794:	Beginn des großen Terrors
27. 7. 1794:	Sturz der Jakobinerdiktatur
22. 8. 1795:	Direktorialverfassung
4. 9. 1797:	Staatsstreich des Direktoriums
9./10. 11. 1799:	Staatsstreich Bonapartes

Die städtische Volksrevolution:

14. 7. 1789:	Bastillesturm
5./6. 10. 1789:	Zug der Marktweiber nach Versailles
17. 7. 1791:	Massaker auf dem Marsfeld
20. 6. 1792:	Demonstration in den Tuilerien
2.–6. 9. 1792:	Septembermorde
4./5. 9. 1793:	Pariser Sansculottenaufstand
20.–23. 5. 1795:	Prairialaufstand der Pariser Sansculotten
10. 5. 1796:	Verhaftung Babeufs und seiner Freunde, Neojakobinismus

Die Bauernrevolution:

7/1789:	Panik der „Großen Angst"
12/1789–1/1790:	Aufstandswelle in Bretagne, Limousin, Périgord, Quercy, Rouergue, Agenais
6–8/1791:	Aufstände in den Departements Somme, Seine-et-Oise, Seine-et-Marne, Yonne, Charente, Creuse, Correze und in Südwestfrankreich
Winter 1791/92:	Aufstände in Mittel- und Südwestfrankreich
7–10/1792:	breite Aufstandswelle, besonders im Westen
3–10/1793:	Vendéeaufstand

Rolf E. Reichardt, Studienbegleitbrief 8, Weinheim (Beltz) 1980, S. 73.

M 3 Revolutionäre „Bilderzeitung" über die Ereignisse der Jahre 1789 bis 1791, kolorierter Holzschnitt, 1791

Phase 1: „Vorrevolution" des Adels

M 4 Rede des Finanzministers Calonne[1] vor der Versammlung der französischen Notabeln am 22. 2. 1787

Was bleibt, um einen entsetzlichen Fehlbetrag zu decken und das ersehnte Gleichgewicht im Staatshaushalt herzustellen? Was bleibt uns, um aufzukommen für alles, was
5 uns fehlt, und herbeizuschaffen, was wir zur Wiederherstellung der Finanzen brauchen?

Die Missbräuche.
Ja, meine Herren, in den Missbräuchen selber findet sich ein Schatz von Reichtümern,
10 die der Staat zurückfordern darf und zurückfordern muss, um die Ordnung wiederherzustellen. Die Missbräuche werden verteidigt durch persönliche Interessen, Einfluss, Vermögen und alte Vorurteile, aber was vermag
15 ihre eitle Verbrüderung gegen das öffentliche Wohl und die Bedürfnisse des Staates?
Die Missbräuche, die heute zum Wohl des Staates vernichtet werden sollen, sind die, die am stärksten in die Augen fallen, die die meisten Verteidiger, die tiefsten Wurzeln 20 und die breitesten Äste haben. Das sind die, die auf der arbeitenden und erwerbenden Klasse lasten: die Missbräuche der Geldprivilegien, die Befreiungen vom gemeinen Recht und all die ungerechten Bevorzugungen, die 25 einen Teil der Steuerpflichtigen nur entlasten können, um das Los der anderen zu erschweren; die allgemeine Ungleichheit in der Erhebung der Abgaben, das ungeheure Missverhältnis in den Leistungen der ver- 30 schiedenen Provinzen und den Lasten der Untertanen desselben Fürsten; die Härte und Willkür in der Erhebung der Taille; die Angst, die Pein und Entehrung beinah, die dem Vertrieb der notwendigsten Erzeugnisse an- 35 haftet; die Zollämter im Inneren und all die Sperrketten, die die verschiedenen Teile des Reiches einander entfremden; die Abgaben, die den Gewerbefleiß entmutigen, deren

Phase 1: „Vorrevolution" des Adels

Erhebung maßlose Kosten und unzählige Angestellte erfordert, die zum Schmuggel förmlich herausfordern und jedes Jahr Tausende von Bürgern unglücklich machen.

Archives parlementaires I, S. 189 ff., zitiert nach: Irmgard und Paul Hartig, Die Französische Revolution, Stuttgart (Klett) 1997, S. 27 f.

1 1774–1802, französischer Staatsmann, 1783–1787 Generalkontrolleur der Finanzen (Finanzminister), der zur Lösung der Finanzkrise des französischen Staates zunächst eine Politik der Anleihen verfolgte. Nach deren Scheitern versuchte er im letzten großen Reformversuch vor Ausbruch der Französischen Revolution die bevorrechtigten Stände dazu zu bewegen, sich selbst zu besteuern. Hierfür wurde eine Versammlung der Notabeln einberufen, von Männern aus allen Ständen, insbesondere dem Adel, die das Vertrauen der Krone besaßen. Dieser Versuch scheiterte, die Notabeln lehnten die beantragte Grundsteuer ab und Calonne wurde entlassen.

1 Legen Sie dar, worin die „Missbräuche" bestehen und mit welchen Maßnahmen Calonne sie beheben will.
2 Erläutern Sie, welche Konsequenzen dies für den Staat hätte.

M 5 Emmanuel Joseph Sieyès über den politischen Willen der Nichtprivilegierten

Emmanuel Joseph Graf Sieyès (1748–1836) war seit 1780 bischöflicher Generalvikar, im Vorfeld der Revolution entfachten seine revolutionären (Flug-)Schriften eine Diskussion über die politische Situation im Ancien Régime: Freiheit und Repräsentation treten in das Zentrum seiner Analyse vom Januar 1789:

Der Plan dieser Schrift ist ganz einfach. Wir legen uns nur drei Fragen vor:
1. Was ist der Dritte Stand? – *Alles.*
2. Was ist er bis jetzt in der politischen Ordnung gewesen? – *Nichts.*
3. Was verlangt er? – *Etwas zu werden.*

Man wird in der Folge sehen, ob diese Antworten richtig sind. Nachher werden wir die Mittel betrachten, welche man angewendet hat, und untersuchen, welche Mittel man ergreifen muss, damit der Dritte Stand wirklich etwas wird.

Wir werden also zeigen:
4. was zu seinen Gunsten die Minister versucht haben und was die Privilegierten selbst vorschlagen;
5. was man hätte tun sollen;
6. was dem Dritten Stand zu tun übrig bleibt, um den Platz einzunehmen, der ihm gehört.

Der Dritte Stand ist eine vollständige Nation
[...] Alle öffentlichen Dienstgeschäfte lassen sich im jetzigen Zustande unter die vier bekannten Benennungen, nämlich des Kriegsdienstes, der Rechtspflege, der Kirche und der Staatsverwaltung, bringen. Es wäre überflüssig, sie einzeln durchzugehen, um zu zeigen, dass der Dritte Stand überall neunzehn Zwanzigstel dazu hergibt, mit diesem Unterschiede, dass er mit allem, was wirklich beschwerlich ist, und mit allen Diensten belastet wird, welche der privilegierte Stand zu tun sich weigert. Die einträglichen und ehrenvollen Stellen sind allein von den Gliedern des privilegierten Standes besetzt. [...]

Diese Ausschließung ist ein gesellschaft-

M 6 Titelblatt der Flugschrift von Sieyès

> QU'EST-CE QUE
> LE TIERS-ÉTAT?
>
> Le plan de cet Ecrit est assez simple. Nous avons trois questions à nous faire.
>
> 1°. Qu'est-ce que le Tiers-Etat? TOUT.
> 2°. Qu'a-t-il été jusqu'à présent dans l'ordre politique? RIEN.
> 3°. Que demande-t-il? A devenir QUELQUE CHOSE.
>
> On va voir si les réponses sont justes. Nous examinerons ensuite les moyens que l'on a essayés, & ceux que l'on doit prendre, afin que le Tiers-Etat devienne, en effet, *quelque chose*. Ainsi nous dirons:
>
> 4°. Ce que les Ministres ont *tenté*, & ce que les Privilégiés eux-mêmes *proposent* en sa faveur.
> 5°. Ce qu'on auroit *dû* faire.
> 6°. Enfin, ce qui *reste* à faire au Tiers pour prendre la place qui lui est due.

liches Verbrechen und eine wahre Feindseligkeit gegen den Dritten Stand. [...]

Was ist eine Nation? Eine Gesellschaft von Verbundenen, welche unter einem gemeinschaftlichen Gesetz leben und deren Stelle durch eine und dieselbe gesetzgebende Versammlung vertreten wird. Ist es nun nicht zu gewiss, dass der Adelsstand Vorrechte, Erlassungen genießt, welche er seine Rechte zu nennen sich erdreistet und welche von den Rechten des großen Ganzen der Bürger abgesondert sind? Er tritt dadurch aus der gemeinen Ordnung, aus dem gemeinschaftlichen Gesetz heraus. Also machen schon seine bürgerlichen Rechte aus ihm ein eigenes Volk in der Nation. [...]

Was ist der Dritte Stand bis jetzt gewesen? Nichts
Kurz zusammengefasst: Der Dritte Stand hat bis jetzt bei den Reichsständen keine wahren Stellvertreter gehabt; er befand sich also nicht im Besitz seiner politischen Rechte.

Was verlangt der Dritte Stand? Etwas zu werden [...] Er will haben 1., dass wahre Stellvertreter bei den Reichsständen, d. h. Abgeordnete, aus seinem Stand genommen werden, welche die Ausleger seines Willens und die Verteidiger seines Interesses sein können.

Allein wozu würde es ihm nützen, den Reichsständen beizuwohnen, wenn das dem seinigen entgegengesetzte Interesse dort die Oberhand hätte? Er würde durch seine Gegenwart die Unterdrückung, deren ewiges Opfer er sein würde, nur bestätigen. Also ist es wohl gewiss, dass er bei den Reichsständen nicht stimmen kann, wenn er da nicht einen wenigstens gleichen Einfluss mit den Privilegierten haben soll. Er verlangt 2. ebenso viele Stellvertreter wie die beiden anderen Stände zusammen. Da aber diese Gleichheit der Stellvertretung vollkommen täuschend sein würde, wenn jede Kammer ihre abgesonderte Stimme hätte, so verlangt der Dritte Stand also 3., dass die Stimmen nach den Köpfen und nicht nach den Ständen genommen werden sollen. Das sind die Forderungen, welche unter den Privilegierten Feueralarm zu verbreiten schienen; sie haben geglaubt, dass dadurch die Verbesserung der Missbräuche unvermeidlich würde. Die bescheidene Absicht des Dritten Standes ist es, bei den Reichsständen den gleichen Einfluss wie die Bevorrechtigten zu haben.

Sieyès, Qu'est-ce que le Tiers Etat? Paris 1789, S. 6 f., 27 f., zitiert nach: Irmgard und Paul Hartig, Die Französische Revolution, Stuttgart (Klett) 1997, S. 37 f.

3 Erarbeiten Sie die Definition von Nation und die politischen Forderungen, die sich daraus ergeben.

4 Untersuchen Sie, welche geistigen Einflüsse bei Sieyès zum Ausdruck kommen.

M 7 Die Revolution der Bauern

7 a) Bevölkerungsentwicklung und Grundbesitzverteilung am Ende des Ancien Régime:
Die Bevölkerung Frankreichs wuchs im Laufe des 18. Jahrhunderts von ca. 20 auf ca. 27 Millionen an. Vor der Revolution zählte der Klerus rund 130000 und der Adel 350000 Personen; der Dritte Stand umfasste etwa 98 Prozent der Bevölkerung, darunter ca. 22,5 Millionen Bauern.

Klerus und Adel verfügten bei Ausbruch der Revolution über rund 10 bzw. 25 Prozent des Grundbesitzes, während Stadtbürger und Bauern im Verhältnis zu ihrem Anteil an der Bevölkerung nur 25 bzw. 35 Prozent des Landes besaßen.

7 b) Bäuerliche Sozialstruktur im nördlichen Pariser Becken 1685 und 1789:

Soziale Gruppen	1685 (Tsd.)	(%)	1789 (Tsd.)	(%)
Großpächter	243	10,2	252	8,4
Unabhängige Mittelbauern	236	9,9	91	3,0
Kleinbauern	701	29,5	1021	33,0
Dienstboten, Knechte	146	6,1	337	11,2
Handwerker	269	11,3	479	15,9
Händler	166	7,0	132	4,4
Verschiedene	141	5,9	298	9,9
Witwen	474	20,0	400	13,3

M7a und b nach: Gerd van den Heuvel, Grundprobleme der französischen Bauernschaft 1730–1794, München (Oldenbourg) 1982, S. 40 und 43.

7 c) Aus den Beschwerdeschriften der Gemeinde Colmare, 22. März 1789:

1. Wenn der Klerus und der Adel so wie wir zahlten, dann würde das den Staat erheblich stärken, wodurch er im Stande wäre, dem unterdrückten Volk Erleichterung zu verschaffen.

2. Wir erbitten die Abschaffung der indirekten Steuern und der Salzsteuer. [...]

5. Wir erbitten ferner die Abschaffung einer großen Zahl von Ämtern. Wir halten die Abschaffung des Amtes des Einnehmers der Taille, des Obersteuereinnehmers, der Direktoren, Kontrolleure und anderer Hilfsangestellter für notwendig. [...]

8. Wir fühlen uns auch berechtigt, eine Bemerkung zum Frondienst auf den großen Straßen zu machen. Wir halten es für natürlicher, dass diejenigen für Kosten und Unterhalt aufkommen, die sie beschädigen, aber ohne Behinderung des Handels. Wenn indessen neue Straßen gebaut werden müssen, soll das wie in früherer Zeit erfolgen. [...]

10. Wir bitten um die Abschaffung überflüssiger Mönche und Nonnen.

11. Wir bitten, dass Gemeindeland und leere Flächen zum Vorteil des Staates bestellt werden.

12. Wir bitten, dass alle Maschinen jeder Art, wie die zum Baumwollspinnen, abgeschafft werden, da sie der Bevölkerung Schaden zufügen.

Zit. nach: Geschichte in Quellen, Bd. 4, bearb. von Wolfgang Lautemann, München (bsv) 1987, S. 150 f.

7 d) Der Vicomte de Noailles (1756–1804) am 4. August 1789 in der Nationalversammlung:

Was haben die Landgemeinden zuallererst verlangt und erwartet? Abschaffung des Steuerdrucks, Erleichterung oder Umwandlung der Herrenrechte. Das hat ihnen die Versammlung drei Monate lang vorenthalten und nun haben sie es sich mit bewaffneter Hand selbst genommen. Will die Versammlung verhindern, dass in dieser zügellosen Selbsthilfe der ganze Staat zugrunde geht, so muss sie [...] vorangehen lassen den Beschluss, dass künftig die Steuerpflicht gleich und allgemein verbindlich wird, dass alle Herrenrechte ablösbar, alle Frondienste aber, alle Leibeigenschaft und persönliche Unfreiheit ohne Entgelt abgeschafft werden.

Zit. nach: Eberhard Schmitt/Herbert Volkmann (Hrsg.), Absolutismus und Französische Revolution, München (Oldenbourg) 1981, S. 59.

7 e) Petition der Bauern der Provinz Haute-Marche an die Nationalversammlung, 8. Mai 1790 (Auszug):

An unsere in der Nationalversammlung tagenden Herren!

Ehrerbietigst unterbreiten Ihnen die armen Bauern und Pächter der Provinz Haute-Marche ihre Vorhaltungen.

Sie verleihen darin der Hoffnung Ausdruck, sich als Bürger einiger kleiner Anteile an dieser großartigen Wiedergeburt des Königreichs erfreuen zu können, wo durch die Dekrete der erlauchten Nationalversammlung die Freiheit angekündigt worden ist. [...]

Es ist wahr, dass die Dekrete der erlauchten Nationalversammlung die Bittsteller ermächtigen, sich loszukaufen. Wie dem aber auch sei: Gewiss ist, dass sie trotz dieser Beschlüsse gezwungen sein werden, in Knechtschaft weiterzuleben, ohne sich loskaufen zu können. Und zwar deshalb, weil die erlauchte Nationalversammlung für den Loskauf von den Abgaben, die angeblich den Grundherren der Lehen geschuldet sind, einen außerordentlich hohen Preis festgesetzt hat. [...] Und das umso mehr, als die erlauchte Nationalversammlung durch ihre Dekrete den Bittstellern Fesseln angelegt hat, indem sie bestimmte, dass sich dort, wo die Abgaben gemeinschaftlich entrichtet werden, eine einzelne Person nicht loskaufen darf, falls die anderen dazu nicht in der Lage sind; es sei denn, dass derjenige, der sich freikaufen möchte, die ganze Ablösesumme für die gesamten Abgaben entrichtet. Dieser Paragraf führt den schlüssigen Beweis, dass die Unglückseligen stets unter dem Joch der Knechtschaft verbleiben werden, da sie außer Stande sind, die Ablösesumme für die gesamten Abgaben aufzubringen.

Zit. nach: Walter Markov, Revolution im Zeugenstand. Frankreich 1789–1799, Bd. 2, Frankfurt/M. (Fischer TB) 1987, S. 135 f.

7f) Forderungen der Bauern von Guyancourt:
Die Einwohner dieser Gemeinde fordern:
   1. dass alle Steuern von den drei Ständen ohne irgendwelche Ausnahme gezahlt werden, von jedem Stand gemäß seinen Kräften;
   2. das gleiche Gesetz und Recht im ganzen Königreich;
   3. die völlige Aufhebung der Sondersteuern und der Salzsteuer;
   4. die Abgabenfreiheit aller Messen und Märkte und die Abschaffung aller Wegegelder;
   5. die völlige Beseitigung jeglicher Art von Zehnten in Naturalien; […]
   8. dass die Eigentumsrechte heilig und unverletzlich sind;
   9. dass rascher und mit weniger Parteilichkeit Recht gesprochen wird;
   10. dass alle Frondienste, welcher Art sie auch sein mögen, beseitigt werden;
   11. dass die Einziehung zum Heeresdienst nur in den dringenden Fällen erfolgt und dass in diesem Fall alle Städte ohne irgendwelche Ausnahme oder Befreiung hierzu beitragen; […]
   17. dass alle Pfarrer verpflichtet sind, alle ihre Amtspflichten zu erfüllen, ohne dafür irgendeine Bezahlung zu fordern.

Beschwerdebrief des Dorfes Guyancourt 1789. Alba, Histoire contemporaine, S. 6, zit. nach: Irmgard und Paul Hartig, Französische Revolution, Stuttgart (Klett) 1997, S. 34 f.

7g) Forderungen und Beschwerden der Bauern aus Laître-sous-Amance:
1. Das kostbarste Gut für uns als Franzosen besteht darin, dass wir in regelmäßigen Zeitabständen Generalstände haben. […]
   4. Das kostbarste aller Güter ist die persönliche Freiheit der Bürger; mit allem Nachdruck erheben wir Einspruch gegen die königlichen Verhaftungsbefehle und jegliche willkürliche Einsperrung.
   5. Alle pflichtvergessenen und tyrannischen Minister sollen durch die Volksvertretung verhaftet, vor Gericht gestellt und bestraft werden, so wie es die verschiedenen Fälle erfordern. […]
   9. Als wünschenswert erscheint es, dass von nun an die Sondersteuern, die Straßen- und Brückengelder und der Zwanzigste auf eine einzige Steuer beschränkt werden, ohne Berücksichtigung des Standes und der Privilegien gemäß den Kräften und Fähigkeiten.
   10. Das Wild und die Tauben, die es in diesen Gebieten im Überfluss gibt, verzehren unsere Felder und verursachen den Besitzern beträchtliche Schäden; um dem abzuhelfen, müsste man es den Besitzern oder Pächtern gestatten, das Wild, das ihr Land betritt, zu töten und ihm Fallen zu stellen.

Beschwerdebrief des Dorfes Laître-sous-Amance 1789. J. Godfrin, Cahiers de doléances des bailliages des généralités de Metz et de Nancy, Band IV, nach: Irmgard und Paul Hartig, Französische Revolution, Stuttgart (Klett) 1962, S. 10 f.

5 Erstellen Sie eine Übersicht über die Lage der bäuerlichen Bevölkerung anhand von M7a–g.
6 Prüfen Sie, mit welchen Maßnahmen die Nationalversammlung die Situation zu verbessern suchte.

Phase 1: „Vorrevolution" des Adels

Übung zum Erwerb narrativer Kompetenzen: Beschwerdebriefe als historische Quellen

Äußerst ergiebig für die Erforschung der Meinung der Franzosen vor dem Ausbruch der Revolution von 1789 sind die Beschwerdebriefe, die „Cahiers de doléances". Sie wurden als Beschwerdeschriften der einzelnen Gemeinden gesammelt und vermittelten den Abgeordneten Richtlinien für die Beratungen.

Nahe am Ohr der Bevölkerung zeigen die 60 000 heute noch erhaltenen Cahiers die unmittelbaren Nöte des Volkes und geben Auskunft über die vorrevolutionäre Lage auf dem Land.

M 8 Beschwerdebriefe aus ländlichen Gemeinden

8 a) Beschwerden der Gemeinden Bears und Bouziès, 1789

Die genannte Gemeinde stellt vor, dass es keine unglücklicheren Menschen gibt als den Bauern und den Tagelöhner. Um diese Grundwahrheit zu beweisen, genügt es, zu betrachten, dass nach Abführung der königlichen Steuern und nach Bezahlung der Feudallasten sowie nach Abrechnung seiner Arbeit und des Saatgutes dem Bauern und Eigentümer nicht einmal ein Zehntel des Ertrags vom Boden bleibt, sodass er, um die genannten Lasten und Steuern bezahlen zu können, gezwungen ist, von ein wenig Hirsebrot oder Buchweizen sich zu nähren, was ihm oft genug auch noch fehlt. Er hat nichts als Suppe von Wasser und Salz, eine Nahrung, welche die Hunde bessergestellter Menschen verweigern würden; und doch ist dieser Arbeiter, der ständig schwerer Arbeit und der Härte aller Jahreszeiten ausgesetzt ist, nichtsdestoweniger ein Untertan des Staats, der nicht härter behandelt werden sollte als andere Menschen auch. Diese Klagen und Beschwerden sollen also der Ständeversammlung vorgelegt werden, damit Abhilfe gegen die Überlastung geschaffen werde, der der Bauer bislang ausgesetzt ist.

8 b) Aus dem Heft von Escamps, 1789

Art. II: Noch ein anderer Grund spricht nicht weniger stark für die Gemeinde, um ihr die erbetenen Erleichterungen zukommen zu lassen. In der Gemeinde, die 104 Herdfeuer zählt, kennt man nicht weniger als 80 ganze Familien, die sich fast täglich ihr Brot zusammenbetteln. Der Rest der Gemeinde opfert sich auf, um sie zu ernähren, was er aber gar nicht kann. Man sieht arme alte Menschen, denen das Alter und die Last der Arbeit alle Kraft geraubt haben, die vor Hunger stöhnen und die um die Hilfe mitleidiger Seelen bitten. Man sieht hier auch eine große Zahl von kleinen Kindern, die trotz der Mühen von Vater und Mutter täglich vor Hunger weinen. Die Lage dieser unglücklichen Gemeinde ist es, dass man behaupten und ohne Zögern aufrechterhalten kann, sie sei die elendeste, die es gibt und die jemals hat existieren können.

8 c) Aus dem Beschwerdeheft von Saint-Cernin, 1789

In unserer Gegend ist die Polizei nur noch ein leerer Name. Unsere Gerichtsherren, in der Pracht der Städte ihren Vergünstigungen oder Geschäften hingegeben, setzen in ihren Ländern einen Richter oder manchmal auch einen Prokurator ein, und dann entschlummern sie, um erst am Fälligkeitstermine der Pachtverträge wieder aufzuwachen. Aus einer solchen Gleichgültigkeit heraus entstehen alle Arten von Diebstahl, Bandenüberfällen, Mord und Verbrechen. Der Bauer, der im Allgemeinen schlechter ernährt ist als die Hunde seines Herrn, sieht seinen Wald von Grund auf verwüstet, seine Ernte nachts gestohlen, und mit aller Mühe kann er unter seinem ländlichen Dach nur die elenden Reste einer schlechten Ernte bergen. Nachts kann er sein Haus nicht verlassen, ohne sein Leben in Gefahr zu bringen, und seit vier Jahren zeigt uns die Ermordung von dreien

M 9 „Die Lage der Bauern", zeitgenössischer Stich zur Lastenverteilung zwischen den einzelnen Ständen, 1789. *Die Inschrift auf dem Stein lautet: die Kopfsteuer, das Steuerwesen und die Fronarbeit(en).*

unserer ehrenhaftesten Mitbürger, die nachts im Ort selbst oder in der Umgebung massakriert wurden, dass Dreistigkeit, Schwelgerei und Verbrechen keine Grenzen mehr kennen. Wenn man uns nach der Hauptursache für ein solches Übel fragt, dann finden wir sie in der großen Zahl der Schenken, die, indem sie einen momentanen Kredit geben, die schlechten Elemente dazu treiben, unmäßig Geld auszugeben, Tag und Nacht und ohne auch nur die Zeiten des Gottesdienstes zu berücksichtigen.

Wolfgang Lautemann, Amerikanische und Französische Revolution, in: Geschichte in Quellen, hrsg. von W. Lautemann und M. Schlenke, München (bsv-Verlag) 1981, S. 148 ff

7 🏃 Schreiben Sie auf der Basis der Cahiers als Ghostwriter eines Politikers eine Rede für einen Abgeordneten des Dritten Standes in der Nationalversammlung (vgl. M 7d).
8 🏃 Analphabetismus war 1789 weit verbreitet. Gestalten Sie ein Plakat, indem Sie einen Ausschnitt oder Satz aus den Cahiers auswählen, der Ihnen besonders zusagt.
9 🏃 Fertigen Sie eine Zeitung zu den Cahiers (im Stil Ihrer Tageszeitung, BILD, TAZ, FAZ, WAZ oder eines Konglomerats dieser Zeitungen) unter Berücksichtigung verschiedener Gattungen (Berichte, Kommentare, Glossen, Interviews, Leserbriefe).
10 🏃 Als Mitarbeiter des amerikanischen Botschafters Benjamin Franklin reisen Sie im Frühjahr 1789 durch Frankreich. Aus Rouen schreiben Sie auf der Basis Ihrer Kenntnisse der Cahiers einen Brief an ihn.
11 🏃 Sie, adlig von Geburt, befinden sich Anfang Juni 1789 auf der Rückreise von der Hochzeit Ihrer Schwester von Angers nach Paris. Ein Achsenbruch Ihrer Kutsche bei Le Mans führt dazu, dass Sie wohl oder übel in einer einfachen Herberge übernachten müssen. Beim Abendessen werden Sie Zeuge eines lebhaften Gesprächs von Personen des Dritten Standes. Ihnen sind die Namen des Händlers Grousseau aus Le Mans, der Bäuerin Corinne aus Segrie, des Anwalts Coulon, des Pfarrers Guillaume und des Bauern Jacques in Erinnerung geblieben. Vor dem Einschlafen zeichnen Sie diesen Gesprächsverlauf in Ihrem Tagebuch auf.

Die Revolutionstheorie von Marx und Engels: Revolutionen unterliegen festen Gesetzen

M 10 Karl Marx über Produktionsverhältnisse und die Bedingungen sozialer Revolutionen

In der gesellschaftlichen Produktion ihres Lebens gehen die Menschen bestimmte, notwendige, von ihrem Willen unabhängige Verhältnisse ein, Produktionsverhältnisse, die einer bestimmten Entwicklungsstufe ihrer materiellen Produktivkräfte entsprechen. Die Gesamtheit dieser Produktionsverhältnisse bildet die ökonomische Struktur der Gesellschaft, die reale Basis, worauf sich ein juristischer und politischer Überbau erhebt und welcher bestimmte gesellschaftliche Bewusstseinsformen entsprechen. Die Produktionsweise des materiellen Lebens bedingt den sozialen, politischen und geistigen Lebensprozess überhaupt. Es ist nicht das Bewusstsein der Menschen, das ihr Sein, sondern umgekehrt ihr gesellschaftliches Sein, das ihr Bewusstsein bestimmt. Auf einer gewissen Stufe ihrer Entwicklung geraten die materiellen Produktivkräfte der Gesellschaft in Widerspruch mit den vorhandenen Produktionsverhältnissen oder, was nur ein juristischer Ausdruck dafür ist, mit den Eigentumsverhältnissen, innerhalb deren sie sich bisher bewegt hatten. Aus Entwicklungsformen der Produktivkräfte schlagen diese Verhältnisse in Fesseln derselben um. Es tritt dann eine Epoche sozialer Revolution ein.

Karl Marx, Zur Kritik der politischen Ökonomie, S. 8–10, Digitale Bibliothek Band 11: Marx/Engels, S. 2899 (vgl. MEW Bd. 13, Berlin [Dietz] 1956 ff. S. 9).

M 11 Die Bedeutung der Französischen Revolution

11 a) Französische und industrielle Revolution
Die große Französische Revolution war die dritte Erhebung der Bourgeoisie, aber die erste, die den religiösen Mantel gänzlich abgeworfen hatte und auf unverhüllt politischem Boden ausgekämpft wurde. Sie war aber auch die erste, die wirklich ausgekämpft wurde bis zur Vernichtung des einen Kombattanten, der Aristokratie, und zum vollständigen Sieg des andern, der Bourgeoisie. […] Während die Revolution den politischen Triumph der Bourgeoisie in Frankreich sicherstellte, leiteten in England Watt, Arkwright, Cartwright und andere eine industrielle Revolution ein, die den Schwerpunkt der ökonomischen Macht vollständig verschob. Der Reichtum der Bourgeoisie wuchs jetzt unendlich schneller als der der Grundaristokratie. Innerhalb der Bourgeoisie selbst trat die Finanzaristokratie, die Bankiers etc., mehr und mehr in den Hintergrund vor den Fabrikanten.

Friedrich Engels, Über historischen Materialismus, S. 29. Digitale Bibliothek Band 11: Marx/Engels, S. 8944 (vgl. MEW Bd. 22, S. 303–304).

11 b) Politische Revolution und Emanzipation der Gesellschaft
Nicht die radikale Revolution ist utopischer Traum für Deutschland, nicht die allgemein menschliche Emanzipation, sondern vielmehr die teilweise, die nur politische Revolution, die Revolution, welche die Pfeiler des Hauses stehen lässt. Worauf beruht eine teilweise, eine nur politische Revolution? Darauf, dass ein Teil der bürgerlichen Gesellschaft sich emanzipiert und zur allgemeinen Herrschaft gelangt, darauf, dass eine bestimmte Klasse von ihrer besondern Situation aus die allgemeine Emanzipation der Gesellschaft unternimmt. […]

Damit ein Stand par excellence der Stand der Befreiung wird, dazu muss umgekehrt ein andrer Stand der offenbare Stand der Unterjochung sein. Die negativ-allgemeine Bedeutung des französischen Adels und der französischen Klerisei [= Geistlichen, Kleriker] bedingte die positiv-allgemeine Bedeutung der zunächst angrenzenden und entgegenstehenden Klasse der Bourgeoisie.

Karl Marx, Zur Kritik der Hegelschen Rechtsphilosophie. Einleitung, S. 18. Digitale Bibliothek Band 11: Marx/Engels, S. 557 ff. (vgl. MEW Bd. 1, S. 386 ff.).

Einführende Informationen und weiterführende Literaturhinweise
Wolfgang Schieder, Politische Theorie als revolutionäre Handlungsanweisung, in: Karl Marx als Politiker, München/Zürich 1991, S. 24–34.
Rolf Peter Sieferle, Die Revolution in der Theorie von Karl Marx, Frankfurt/Main 1979.
Gerhard Kluchert, Geschichtsschreibung und Revolution: Die historischen Schriften von Karl Marx und Friedrich Engels 1846 bis 1852, Stuttgart/Bad Cannstatt 1985.
Beatrix W. Bouvier, Französische Revolution und deutsche Arbeiterbewegung. Die Rezeption des revolutionären Frankreich in der deutschen sozialistischen Arbeiterbewegung von den 1830er-Jahren bis 1905, Bonn 1982.
Albert Soboul, Die große Französische Revolution. Ein Abriss ihrer Geschichte (1789–1799), [frz. Originalausgabe Paris 1962] Frankfurt/Main 1983.

Begriffe und Fakten klären – Kurzpräsentationen
12 Marx und Engels verwenden von ihnen spezifisch definierte Begriffe. Zum Verständnis ihrer Theorie ist die Kenntnis der Bedeutung dieser Begriffe notwendig. Zentrale Begriffe in den Texten sind Bourgeoisie, bürgerliche Gesellschaft, Klasse, Produktionsverhältnisse, Produktivkräfte. Versuchen Sie mithilfe von Lexika und der angegebenen Literatur diese Begriffe und ihre Verwendung bei Marx und Engels kurz zu definieren.

Die Französische Revolution in der Revolutionstheorie von Marx und Engels – Facharbeit
13 Marx und Engels sprechen in den Zitaten unterschiedliche Stadien und Formen der Revolution an. Versuchen Sie mithilfe der Originalschriften und der angegebenen Hilfsmittel den Unterschied zwischen politischer Revolution und radikaler Revolution bei Marx zu bestimmen. Warum wird die Französische Revolution als politische und nicht als radikale Revolution definiert?

Warum kam es in England zu keiner Revolution? – Gruppendiskussion
14 England war am Ende des 18. Jahrhunderts das industriell am weitesten entwickelte Land. Warum kam es hier zu keiner Revolution? Lesen Sie Engels' Schrift „Über historischen Materialismus" und diskutieren Sie seine Darstellung des evolutionären Weges Englands. Arbeiten Sie die Bedingungen von Revolution und Evolution in der Revolutionstheorie von Marx und Engels heraus.

M 12 Festblatt zum 1. Mai, Holzschnitt von Otto Marcus, 1896

Weiterführende Arbeitsanregungen zu Musik und Geschichte: „Figaros Hochzeit"

Theater und Oper als Sprachrohr der Gesellschaftskritik

Der in Paris als Sohn eines Uhrmachers geborene Pierre-Augustin Caron de Beaumarchais (1732–1799) war ein wahres Multitalent: Uhrmacher und Erfinder, Schriftsteller und Musiker, Geschäftsmann und Politiker. In seinem im Frühjahr 1784 aufgeführten Theaterstück „Le mariage de Figaro ou la folle journée" (Die Hochzeit des Figaro oder der tolle Tag), das Mozart 1786 als Grundlage zu seiner gleichnamigen Oper diente, übte er unverhohlen Kritik an den politischen und gesellschaftlichen Zuständen des Ancien Régime.

In „Figaros Hochzeit" stellt Beaumarchais den Adel vor dem „Dritten Stand" bloß, sodass Napoleon von dem Theaterstück sagte, es sei ein „Sturmvogel der Revolution" gewesen.

Erst nach vier Jahren gelang es Beaumarchais mithilfe einflussreicher Personen am königlichen Hof, dass Ludwig XVI. sein Aufführungsverbot zurücknahm. In Wien wurde „Ein toller Tag oder Figaros Hochzeit" als Schauspiel sofort verboten und Kaiser Josef genehmigte die Mozart'sche Fassung erst nach genauer Lektüre des Librettos durch die Zensoren. Der Kaiser meinte, bei der Singerei höre man eh nicht so recht auf den Text.

Heute kann man sich nur schwer die Provokation der Monologe Figaros vorstellen. Aber durch die gefeierten Aufführungen auf den Theater- und Opernbühnen gewann „Figaro" eine Popularität, wie dies für die damalige Zeit außergewöhnlich war. Bis heute gehört Mozarts „Figaro" zu den beliebtesten Werken auf deutschen Bühnen.

Die Handlung: Figaro, Diener des Grafen Almaviva, möchte Susanna heiraten, die Dienerin der Gräfin. Doch dazu muss der Graf nach altem Recht seine Zustimmung geben. Da der Graf selbst an der hübschen Dienerin Gefallen gefunden hat, verweigert er seine Zustimmung. Doch im Bündnis mit der Gräfin siegt schließlich der listige Diener. Der adlige Graf wird lächerlich gemacht.

Der lange Monolog des Figaro im V. Akt gehört zu den am meisten beklatschten Szenen des Stückes: *„Nein, Herr Graf, Sie werden sie nicht kriegen. […] Weil Sie ein hochgestellter Herr sind, halten Sie sich auch für ein Genie! […] Adelstitel, Reichtum, Aussehen, Hofämter; das alles macht Sie stolz! Und was haben Sie tun müssen, um solche Güter zu erwerben? Sie haben die Qual der Geburt erduldet, weiter nichts. Im Übrigen sind Sie ein ziemlich durchschnittlicher Mensch. Ich aber, weiß Gott! Ich kam von ganz unten her, ich musste für meine bloße Existenz mehr Intelligenz und Berechnung aufwenden, als man seit hundert Jahren aufgewandt hat, um ganz Spanien samt all seinen Kolonien zu regieren."*

Aufgaben:

1 Fertigen Sie mithilfe eines Nachschlagewerks oder der Textfassung des Stückes eine Inhaltsangabe an und arbeiten Sie die gesellschaftskritischen Themen heraus.

2 Beaumarchais' Leben war selbst ein Abbild seines Jahrhunderts. Als Uhrmachersohn geboren, gelang ihm der Aufstieg bis zum Geldadligen am Versailler Hof. Zeichnen Sie seinen Werdegang durch Internetrecherche oder in einem Referat zu Manfred Flügges Beaumarchais-Biografie nach.

3 Hören Sie sich die Mozart'sche Fassung des Stückes an und arbeiten Sie heraus, wie Mozart die Kritik Beaumarchais' musikalisch umsetzt.

4 Den Zeitgenossen galt die Opera buffa, die Mozart als Gestaltungsform für seinen „Figaro" zugrunde legt, als Kampfansage an das Ancien Régime. Stellen Sie in Zusammenarbeit mit Ihrem Musikunterricht die Bedeutung der Opera buffa im 18. Jahrhundert dar.

Literatur:

Beaumarchais, Figaros Hochzeit, Frankfurt (Insel-TB) 2000.

Manfred Flügge, Figaros Schicksal. Das Leben des Pierre-Augustin Caron de Beaumarchais, München (dtv) 2001.

4 Phase 2: Die konstitutionelle Phase (1789–1791) – Eine Revolution oder drei Revolutionen?

Der Dritte Stand erklärt sich zur Nation

Die zweite Phase, der eigentliche Beginn der Revolution, war zunächst geprägt von den Verfassungsforderungen und parlamentarischen Aktivitäten des gemäßigten Bürgertums. Man bezeichnete diese Phase deshalb auch als **konstitutionelle Revolution** bzw. als Verfassungsrevolution. Wenn man die revolutionären Forderungen „liberté, egalité, fraternité" den einzelnen Abschnitten der Revolution zuordnet, dann könnte man diese Phase auch als „Revolution der Freiheit" bezeichnen, denn die Freiheit des Individuums, die Lösung der politischen, wirtschaftlichen und sozialen Fesseln des Ständestaats des Ancien Régime, war das zentrale Anliegen der bürgerlichen Trägerschichten zu Beginn der Revolution.

Die Generalstände traten am 5. Mai 1789 in Versailles zusammen. Die Vertreter des Dritten Standes verlangten dort sofort einen neuen Abstimmungsmodus. Die alten Generalstände hatten nach Ständen abgestimmt. Der zahlenmäßig erweiterte Dritte Stand von 1789 forderte die Abstimmung nach „Köpfen". Dadurch hätte er die Mehrheit über die privilegierten Stände erlangt. Als diese Forderung auf Widerstand des Adels wie des Königs stieß, erklärte sich der Dritte Stand am 17. Juni 1789 zur **Nationalversammlung.** Der König verschärfte die Situation, indem er versuchte, die Nationalversammlung am Zusammentreten zu hindern. Die Abgeordneten trafen sich deshalb am 20. Juni im Ballhaus von Versailles und leisteten dort den Eid,

M 1 Der Schwur im Ballhaus am 20. Juni 1789. Gemälde von Jacques-Louis David, um 1790

erst wieder in ihre Provinzen zurückzukehren, wenn das Königreich eine **Verfassung** habe. Am 9. Juli erklärte sich die Nationalversammlung zur Verfassunggebenden Versammlung (Assembleé Nationale Constituante); die alte Ordnung hatte damit keine Grundlage mehr.

Diese Vorgänge waren der Kern der **Verfassungsrevolution**. Die Erhebung der Versammlung des Dritten Standes zur Verfassunggebenden Nationalversammlung bedeutete den Umsturz der alten Hierarchie der Stände. Außerdem sollte damit zum Ausdruck gebracht werden, dass die oberste politische Macht, die **Souveränität**, nicht mehr bei einem „König von Gottes Gnaden", sondern bei der **Nation** als ganzer lag. Sie war in der Nationalversammlung repräsentiert, sofern die Bürger das Recht hatten, ihre Abgeordneten in diese Versammlung zu wählen. Dem König sollte – so sah es dann die ausgearbeitete Verfassung von 1791 vor – lediglich die Exekutive, nicht aber die Legislative und die Jurisdiktion übertragen werden. Damit wurden dem Monarchen wesentliche Souveränitätsrechte entzogen und die **Gewaltenteilung** verankert. Dieses Ergebnis traf natürlich auf den **Widerstand des Königs** und des Adels. Es hätte wohl auch nicht durchgesetzt werden können, wenn die Verfassungsrevolution der Abgeordneten im Juli 1789 nicht durch die Aktionen der klein- und unterbürgerlichen Schichten in den Städten und die **Unruhen** in vielen ländlichen Regionen Frankreichs unterstützt worden wäre.

Wohin steuert die Revolution? Städtische und ländliche Unruhen

In den Städten, vor allem in **Paris**, hatten die Nachricht von der Entlassung des beliebten Finanzministers Necker am 11. Juli 1789 sowie **Gerüchte über Truppenbewegungen** die kleinbürgerlichen Unterschichten, vor allem Gesellen, Tagelöhner, kleine Handwerker und Händler, mobilisiert. Diese Schicht war 1789 von Arbeitslosigkeit und Teuerung – die Ernte von 1788 war besonders schlecht gewesen – am stärksten betroffen und war deshalb schon seit längerem unruhig. Am 12. Juli brannten protestierende Gruppen Zollstationen in Paris nieder und plünderten das Kloster St.-Lazare, wo große Mengen Mehl und Getreide erbeutet wurden. Am 14. Juli belagerten und eroberten die Aufständischen die alte Pariser Stadtfestung, die **Bastille**, um sich mit Waffen zu versorgen. Militärisch war der Sturm auf die mit nur wenig Personal besetzte Bastille ohne Bedeutung, umso größer war jedoch die **Symbolkraft** dieses Ereignisses. Die Unruhen bekamen nun auch aus der Sicht der Regierung eine politische Dimension. Der Herzog von Liancourt brachte dies dem französischen König gegenüber dadurch zum Ausdruck, dass er den Sturm auf die Bastille nicht mehr als eine Revolte, einen traditionellen „Brotkrawall", sondern als eine Revolution bezeichnete. Von den Aufständischen wurden die „Sieger der Bastille" zu Helden und die Toten zu Märtyrern verklärt. Sie wurden während der Revolution in jährlichen **Gedenktagen** geehrt. (Allerdings erklärte nach der Revolution erst 1880 das französische Parlament den 14. Juli zum Nationalfeiertag.)

Ähnliche Aufstände wie in Paris ereigneten sich auch in anderen französischen Städten. Man spricht in diesem Zusammenhang auch von einer **„Munizipalrevolution"** (municipium – lat.: [autonome] Stadt). Denn die politische Folge dieser städtischen Unruhen war, dass in vielen Städten die alten königlichen Magistrate abgesetzt und neue, bürgerliche Stadträte gebildet wurden. Diese organisierten zum Schutz des Erreichten und zur Abwehr weiterer Übergriffe der Unterschichten meist eigenständige Bürgermilizen. Die königlichen **Intendanten** räumten gezwungenermaßen ihre Posten und das alte System des Steuereinzugs brach zusammen. Auf diesen Druck hin setzte der König am 16. Juli den entlassenen Finanzminister Necker wieder in sein Amt ein und am 17. Juli ließ er sich im Pariser Rathaus von der neuen Stadtspitze empfangen und zeigte sich sogar öffentlich mit einer blau-weiß-roten **Kokarde**.

Auf dem **Land** hatten die Missernte von 1788 und der Mangel an Beschäftigung die Spannungen zwischen den Bauern und den ihre Abgaben einfordernden Grundherrn verschärft. Gerüchte über ein angebliches Komplott der emigrierenden Aristokratie gegen die Reformbemühungen der Nationalversammlung führten Ende Juli 1789 zur „**Großen Angst**" (grand peur) der Bauern, die sich in Angriffen auf Adelssitze und vor allem grundherrliche Archive entlud. Dabei zerstörten die Bauern besonders Urkunden über Grundrechte und Abgaben. Bis auf wenige Ausnahmen (Bretagne, Elsass, Lothringen) wurde in kurzer Zeit praktisch ganz Frankreich von dieser ländlichen Aufruhrbewegung erfasst.

Das Ende des Ancien Régime

Die Aktionen der Bauern alarmierten nicht nur den Adel, sondern auch die Abgeordneten der Nationalversammlung in Paris. Diese dachten zunächst daran, die Aufstandsbewegung militärisch zu unterdrücken, denn die Unverletzlichkeit des Eigentums war das wichtigste Prinzip ihrer bürgerlichen Reformpolitik. Militärische Aktionen gegen die Bauern hätten jedoch die gesamte Revolution gefährdet und die Macht wieder dem König als dem Oberbefehlshaber der Armee in die Hände gespielt. In der Nacht des **4. August** wurde daher ein Beschluss von hoher symbolischer Bedeutung gefasst: Alle steuerlichen Privilegien im Land wurden aufgehoben, alle **Frondienste** entschädigungslos abgeschafft. Die Kirche musste auf den Zehnten verzichten, die Adligen verloren ihre Jagdprivilegien und sonstigen Vorrechte. Die grundherrliche **Gerichtsbarkeit** wurde beseitigt, ebenso die Ämterkäuflichkeit. Die wirtschaftlich bedeutsamsten bäuerlichen Realabgaben allerdings sollten von den Bauern durch Geldzahlungen abgelöst werden, da sie (im Gegensatz zu den durch Macht usurpierten anderen Privilegien) angeblich legitime Eigentumsrechte darstellten. Die 1790 dafür ausgearbeiteten Modalitäten waren für die Bauern sehr ungünstig.

Mit diesem Beschluss konnten die Abgeordneten an dem Prinzip der Sicherheit des Eigentums festhalten und zugleich gravierende materielle Einbußen für die Land besitzende Oberschicht vermeiden. Dennoch war dies das Ende des Ancien Régime in Frankreich. Alle Franzosen hatten nun gleiche Rechte und Pflichten. Als Grundlage der neuen Ordnung wurde am 26. August in der Nationalversammlung die **Erklärung der Menschen- und Bürgerrechte** (Déclaration des droits de l'homme et du citoyen) verlesen, die der neuen Verfassung vorangestellt werden sollte. Vorbild waren die Menschenrechtserklärungen der amerikanischen Einzelstaaten, besonders Virginias.

Die Verfassungsrevolution war mit diesen Beschlüssen der Nationalversammlung jedoch noch nicht gesichert, denn der König weigerte sich, die Abschaffung des Feudalsystems und die Menschenrechtserklärung anzuerkennen und damit die Beschlüsse der Nationalversammlung zu legalisieren. Er spielte nun auf Zeit. Die großen wirtschaftlichen und administrativen Schwierigkeiten der neuen Regierung ließen ihn auf einen baldigen Zusammenbruch der Revolution hoffen. Auch in der Nationalversammlung nahmen die konservative Anhängerschaft des Königs und die Zahl der Befürworter umfassender verfassungsmäßiger Rechte des Monarchen, vor allem seines absoluten Vetorechts gegen Parlamentsbeschlüsse, zu.

„À Paris!" – Revolutionäre Frauen bringen den König ins Zentrum der Revolution

In dieser Situation gelang es der so genannten Partei der Patrioten, die sich für eine unumschränkte Volkssouveränität einsetzte, die städtischen Lebensmittelunruhen noch einmal für die Ziele der Verfassungsrevolution auszunutzen. Am 6. Oktober 1789 fand ein denkwürdiger **Zug von mehreren tausend Frauen** von Paris nach Versailles statt. Unter dem Eindruck eines erneuten Volksaufstandes stimmte der König schließlich den August-Erlassen und damit der Aufhebung des Feudalsystems zu. Er gab auch der Forderung der demonstrierenden Frauen nach und siedelte von Versailles in das Pariser Stadtschloss, die Tuilerien, um. Eskortiert von über 5000 Frauen, zog am 6. Oktober die königliche Familie unter Spottworten: „Wir bringen den Bäcker, die Bäckerin und den kleinen Bäckerjungen!" nach Paris. Diesem Zug folgten die

Phase 2: Die konstitutionelle Phase

Abgeordneten der Nationalversammlung, die wenige Tage später ihre Beratungen in Paris fortsetzten. Damit standen König, Regierung und Nationalversammlung in Zukunft unter dem Einfluss der sich radikalisierenden Auseinandersetzungen in Paris.

Die Nationalversammlung verabschiedete nun eine Reihe weit reichender Gesetze. Die Reste der alten feudalen Administration wurden beseitigt und eine neue Einteilung des Landes in **Departements** eingeführt. Von besonderer Tragweite war die Enteignung des Kirchenbesitzes, der zum Nationaleigentum erklärt und vielfach in kleinen Parzellen an die Bauern verkauft wurde. Die Geistlichen wurden zu Staatsbeamten (**Zivilverfassung des Klerus**/constitution civile du clergé) und mussten einen **Eid** auf die neue Kirchenverfassung leisten. Der König widersetzte sich dieser Entwicklung, aber es gelang ihm in Paris nicht mehr, eine hinreichend starke Opposition zu organisieren. Noch sicherte der offene oder latente Druck der städtischen Bevölkerung den Fortgang der Verfassungsrevolution ab.

Der **König** plante deshalb seine **Flucht ins Ausland.** Er hoffte, die Revolution von außen mit militärischer Gewalt unterdrücken zu können. Sein Fluchtversuch im Juni 1791 wurde jedoch entdeckt und die königliche Familie zwangsweise nach Paris zurückgeführt. Hier formierte sich sofort eine von radikalen Abgeordneten unterstützte Petitionsbewegung, die die Bestrafung des Königs forderte. Am 17. Juli 1791 wurde eine Großkundgebung dieser Bewegung auf dem Marsfeld jedoch von der Nationalgarde, der Pariser Bürgermiliz unter dem Kommando La Fayettes, mit Waffengewalt aufgelöst. 50 Menschen wurden dabei getötet. Damit stellte sich die Mehrheit der Nationalversammlung erstmals gegen die Forderungen der Pariser Bevölkerung.

Politische Klubs und die Verfassung von 1791

Die **Radikalisierung** der Bevölkerung wurde unterstützt durch die Agitation radikaldemokratischer Abgeordneter und die politische Organisation auch der kleinbürgerlichen Pariser Bevölkerung in politischen Gesellschaften und Klubs. Zunächst hatten sich vor allem Abgeordnete des Dritten Standes außerhalb der Nationalversammlung in politischen Debattierklubs organisiert. Der bekannteste dieser Klubs war der so genannte „Bretonische Klub" um Robespierre, Mirabeau und La Fayette, der nach dem Umzug der Nationalversammlung von Versailles nach Paris sein Quartier im Kloster St. Jaques nahm und sich seitdem als **Jakobinerklub** bezeichnete. Nach der Flucht des Königs spaltete sich die gemäßigte Mehrheit (La Fayette u. a.) vom Jakobinerklub ab und bildete den Klub der Feuillants. Daneben entwickelten sich jedoch auch politische Klubs der Bevölkerung, z. B. der Cordelier-Klub, in dem populäre demokratische Redner wie Marat oder Danton auftraten. Nach diesem Vorbild wurden weitere „Societes populaires" in den kleinbürgerlichen Stadtvierteln gegründet, die allen Interessierten, auch Frauen, offen standen. Vor allem der Jakobinerklub verstand es, in der Provinz gleichartige Klubs ins Leben zu rufen, und erreichte dadurch schon Ansätze zu einer Parteiorganisation.

Die radikalen Abgeordneten waren 1791 aber in der Nationalversammlung noch die Minderheit. So wurde am 3. September schließlich eine Verfassung verabschiedet, die Frankreich zwar zu einer **konstitutionellen Monarchie** machte, aber nicht wirklich die politischen Konsequenzen aus der Menschenrechtserklärung zog. Das Parlament wurde nach einem indirekten Zensuswahlrecht gewählt, die Forderung nach politischer Gleichheit damit aufgegeben. Der König bekam ein aufschiebendes Vetorecht gegen die Beschlüsse der Nationalversammlung, die vom König ernannten Minister waren allerdings dem Parlament verantwortlich. Damit hatten sich die Interessen der gemäßigten bürgerlichen Oberschichten sowohl gegenüber den Monarchisten als auch gegenüber den radikaleren demokratischen Strömungen durchgesetzt. Waren damit aber auch die Forderungen, die in den vielen Beschwerdeheften zum Ausdruck gekommen waren, erfüllt?

Hinweise zur Arbeit mit den Materialien

Die **Erstürmung der Bastille** galt schon den Zeitgenossen als der eigentliche Beginn der Revolution. In den Quellen M2 und M4 werden Dynamik und Stimmung der Straße, die zu diesem Schlüsselereignis der Revolution geführt haben, eingefangen: Beweggründe, Akteure, Zufälle, Symbolhandlungen und Konsequenzen können herausgearbeitet werden.

Eine dynamische Entwicklung, stark beeinflusst von den revolutionären Ereignissen, lässt sich auch an der Zusammensetzung der **Nationalversammlung** ablesen (M3), deren Abgeordnete sich nach und nach immer stärker aus den radikaleren Lagern rekrutierten.

Was hat die Nationalversammlung Bleibendes geschaffen, welche Grundlagen der modernen Demokratien wurden von ihr erarbeitet? Die Erklärung der **Menschen- und Bürgerrechte** und die Abschaffung der **Privilegien** geben Einblick in die Grundlegung einer neuen Ordnung (M5–M7). Die Materialien M8 und M13 beschäftigen sich mit der Frage, inwieweit der **König** bereit war, sich an die Spitze der gemäßigten Revolution und in die Verantwortung einer parlamentarischen Monarchie zu stellen.

Bereits in den Beschwerdebriefen wurden neue **Verwaltungsbezirke** gefordert. Die Reform des Landes in Departements wurde rasch durchgesetzt und verschaffte Frankreich eine neue Binnenstruktur. M9–M11 thematisieren die Gründe des „chirurgischen Eingriffs": War dies eine revolutionäre Leistung oder Gewalt gegenüber der eigenen Heimat?

Konnte man mit einer konstitutionellen Monarchie die Revolution beenden (M12, M14)? Die **Verfassung von 1791** stellte eine neue Grundlage dar, ihre befriedigende Wirkung musste sich erst noch gegenüber den herrschenden Realitäten erweisen.

Die *Methodensonderseite* widmet sich den unterschiedlichen historischen Interpretationen der Französischen Revolution. Die konservativen, liberalen und sozialistischen Analysen machen deutlich, wie standortabhängig historische Urteile verlaufen.

Die *Weiterführenden Arbeitsanregungen* beschäftigen sich mit dem Stellenwert von 1789 für die politische Kultur Frankreichs.

M2 14. Juli 1789 – ein Augenzeugenbericht zum Sturm auf die Bastille

Brief Camille Desmoulins vom 16. Juli 1789 an seinen Vater:
Lieber Vater! Jetzt kann ich Euch schreiben, der Brief wird ankommen. Ich selbst habe gestern einen Posten in einem Postamt aufgestellt, und es gibt kein Kabinett mehr, wo man die Siegel der Briefe erbricht. Wie hat sich in drei Tagen das Gesicht aller Dinge verändert! Am Sonntag [12. 7.] war ganz Paris bestürzt über die Entlassung Neckers [11. 7.]; sosehr ich versuchte, die Geister zu erhitzen, kein Mensch wollte zu den Waffen greifen. Ich schließe mich ihnen an; man sieht meinen Eifer; man umringt mich; man drängt mich, auf einen Tisch zu steigen: in einer Minute habe ich sechstausend Menschen um mich. „Bürger", sage ich nunmehr, „ihr wisst, die Nation hatte gefordert, dass Necker ihr erhalten bliebe, dass man ihm ein Denkmal errichtete: man hat ihn davongejagt! Kann man euch frecher trotzen? Nach diesem Streich werden sie alles wagen, und noch für diese Nacht planen sie, organisieren sie vielleicht eine Bartholomäusnacht für die Patrioten." Ich erstickte fast vor der Menge Gedanken, die auf mich einstürmten, ich sprach ohne Ordnung. „Zu den Waffen", sagte ich, „zu den Waffen! Wir wollen alle die grüne Farbe tragen, die Farbe der Hoffnung." Ich entsinne mich, dass ich mit den Worten schloss: „Die niederträchtige Polizei ist hier. Wohlan! sie soll mich gut betrachten, gut beobachten, ja, ich bin es, der meine Brüder zur Freiheit aufruft " Und indem ich eine Pistole erhob: „Wenigstens", rief ich, „sollen sie mich nicht lebendig in die Hand bekommen, und ich werde verstehen, ruhmvoll zu sterben; es kann mich nur noch ein Unglück treffen: dass ich sehen muss, wie Frankreich zur Sklavin wird." Dann stieg ich hinab; man umarmte mich, erstickte mich fast in Liebkosungen. „Freund", sagten sie alle zu mir, „wir werden Ihnen eine Wache

Phase 2: Die konstitutionelle Phase

M 3 Politische Gruppierungen in den Nationalversammlungen

Verfassunggebende Nationalversammlung	Demokraten (Jakobiner)	Konstitutionelle	Monarchisten	Aristokraten
(Assemblée Nationale Constituante) 17.6.1789 ca. 800 Mitglieder der bisherigen Ständeversammlung[1] 1. Phase der Revolution: Verfassungsentwurf für eine konstitutionelle Monarchie Verwaltungs- und Justizreform Säkularisation	vertreten stärker die Interessen des Volkes Anhänger Rousseaus (z. B. Robespierre)	vertreten die Interessen der Großbürger Anhänger Montesquieus (z. B. La Fayette, Abbé Sieyès)	für eine starke Exekutivgewalt des Königs (absolutes Veto gegenüber der Volksversammlung) (z. B. Mirabeau)	für die Beibehaltung der überkommenen Privilegien

Gesetzgebende Nationalversammlung	Jakobiner (136)		Unabhängige (345)	Konstitutionelle (264)
	Radikale Jakobiner	Girondisten		
(Assemblée Législative)[2] 1.10.1791 ca. 750 Mitglieder	vertreten die Interessen des Kleinbürgertums	u. a. Abgeordnete der Gironde, vertreten das mittlere Besitzbürgertum	unbestimmte Masse, ohne feste Meinung	(Feuillants) für die Aufrechterhaltung der konstitutionellen Monarchie

Nationalkonvent	Der „Berg" (140) (Les Montagnards)	Die „Ebene" (Les Marais)	Girondisten (160)
(Convention Nationale)[3] 21.9.1792 ca. 749 Mitglieder bei Zusammentritt, aber Zahl ständig wechselnd 2. Phase der Revolution: Abschaffung der Monarchie Herrschaft der Konvente	Radikale Jakobiner Vertreter eines politischen und wirtschaftlichen Egalitarismus (z. B. Robespierre, St. Just)	unentschieden; neigen bis zum Sturz Robespierres mehr und mehr nach links	finden sich durch die zunehmende Radikalisierung am rechten Rand des Spektrums der Parteiungen wieder

Nach: H. D. Schmid, Fragen an die Geschichte Bd. 3, Cornelsen, ³1980, S. 125.

1 Von den 1139 Vertretern der Generalstände blieben 800; der Rest ging nach Hause. Die Größen der einzelnen Gruppierungen beruhen auf grober Schätzung. Es gab Überschneidungen.
2 Wahlbeteiligung gering. Selbst in Paris stimmten von 81 000 Wahlberechtigten 74 000 nicht ab. Auf Antrag Robespierres durfte kein Mitglied der Verfassunggebenden Versammlung in die Gesetzgebende gewählt werden. Die Mehrheit der Abgeordneten war unter 30 Jahre alt.
3 Von 5 Mio. Stimmbürgern stimmten nur etwa 500 000 ab. In Paris war die Stimmabgabe öffentlich.

bilden, wir wollen Sie nicht verlassen, wir wollen hingehen, wo Sie hingehen." Ich sagte: ich wollte keinen Befehl haben, ich wollte nichts weiter sein als ein Soldat des Vaterlandes. Ich nahm ein grünes Band und befestigte es als Erster an meinem Hut.

Mit welcher Geschwindigkeit griff das Feuer um sich! Das Gerücht von diesem Aufruhr dringt bis ins Lager vor; die Kroaten, die Schweizer, die Dragoner, das Regiment Royal-Allemand langen an. Fürst Lambese an der Spitze dieses letzten Regiments zieht zu Pferd in die Tuilerien. Er säbelt selbst einen waffenlosen Mann von der Garde-française nieder und reitet über Frauen und Kinder. Die Wut flammt auf. Nun gibt es in Paris nur noch einen Schrei: Zu den Waffen! Es war sieben Uhr. Er wagt es nicht, die Stadt zu betreten. Man bricht in die Läden der Waffenhändler ein. Am Montagmorgen [13. 7.] wird Sturm geläutet. Die Wahlmänner hatten sich im Stadthaus versammelt. Mit dem Vorsteher der Kaufmannschaft an der Spitze gründen sie ein Bürgerwehrkorps von 78 000 Mann in 16 Legionen. Mehr als hunderttausend waren schon schlecht und recht bewaffnet und liefen nach dem Stadthaus, um Waffen zu begehren. Der Vorsteher der Kaufmannschaft will sie hinhalten, er schickt sie zu den Kartäusern und nach Saint-Lazare; er versucht Zeit zu gewinnen, indem er die Distrikte glauben macht, man werde dort Waffen finden. Die Menge und die Verwegensten begeben sich zum Invalidenhaus; man verlangt Waffen vom Gouverneur; er gerät in Angst und öffnet sein Magazin.

[…] Kaum hat man Waffen, so geht's zur Bastille. Der Gouverneur, der gewiss überrascht war, mit einem Schlag in Paris hunderttausend Flinten mit Bajonetten zu sehen, und nicht wusste, ob diese Waffen vom Himmel gefallen waren, muss sehr in Verwirrung gewesen sein. Man knallt ein oder zwei Stunden drauflos, man schießt herunter, was sich auf den Türmen sehen lässt; der Gouverneur, Graf von Launay, ergibt sich; er lässt die Zugbrücke herunter, man stürzt drauflos; aber er zieht sie sofort wieder hoch und schießt mit Kartätschen drein. Jetzt schlägt die Kanone der Garde-française eine Bresche. Ein Kupferstecher steigt als Erster hinauf, man wirft ihn hinunter und bricht ihm die Beine entzwei. Ein Mann von der Garde-française ist der Nächste, er hat mehr Glück, er packt die Lunte eines Kanoniers und wehrt sich, und binnen einer halben Stunde ist der Platz im Sturm genommen. Ich war beim ersten Kanonenschlag herbeigeeilt, aber, es grenzt ans Wunderbare, um halb drei Uhr war die Bastille schon genommen.

Die Bastille hätte sich sechs Monate halten können, wenn sich irgendetwas gegen das französische Ungestüm halten könnte; die Bastille, genommen von Bürgersleuten und führerlosen Soldaten, ohne einen einzigen Offizier! Derselbe Gardist, der im Sturm als Erster nach oben gekommen war, verfolgt Herrn von Launay, nimmt ihn bei den Haaren und macht ihn zum Gefangenen. Man führt ihn zum Stadthaus und schlägt ihn unterwegs halb tot. Er ist so geschlagen worden, dass es mit ihm zu Ende gehen will; man gibt ihm auf dem Grèveplatz den Rest und ein Schlächter schneidet ihm den Kopf ab. Den trägt man auf der Spitze einer Pike und gibt dem Gardisten das Kreuz des heiligen Ludwig. […]

Mein Rat war, nach Versailles zu gehen. Der Krieg wäre damit zu Ende gewesen, die ganze Familie wäre aufgehoben worden, alle Aristokraten in einem Fischzug gefangen. Ich war sicher, dass die unbegreifliche Eroberung der Bastille in einem Sturm von einer Viertelstunde das Schloss von Versailles und das Lager fassungslos gemacht hatte und dass sie nicht die Zeit gehabt hätten, zu sich zu kommen. Gestern Morgen ging der eingeschüchterte König in die Nationalversammlung; er ergab sich der Versammlung bedingungslos, und nun sind alle seine Sünden vergeben. Unsere Abgeordneten führten ihn im Triumph zum Schloss zurück. Er weinte viel, hat man versichert. Er kehrte zu Fuß zurück und hatte nur unsere Abgeordneten zu Wachen, die ihn zurückführten. Target sagte mir, es sei ein schöner Aufzug gewesen. Am Abend war der Umzug noch schöner. 150 Abgeordnete der Nationalversammlung, Klerus, Adel und Gemeine setzten sich in königliche Equipagen, um den Frieden zu verkünden. […] Sie schritten unter den Fahnen der Garde-française, die sie küssten und

Phase 2: Die konstitutionelle Phase

M 4 Sturm auf die Bastille, 14. Juli 1789, zeitgenössisches Aquarell, das nach Angaben des an der Erstürmung beteiligten Leutnants Claude Cholat entstand

wobei sie sagten: Das sind die Fahnen der Nation, der Freiheit, und 100 000 Bewaffnete und 800 000 Menschen mit rot-blauen Kokarden waren um sie. Das Rot, um zu
150 zeigen, dass man bereit war, sein Blut zu vergießen, und das Blau für eine himmlische Verfassung. Die Abgeordneten trugen ebenfalls die Kokarde. […]
    Ich marschierte mit bloßem Degen neben
155 Target, mit dem ich plauderte; er war von einer unaussprechlichen Freude erfüllt. Sie strahlte aus allen Augen und ich habe nie etwas dergleichen gesehen. Unmöglich kann der Triumph des Aemilius Paulus schöner
160 gewesen sein. Trotzdem war meine Freude am Tag vorher noch größer gewesen, als ich auf die Bresche der eroberten Bastille trat und man die Fahne der Garden und Bürgerwehren dort aufpflanzte. Dort waren die
165 meisten der eifrigen Patrioten beisammen. Wir umarmten uns, wir küssten den Gardis-

ten die Hände und weinten vor Freude und Trunkenheit.
    Nachschrift: Gestern haben die 150 Abgeordneten und die Wahlmänner im Stadthaus 170 den Frieden proklamiert. Der Marquis von La Fayette ist zum General der 16 Legionen Pariser Milizen ernannt worden, die französischen und Schweizergarden wurden zu Nationaltruppen erklärt und sollen künftig, 175 ebenso wie die zwei ersten unsrer 16 Legionen, im Sold der Nation stehen. Herr Bailly ist zum Maire [Bürgermeister von Paris] ernannt worden. In diesem Augenblick legt man die Bastille nieder; Necker ist zurückge- 180 rufen; die neuen Minister haben abgedankt oder sind abgedankt worden; Foulon ist vor Angst gestorben; der Abbe Roy ist gehängt; der Gouverneur und Untergouverneur der Bastille und der Vorsteher der Kaufmann- 185 schaft sind enthauptet; fünf Diebe sind an die Laterne gehängt worden; etwa 100 Men-

schen auf beiden Seiten sind bei der Bastille umgekommen. Seit Sonntag sind die Theater geschlossen geblieben, etwas Unerhörtes!

Gustav Landauer (Hrsg.), Briefe aus der Französischen Revolution, Berlin (Rütten & Loening)1985, Bd. 1, S. 119–125.

1 Beschreiben Sie anhand von M2 die Stimmungslage der Bevölkerung am 14. 7. 1789.
2 Stellen Sie Gründe zusammen, warum es am 14. 7. 1789 zur Erstürmung der Bastille kam.
3 Diskutieren Sie, ob der 14. Juli zu Recht Nationalfeiertag in Frankreich geworden ist.
4 Erörtern Sie, inwieweit die Konstituierung der Nationalversammlung und der Ballhausschwur als revolutionäre Handlungen gelten können.

M 5 Erklärung der Menschen- und Bürgerrechte durch die französische Nationalversammlung, 26. August 1789

Die als Nationalversammlung vereinigten Vertreter des französischen Volkes betrachten die Unkenntnis der Menschenrechte, die Vergessenheit oder Missachtung, in die sie geraten sind, als die einzigen Ursachen der öffentlichen Missstände und der Verderbtheit der Regierungen. Daher haben sie beschlossen, in einer feierlichen Erklärung die angestammten, unveränderlichen und heiligen Rechte des Menschen darzutun, auf dass diese Erklärung jeglichem Gliede der menschlichen Gesellschaft ständig vor Augen sei und ihm seine Rechte und Pflichten für und für ins Gedächtnis rufe; auf dass die Handlungen der gesetzgebenden sowie die der ausübenden Gewalt jederzeit am Endzweck jeder politischen Einrichtung gemessen werden können und so mehr Achtung finden mögen: dass die Forderungen der Bürger, nunmehr auf klare und unerschütterliche Prinzipien begründet, stets der Aufrechterhaltung der Verfassung und dem Wohl aller dienen.

So erkennt und verkündet die Nationalversammlung angesichts des Höchsten Wesens und unter seinen Auspizien die Rechte des Menschen und des Bürgers wie folgt:

Art. 1. Frei und gleich an Rechten werden die Menschen geboren und bleiben es. Die sozialen Unterschiede können sich nur auf das gemeine Wohl gründen.

Art. 2. Der Zweck jedes politischen Zusammenschlusses ist die Bewahrung der natürlichen und unverlierbaren Menschenrechte. Diese Rechte sind Freiheit, Eigentum, Sicherheit und Widerstand gegen Bedrückung.

Art. 3. Jegliche Souveränität liegt im Prinzip und ihrem Wesen nach in der Nation: Keine Körperschaft und kein Einzelner kann eine Autorität ausüben, die sich nicht ausdrücklich von ihr herleitet.

Art. 4. Die Freiheit besteht darin, alles tun zu können, was anderen nicht schadet. Also hat die Ausübung der natürlichen Rechte bei jedem Menschen keine anderen Grenzen als die, den anderen Mitgliedern der Gesellschaft den Genuss der gleichen Rechte zu sichern. Diese Grenzen können nur durch das Gesetz bestimmt werden.

Art. 5. Das Gesetz hat nur das Recht, Handlungen zu verbieten, die der Gesellschaft schädlich sind. Was nicht durch das Gesetz verboten ist, darf nicht verhindert werden, und niemand kann gezwungen werden, etwas zu tun, was das Gesetz nicht befiehlt.

Art. 6. Das Gesetz ist der Ausdruck des Gemeinwillens. Alle Bürger haben das Recht, persönlich oder durch ihre Vertreter an seiner Schaffung mitzuwirken. Es muss für alle das gleiche sein, mag es nun beschützen oder bestrafen. Alle Bürger sind vor seinen Augen gleich. Sie sind in der gleichen Weise zu allen Würden, Stellungen und öffentlichen Ämtern zugelassen, je nach ihrer Fähigkeit und ohne andere Unterschiede als ihre Tüchtigkeit und Begabung.

Art. 7. Niemand darf angeklagt, verhaftet oder gefangen gehalten werden, es sei denn in den vom Gesetz bestimmten Fällen. [...] Wer Willkürakte anstrebt, befördert, ausführt oder ausführen lässt, ist zu bestrafen; aber jeder Bürger, der durch ein Gesetz gerufen oder erfasst wird, muss augenblicklich gehorchen; durch Widerstand macht er sich schuldig.

Art. 8. Das Gesetz darf nur unbedingt und offensichtlich notwendige Strafen festsetzen und niemand darf bestraft werden, es sei denn kraft eines bereits vor seinem Delikt erlassenen, veröffentlichten und legal angewandten Gesetzes.

Phase 2: Die konstitutionelle Phase

Art. 9. Jeder wird so lange als unschuldig angesehen, bis er als schuldig erklärt worden ist; daher ist, wenn seine Verhaftung als unerlässlich gilt, jede Härte, die nicht dazu dient, sich seiner Person zu versichern, auf dem Gesetzeswege streng zu unterdrücken.

Art. 10. Niemand darf wegen seiner Überzeugungen behelligt werden, vorausgesetzt, dass ihre Betätigung die durch das Gesetz gewährleistete öffentliche Ordnung nicht stört.

Art. 11. Die freie Mitteilung seiner Gedanken und Meinungen ist eines der kostbarsten Rechte des Menschen. Jeder Bürger darf sich also durch Wort, Schrift und Druck frei äußern; für den Missbrauch dieser Freiheit hat er sich in allen durch das Gesetz bestimmten Fällen zu verantworten.

Art. 12. Die Sicherung der Menschen- und Bürgerrechte macht eine öffentliche Gewalt notwendig; diese Gewalt wird demnach zum Nutzen aller eingesetzt, nicht aber zum Sondervorteil derjenigen, denen sie anvertraut ist.

Art. 13. Für den Unterhalt der öffentlichen Gewalt und für die Ausgaben der Verwaltung ist eine allgemeine Steuer vonnöten: Sie ist gleichmäßig auf alle Bürger zu verteilen nach Maßgabe ihres Vermögens.

Art. 14. Die Bürger haben das Recht, selbst oder durch ihre Vertreter die Notwendigkeit einer öffentlichen Auflage zu prüfen, sie zu bewilligen, ihren Gebrauch zu überwachen und ihre Teilbeträge, Anlage, Eintreibung und Dauer zu bestimmen.

Art. 15. Die Gesellschaft hat das Recht, von jedem öffentlichen Beauftragten ihrer Verwaltung Rechenschaft zu fordern.

Art. 16. Eine Gesellschaft, deren Rechte nicht sicher verbürgt sind und bei der die Teilung der Gewalten nicht durchgeführt ist, hat keine Verfassung.

Art. 17. Da das Eigentum ein unverletzliches und heiliges Recht ist, darf es niemandem genommen werden, es sei denn, dass die gesetzlich festgestellte öffentliche Notwendigkeit es augenscheinlich verlangt, und nur unter der Bedingung einer gerechten und im Voraus zu entrichtenden Entschädigung.

Zit. nach: Walter Markov u. a. (Hrsg.), Die Französische Revolution, Berlin (Propyläen) 1989, S. 66 ff.

M 6 Weg mit den Privilegien!

Erklärungen von Mitgliedern der Nationalversammlung in der Sitzung vom 4. 8. 1789:
Der Vicomte de Noailles: „Was haben die Landgemeinden zuallererst verlangt und erwartet? Abschaffung des Steuerdrucks, Erleichterung oder Umwandlung der Herrenrechte. Das hat ihnen die Versammlung drei Monate lang vorenthalten und nun haben sie es mit bewaffneter Hand sich selbst genommen. Will die Versammlung verhindern, dass in dieser zügellosen Selbsthilfe der ganze Staat zugrunde geht, so muss sie einem Veto, wie es der Ausschuss beantragt hat, vorangehen lassen den Beschluss, dass künftig die Steuerpflicht gleich und allgemein verbindlich wird, dass alle Herrenrechte ablösbar, alle Fronpflichten aber, alle Leibeigenschaft und persönliche Unfreiheit ohne Entgelt abgeschafft werden."

Der Herzog von Aguillon: „Es sind nicht bloß Straßenräuber, die mit bewaffneter Hand im Schoß des Unglücks sich bereichern wollen; in mehreren Provinzen bildet das ganze Volk eine Art von Liga, um die Schlösser zu zerstören, die Ländereien zu verwüsten und namentlich sich der Urkundenkammern zu bemächtigen, in denen die feudalen Eigentumstitel aufbewahrt werden. Es sucht ein Joch abzuschütteln, das auf ihm seit so vielen Jahrhunderten lastet, und diese Empörung – wie strafbar immer, gleich jedem bewaffneten Angriff – kann ihre Entschuldigung in den vorangegangenen Quälereien finden. Die Eigentümer der Lehen, die Gutsherrschaften, sind nur selten schuld an den Ausschreitungen, über die die Hintersassen klagen, aber ihre Geschäftsleute sind fast ohne Mitleid, und der unglückliche Bauer seufzt unter dem Druck des barbarischen Restes der feudalen Rechte, die in Frankreich noch bestehen."

In der Nachtsitzung vom 4. zum 5. August 1789 fasste die Nationalversammlung die folgenden Beschlüsse:
Abschaffung der Leibeigenschaft und der Toten Hand in jeglicher Gestalt – käufliche Ablösung der Herrenrechte – Abschaffung der gutsherrlichen Gerichtsbarkeit – Unter-

M 7 Schmuckdarstellung der Menschen- und Bürgerrechte, um 1789

drückung des ausschließlichen Jagdrechtes, der Taubenhäuser und Kaninchengehege – Umwandlung der Zehnten in Geld – Abkäuflichkeit der Zehnten – Abschaffung aller Geldvorrechte und Steuerbefreiungen – Gleichheit der Steuerpflicht vom Anfang des Jahres 1789 – Zulassung aller Bürger zu Ämtern in Staat und Heer – Unentgeltlichkeit der Rechtspflege und Abschaffung der Käuflichkeit der Ämter – Aufhebung von Sondervorrechten der Provinzen und Städte, Paris, Lyon, Bordeaux usw. – Abschaffung der Annaten und der Pfründenhäufung – Abschaffung der ohne Recht erlangten Pensionen – Umbildung der Zünfte.

Aus: Irmgard und Paul Hartig, Die Französische Revolution, Stuttgart (Klett) 1988, S. 48 ff.

5 Erläutern Sie die Präambel in M5.
6 Stellen Sie zusammen, welche Übereinstimmungen zwischen den Menschen- und Bürgerrechten und dem Grundgesetz bestehen.
7 Diskutieren Sie, welche Artikel heute zusätzlich aufgenommen werden müssten.
8 Klären Sie, wie die Abgeordneten ihr Vorgehen rechtfertigen (M6).
9 Erarbeiten Sie anhand der Erklärung der Menschen- und Bürgerrechte einen Vergleich zwischen der alten Ordnung (Ancien Régime) und der neuen Ordnung und erläutern Sie, auf welchen Prinzipien die neue Ordnung ruht.
10 Interpretieren Sie M7.

M 8 **König Ludwig XVI. lehnt den Verzicht auf die Privilegien ab**

Ich bin mit diesem edlen und großmütigen Schritt der beiden ersten Klassen des Staates zufrieden. Sie haben der allgemeinen Verständigung, ihrem Vaterlande, dem König bedeutende Opfer gebracht. [...] Das Opfer ist schön, aber ich kann es nur bewundern; ich werde nie darein willigen, meine Geistlichkeit, meinen Adel um ihr Vermögen zu bringen. [...] Ich werde meine Zustimmung Dekreten verweigern, welche sie berauben würden; dann würde mich einst das französische Volk der Ungerechtigkeit oder der Schwäche anklagen können.

Herr Erzbischof, Sie unterwerfen sich den Dekreten der Vorsehung; ich glaube, mich denselben dadurch zu unterwerfen, dass ich mich diesem Enthusiasmus, der alle Klassen der Gesellschaft ergriffen hat, der aber nur an meiner Seele vorüberstreift, nicht überlasse. Ich werde alles, was nur in meinen Kräften steht, aufbieten, um meinen Klerus, meinen Adel aufrechtzuerhalten. […] Wenn mich Gewalt nötigte, meine Zustimmung zu geben, dann würde ich nachgeben, aber dann würde es auch in Frankreich weder eine Monarchie noch einen Monarchen mehr geben. […] Die Augenblicke sind ernst, ich weiß es, Herr Erzbischof, und vom Himmel bedürfen wir der Erleuchtung. Geruhen Sie, diese zu erflehen; wir werden erhört werden.

Brief des Königs Ludwig XVI. an den Erzbischof von Arles, nach der Sitzung der Nationalversammlung vom 4./5. August 1789. Aus: I. und P. Hartig, Die Französische Revolution, Stuttgart (Klett) 1988, S. 51

11 Stellen Sie dar, wie der König in der Zeit zwischen Juli und August 1789 politisch agiert.

12 Diskutieren Sie, welche Handlungsalternativen dem König offengestanden hätten und welche Folgen daraus hervorgegangen wären.

M 9 Die Departements – neue Verwaltungsbezirke für ein neues Frankreich?

Die revolutionäre Neuordnung des Raumes ist sehr rasch durchgesetzt worden: Sie entstand in der Nacht des 4. August 1789, wurde am 7. September begonnen und schon am 26. Februar 1790 war sie vollendet, als Departements, Distrikte und Kreisstädte ihre Grenzen erhielten. […] Lange schon wurde die komplizierte Einteilung des Landes im Ancien Régime als hinderlich für eine rationale Territorialverwaltung kritisiert. Um einen Bruch zu diagnostizieren, reicht es, die Art und Weise zu betrachten, in der die Auf-

M 10 Historische Provinzen Frankreichs mit Jahreszahlen ihrer Eingliederung

M 11 Frankreichs neue Verwaltungsstruktur/Departements von 1789

teilung von den Zeitgenossen erfahren wurde: „Ein seit der Antike beispielloser Plan" lässt die Mitglieder der Departementverwaltung „als Steuermänner erscheinen, die neue Meere durchqueren", wie einer von ihnen, der aus dem Calvados kommt, am 16. November 1790 meint. […]
Worin bestand nun wirklich das Anliegen? Die Reform war zu einem guten Teil den Umständen zu verdanken, wie Sieyès anerkannte: Nach der Nacht des 4. August ging es darum, die Entstehung der Gemeinden zu kontrollieren, die sich in anarchischer Weise entwickelte […], um zu verhindern, dass das Königreich in „eine Masse kleiner Staaten in Form einer Republik zerfetzt" wird. Niemand wollte damals den Status quo. Ein Verfassungsausschuss machte sich an die Arbeit und präsentierte am 29. September 1789 einen Plan, der durch seine unerschütterliche Regelmäßigkeit berühmt wurde: 81 quadratische Departements (mit 18 Meilen Seitenlänge), jedes von ihnen in neun Kantone unterteilt, wurden den Versammlungsmitgliedern zur Beratung vorgelegt.[1] Es ging in der Tat darum, ein chirurgisches Heilmittel für die „gotische" Überlappung der Diozösen, Wahlbezirke, Regierungsbezirke und Generalitäten zu finden.

Kritisches Wörterbuch der Revolution, hrsg. v. François Furet, Mona Ozouf, Frankfurt am Main (Edition Suhrkamp) 1996, Bd. 2, S. 738f.

1 *Am Ende der Beratungen orientierte man sich so weit wie möglich an alten Provinzgrenzen, bei den Namen an Meeren, Bergen und Flüssen.*

13 Begründen Sie den Zusammenhang zwischen der Neuordnung der Verwaltungsstruktur 1789/90 und den Ideen der Französischen Revolution.
14 Vergleichen Sie die Motive der Neuordnung Frankreichs mit denen der Länder- und Kreisreform der DDR nach der Wende 1989/90. Worin bestehen die Unterschiede?

M 12 Die Verfassung von 1791, beschlossen am 3. September 1791

Den Beginn der Verfassung bildete die Erklärung der Menschen- und Bürgerrechte vom 26. August 1789

Titel III. Von den öffentlichen Gewalten

Art. 1. Die Souveränität ist einheitlich, unteilbar, unveräußerlich und unverjährbar. Sie gehört der Nation. Kein Teil des Volkes und keine einzelne Person kann sich ihre Ausübung aneignen.

Art. 2. Die Nation, von der allein alle Gewalten ihren Ursprung haben, kann sie nur durch Übertragung ausüben.

Die französische Verfassung ist eine Repräsentativverfassung. Ihre Repräsentanten sind die gesetzgebende Körperschaft und der König.

Art. 3. Die gesetzgebende Gewalt ist einer Nationalversammlung übertragen, die aus Abgeordneten besteht, die durch das Volk frei und auf Zeit gewählt werden, um sie mit Billigung des Königs auf die Art auszuüben, die nachstehend bestimmt wird.

Art. 4. Die Regierung ist monarchisch. Die ausführende Gewalt ist dem König übertragen, um unter seiner Autorität durch die Minister und andere verantwortliche Beamte auf die Art ausgeübt zu werden, die nachstehend bestimmt wird.

Art. 5. Die richterliche Gewalt ist den durch das Volk auf Zeit gewählten Richtern übertragen.

Kapitel I. Von der gesetzgebenden Nationalversammlung

Art. 1. Die Nationalversammlung, welche die gesetzgebende Körperschaft bildet, ist immer während und ist nur aus einer Kammer zusammengesetzt.

Art. 2. Sie wird alle zwei Jahre durch Neuwahlen gebildet. [...]

Art. 5. Die gesetzgebende Körperschaft kann durch den König nicht aufgelöst werden.

Abschnitt I. Zahl der Abgeordneten. Grundlagen der Abordnung

Art. 1. Die Zahl der Abgeordneten der gesetzgebenden Körperschaft beträgt 745 nach Maßgabe der 83 Departements, aus denen sich das Königreich zusammensetzt, und ohne Rücksicht auf diejenigen, welche den Kolonien bewilligt werden dürfen.

Art. 2. Die Abgeordneten werden auf die 83 Departements nach den drei Verhältnissen des Gebietes, der Bevölkerung und der direkten Besteuerung verteilt.

Abschnitt II. Urversammlungen. Bestellung der Wahlmänner

Art. 1. Um die gesetzgebende Nationalversammlung zu wählen, treten die aktiven Bürger alle zwei Jahre in den Städten und den Kantonen zu Urversammlungen zusammen. [...]

Kapitel II. Vom Königtum, der Regentschaft und den Ministern

Abschnitt I. Vom Königtum und dem König

Art. 1. Das Königtum ist unteilbar und dem regierenden Hause im Mannesstamm nach dem Rechte der Erstgeburt erblich übertragen. [...]

M 13 Die Lage des Königs nach Verabschiedung der Verfassung von 1791:
Leopold II: „Was machst du, Schwager?" – „Ich unterzeichne." Anonymer Kupferstich.

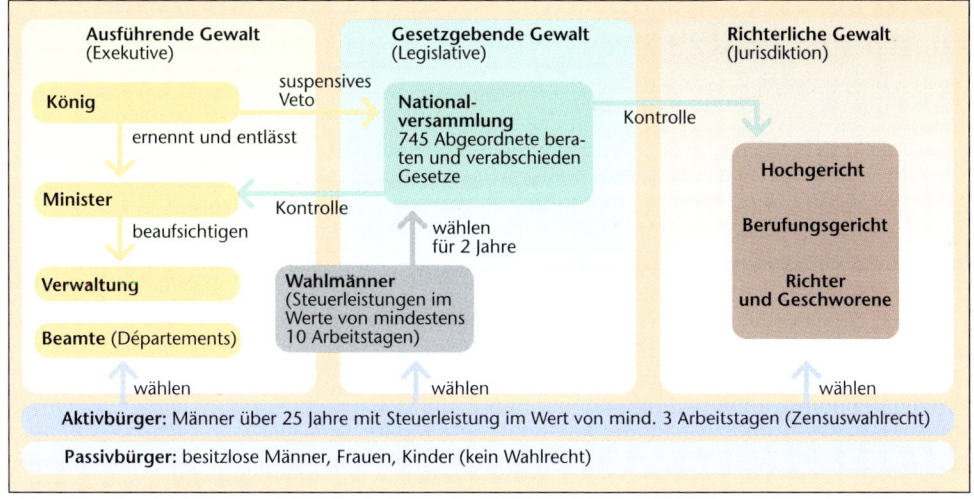

M 14 Die Verfassung von 1791

Art. 2. Die Person des Königs ist unverletzlich und heilig. Sein einziger Titel ist König der Franzosen.
Art. 3. Es gibt in Frankreich keine Autorität, die über dem Gesetze steht. Der König regiert nur durch dieses. Und nur im Namen des Gesetzes kann er Gehorsam verlangen. […]

Kapitel III. Von der Ausübung der gesetzgebenden Gewalt
Abschnitt I. Macht und Aufgaben der gesetzgebenden Nationalversammlung
Art. 1. Die Verfassung überträgt ausschließlich der gesetzgebenden Körperschaft die folgenden Vollmachten und Aufgaben:
1. Gesetze vorzuschlagen und zu beschließen. Der König kann allein die gesetzgebende Körperschaft auffordern, eine Sache in Beratung zu nehmen;
2. die öffentlichen Ausgaben festzusetzen;
3. die öffentlichen Steuern anzusetzen, ihre Art, Höhe, Dauer und Erhebungsweise festzulegen. […]
Art. 2. Der Krieg kann nur durch ein Dekret der gesetzgebenden Körperschaft, das auf förmlichen und notwendigen Vorschlag des Königs erlassen und von ihm bestätigt wird, beschlossen werden.

Abschnitt III. Von der königlichen Bestätigung
Art. 1. Die Beschlüsse der gesetzgebenden Körperschaft werden dem König vorgelegt, der ihnen seine Zustimmung verweigern kann.
Art. 2. Im Falle, dass der König seine Zustimmung verweigert, ist diese Verweigerung nur von aufschiebender Wirkung.

Günther Franz (Hrsg.), Staatsverfassungen. Eine Sammlung wichtiger Verfassungen der Vergangenheit und Gegenwart in Urtext und Übersetzung. München (WBG) ²1964, S. 309 ff.

15 Interpretieren Sie die Verfassung von 1791 hinsichtlich des Kräfteverhältnisses von Exekutive und Legislative.
16 Klären Sie die philosophischen Einflüsse auf die Verfasser und definieren Sie den Begriff „Konstitutionelle Monarchie".
17 Erklären Sie den Sinn der Karikatur M13.

Präsentation
18 🏃 Der Sturm auf die Bastille in Bildern. Sammeln und präsentieren Sie Bilder (Gemälde, Zeichnungen, Collagen, Plakate etc.) über den Sturm auf die Bastille aus verschiedenen Jahrhunderten und erläutern Sie die verschiedenen Darstellungsarten (Recherchehilfe: verschiedene Schulbücher aus der Schulbibliothek durchsehen).

Konservative, liberale und sozialistische Analysen: Deutungsansätze zur Französischen Revolution

Weltanschaulich-politische Richtungen prägen die Geschichtsschreibung über die Französische Revolution bis heute. Sie ist ein Politikum ersten Ranges, an dem sich – wie an der friedlichen Revolution von 1989 – auch künftig die Geister scheiden werden. Unser Wissen um die Ereignisse wurde durch die Einführung quellenkritischer Methoden, das verstärkte Arbeiten mit unveröffentlichten Archivalien sowie den Wandel von einem personalistischen Geschichtsverständnis zu strukturalgeschichtlichen Ansätzen (Vergleiche mit anderen bürgerlichen Revolutionen auch in anderen Ländern, verstärkte Berücksichtigung regionalgeschichtlicher Untersuchungen außerhalb von Paris) erheblich erweitert.

Die Entdeckung der Französischen Revolution als Kultur- und Bewusstseinsrevolution, die zur Herausbildung einer demokratischen Kultur mit neuartigen Kommunikationssystemen geführt hat, geht auf Vordenker wie Michel Vovelle zurück. So zeigen sich veränderte Mentalitäten etwa in der Symbol- und Zeichensprache der Literatur, Publizistik, der Erziehung, der Feste, der Denkmäler, der Musik, Malerei und Grafik. Diesen Ansatz, die kulturellen Kräfte des revolutionären Prozesses der Französischen Revolution stärker zu berücksichtigen, verfolgt auch, international beachtet, u. a. Rolf Reichardt in Deutschland (s. S. 146).

Drei wesentliche Trends der Interpretation in der mehr als 200-jährigen Revolutionsforschung beschreibt der Historiker Axel Kuhn folgendermaßen:

M 15 Eine Revolution, drei Richtungen der Interpretation

15 a) Die konservative Interpretation:
Die konservative Auseinandersetzung mit der Revolution setzte schon 1790 mit einem Werk von Edmund Burke ein, das berühmt werden sollte. Es heißt *Reflection on the Revo-*
5 *lution in France* und wurde gleich im folgenden Jahr unter dem Titel *Betrachtungen über die Französische Revolution* ins Deutsche übertragen. Burke vertrat die These, dass die Revolution nicht notwendig gewesen sei.
10 Vielmehr habe die alte Gesellschaft aus sich heraus noch die Kraft zu Reformen gehabt. Vor allem die Einberufung der Generalstände stellte nach Burke einen viel versprechenden Schritt zu Reformen dar; Reformen, die
15 das Ende der absoluten Monarchie bedeutet hätten. Er fand nirgends Spuren einer Regierung, die im Ganzen so pflichtvergessen, so verderbt und so drückend gewesen wäre, dass sie schlechterdings keine Verbesserung
20 zugelassen hätte.

Auf der Grundlage dieser Analyse formulierten andere Zeitgenossen der Revolution die sog. Verschwörungsthese. Wenn die Revolution nicht notwendig gewesen war, wenn die Bevölkerung gar nicht so sehr litt – 25 warum brach die Revolution dann aus? Die konservative Antwort lautet: Sie wurde künstlich herbeigeführt, und zwar nicht von unzufriedenen Massen, sondern durch eine kleine Gruppe von Verschwörern. Als solche 30 hatte man im 18. Jahrhundert die aufgeklärten Intellektuellen in ihren literarischen Salons sowie die Freimaurer mit ihrem geheimbündlerischen Kommunikationsnetz ausgemacht. Die Verschwörungsthese wurde 35 jedoch zum Grundbestand konservativer Kritik an jeder Revolution. Auch in späteren Zeiten malten Konservative ein rosiges Bild der jeweiligen alten Gesellschaft, dergegenüber der Ausbruch der Revolution als unbe- 40 rechtigt erschien.

Der konservativen Deutung der Französischen Revolution hat Alexis de Tocqueville mit seiner Untersuchung *L'Ancien Régime et la Revolution (Der alte Staat und die Revolution)* 45 ein weiteres Glanzlicht aufgesetzt. Sie erschien erstmals im Jahre 1856. Auch Tocqueville war wie Burke ein differenzierter Denker. Sein methodischer Ansatz, nämlich die Analyse der gesellschaftlichen Strukturen 50 und der Klassengegensätze, sollte der Politikwissenschaft wichtige Impulse geben. Bezüglich der Französischen Revolution betonte er jedoch die in der französischen Geschichte angelegten evolutionären Prozesse. Er war der Meinung, dass eine Modernisierung der Gesellschaft auch ohne Revolution stattgefunden hätte. Außerdem vertrat er die These, dass der gefährlichste Moment für eine autoritäre Regierung derjenige sei, in dem sie Reformen gewähre. Das kann man nur zu leicht so verstehen: Die absolute Monarchie in Frankreich hätte überlebt, wenn sie nicht Reformen zugestanden hätte.

Spätere Historiker, unter ihnen Pierre Gaxotte und Bernard Fay, haben die konservativen Positionen über die Französische Revolution mit zeitgemäßen Varianten vertreten. Man erkennt sie daran, dass sie die von Burke und Tocqueville geprägten Grundmuster wiederholen. Sie haben eine Vorliebe für die Analyse der vorrevolutionären Gesellschaft und versuchen deren angebliche Reformfähigkeit herauszuarbeiten.

15b) Die liberale Revolutionsgeschichtsschreibung

Der Typus liberaler Revolutionsgeschichtsschreibung ist dagegen daran zu erkennen, dass seine Autoren eine ausgesprochene Vorliebe für die ersten drei Jahre der Revolution entwickeln. Seine klassischen Vertreter waren François Auguste Mignet und Jules Michelet. Michelets Revolutionsgeschichte erschien 1847 bis 1853. Er schuf ein farbenprächtiges Gemälde von der Kampfbereitschaft und vom Opfermut des guten Volkes, das seine Ketten abwarf, und vergaß auch nicht die Frauen der Revolution.

In neuerer Zeit hat die Darstellung von François Furet und Denis Richet viel Aufmerksamkeit erregt. In diesem Buch wird die These von den drei Revolutionen des Jahres 1789 vorgetragen und mit der Auffassung verbunden, dass die Herrschaft der Jakobiner eine „Entgleisung" gewesen sei. Von ihr, der jakobinischen Entgleisung, habe sich die Revolution erst wieder in der Zeit des Direktoriums erholt. Vor allem diese negative Bewertung der radikalen Revolutionsphase rückt das Buch in die Nähe liberaler Deutungsmuster. Wenn sich der Typus konservativer Interpretation vom Kampf gegen den Ausbruch der Revolution her bestimmen lässt, so lebt die liberale Analyse vom Kampf gegen die Radikalisierung der Revolution. In Deutschland ist die neuere Revolutionsgeschichtsschreibung stark von Furets Thesen beeinflusst, wie aus den Büchern von Ernst Schulin und Eberhard Schmitt ersichtlich ist.

15c) Die sozialistische Forschung

In der sozialistischen Interpretation bildet die Jakobinerherrschaft von 1793/94 nicht eine Entgleisung, sondern vielmehr den Höhepunkt der Revolution. Dieses dritte Deutungsmuster geht trotz aller internen Meinungsverschiedenheiten auf Karl Marx und Friedrich Engels zurück. Die beiden haben zwar keine geschlossene Untersuchung über die Französische Revolution geschrieben, sich jedoch oft über sie schriftlich geäußert.

In Frankreich dominierte seit den 1920er-Jahren die sozialistische Richtung, vor allem mit den Pariser Lehrstuhlinhabern Albert Mathiez, Georges Lefebvre und Albert Soboul. Für sie alle war die Französische Revolution als Ganzes eine bürgerliche, weil in ihr das Bürgertum als aufstrebende Klasse den Feudalismus oder wenigstens seine Reste beseitigte. Bürgerlich seien selbst die Jakobiner geblieben, wenn auch auf einer radikaldemokratischen Stufe. Allerdings deuteten sich in ihrer Bewegung bzw. Herrschaft schon einige Charakteristika späterer sozialistischer Revolutionen an: so etwa die Rolle der Jakobiner als Avantgarde, ihre Herrschaft als Diktatur und die Rolle der politischen Klubs als Vorformen politischer Parteien. Von Lefebvre stammt der Nachweis einer Adelsrevolte von 1787/88, die der Revolution vorausging. Er entwickelte ferner die These einer autonomen Bauernrevolution im Jahre 1789. Die Gesamtdarstellung von Soboul wurde auch in der deutschen Übersetzung zu einem Standardwerk.

Obwohl sozialistische Historiker, von Außenseitern abgesehen, die Revolution als eine bürgerliche ansahen, wurden von ihnen doch auch umfangreiche Forschungen über die Rolle der Volksmassen (Sansculotten) und ihr Verhältnis zu den Jakobinern geleistet. Neben Soboul ist in diesem Zusammenhang der bedeutendste deutsche

M 16 Bicentenaire de la Révolution, Gemälde des französischen Künstlers Eric Rouvre zum 200. Jahrestag der Französischen Revolution 1989

Revolutionsforscher nach dem Zweiten Weltkrieg, der Leipziger Walter Markov, zu nennen.
Die Auswirkungen der Revolution auf Deutschland sind erst seit den Fünfzigerjahren des 20. Jahrhunderts durch die deutsche Jakobinerforschung intensiver untersucht worden. Zu nennen sind hier vor allem die Arbeiten von Heinrich Scheel und Walter Grab. Vorbilder konnte es nur wenige geben. Zwar wurde, namentlich in der angelsächsischen Forschung, gern eine international vergleichende Perspektive eingenommen, aber die Gesamtdarstellungen dieser Provenienz zeichneten sich nicht nur durch eine konservative Grundeinstellung aus; sie vertraten auch die inzwischen nicht mehr haltbare Ansicht, dass die Revolutionsauswirkungen in den deutschen Gebieten weniger bedeutend gewesen seien als in den meisten anderen europäischen Ländern.

Axel Kuhn, Die Französische Revolution, Stuttgart (Reclam) 1999, S. 167–170.

19 Zeigen Sie, inwieweit die jeweiligen Interpretationsmuster das Phänomen „Französische Revolution" nur teilweise erklären.
20 Arbeiten Sie die erkennbaren ideologischen Standpunkte heraus.
21 Erläutern Sie, welche Deutung der Revolution der Künstler Rouvre vornimmt (M16).
22 Untersuchen Sie, warum die Französische Revolution zu einem Modellfall für nachfolgende Revolutionen wurde (z. B. 1848, 1917).

Literatur
Michel Vovelle, Die Französische Revolution. Soziale Bewegung und Umbruch der Mentalitäten, Frankfurt am Main (Fischer TB) 1985.
Albert Soboul, Die Große Französische Revolution, Frankfurt am Main (EVA) ³1979.
Rolf E. Reichardt, Das Blut der Freiheit, Frankfurt am Main (Fischer TB) 1998.
Axel Kuhn, Die Französische Revolution, Stuttgart (Reclam) 1999, S. 167–170.

Weiterführende Arbeitsanregungen zur Revolution in der politischen Kultur

Die Frage, ob die Ereignisse vor allem der Jahre 1789 bis 1791 ein einheitliches Revolutionsgeschehen darstellen oder ob hier, wie der französische Historiker François Furet formulierte, drei „gleichzeitige und selbstständige Revolutionen" stattfanden, hat die Geschichtswissenschaft und auch die französische Politik intensiv beschäftigt und mitunter sogar gespalten. Vor allem die französischen Politiker hielten parteiübergreifend an der Einheit der Revolution fest. „La Révolution est un bloc", formulierte der sozialistische Politiker George Clemenceau (1841–1929). Aber auch der konservative Staatspräsident Charles DeGaulle betonte in verschiedenen Reden die Einheit der Revolution.

Die Gedenktage an die Revolution spielen in der politischen Kultur Frankreichs daher eine ganz besondere Rolle. Bereits in den 1950er-Jahren untersuchte der Schweizer Herbert Lüthy in seinem Buch „Frankreichs Uhren gehen anders" auch den Stellenwert des Rückbezugs auf die Revolution in der Rhetorik französischer Politiker. Je nach politischem Lager wenden sich die Parteien in Frankreich unterschiedlichen Revolutionsereignissen zu: Die Linke reklamiert für sich die jakobinische Tradition, die Rechte die der Gegenrevolution, während die republikanische Tradition von den Bürgerlichen herausgestellt wird.

Unter den neueren Historikern war die Annahme vom „Block" der Revolution vor allem für die marxistische Geschichtsschreibung von Bedeutung. Nicht-marxistische bzw. antimarxistische Interpretationen tendieren dagegen dazu, die Revolution zu differenzieren und ihre Vielgestaltigkeit zu betonen.

Arbeitsvorschläge

1 Orientieren Sie sich anhand des Buches von Herbert Lüthy über die Bedeutung der Französischen Revolution in der politischen Kultur Frankreichs. Stellen Sie in Kurzreferaten die Darstellung und Funktionalisierung der Revolution, z. B. bei Charles DeGaulle, dar.

2 Die politische Funktionalisierung von Vergangenheit lässt sich in Deutschland ebenso fassen wie in Frankreich. Eine sehr gute Einführung bietet dazu das Buch „Geschichte als Waffe" von Edgar Wolfrum. Analysieren Sie nach der Lektüre dieses Buchs als Referat eine deutsche Politikerrede, z. B. zum 3. Oktober oder Reden anlässlich des 150-jährigen Jubiläums der Märzrevolution 1998.

3 Arbeiten Sie als Facharbeit anhand der Revolutionstheorie von Karl Marx (vgl. S. 52) die Bedeutung der Einheit der Revolution für die marxistische Forschung heraus. Vergleichen Sie dabei die Darstellungen marxistischer Historiker wie Soboul oder Markov mit derjenigen des liberalen Historikers Furet.

Literaturhinweise:

François Furet, Zur Historiographie der Französischen Revolution heute. München (Carl-Friedrich-von-Siemens-Stiftung) 1989.

Paul Hartig (Hrsg.), Die Französische Revolution im Urteil der Zeitgenossen und der Nachwelt, 4. Aufl. Stuttgart (Klett) 1973 (Rede DeGaulles).

Herbert Lüthy, Frankreichs Uhren gehen anders, Zürich (Europa) 1954.

Albert Soboul, Die große Französische Revolution. Ein Abriss ihrer Geschichte (1789–1799) [frz. Originalausgabe Paris 1962], Frankfurt a. M. (Europäische Verlagsanstalt) 1983.

Hans-Ulrich Thamer, Gespaltene Erinnerung. Vergangenheit und Gegenwart in den Revolutionsfeiern von 1889, 1939 und 1989, in: Paul Leidinger, Dieter Metzler (Hrsg.), Geschichte und Geschichtsbewusstsein. Festschrift Karl-Ernst Jeismann zum 65. Geburtstag, Münster (Inst. f. Didaktik d. Geschichte) 1990, S. 535–558.

Michel Vovelle, Die Französische Revolution. Soziale Bewegungen und Umbruch der Mentalität, Frankfurt a. M. (Fischer-TB) 1997.

Edgar Wolfrum, Geschichte als Waffe. Vom Kaiserreich bis zur Wiedervereinigung, Göttingen (Kleine Reihe V & R) 2001.

5 Phase 3: Revolution der Gleichheit oder Despotismus der Freiheit (1791–1794)?

Mit Inkrafttreten der ersten französischen Verfassung der Neuzeit am 3.9.1791 war die Phase der „Verfassungsrevolution" zu einem Abschluss gebracht worden. Ob die dritte Phase der Revolution 1791 bis 1794 einen in sich geschlossenen Zeitraum darstellt, ist dagegen in der Forschung umstritten. Seit Oktober 1791 herrschte ein neues, aus freien Wahlen hervorgegangenes Parlament. Manche Historiker sprechen für diese Zeit von einer Revolution der Gleichheit oder – mit Blick auf die Trägerschichten – des demokratischen (Klein-)Bürgertums. Andere unterteilen diese Phase auch noch einmal in eine Zeit der **Radikalisierung** des Revolutionsprozesses (1791–1793) und eine davon abgesetzte Zeit der Schreckensherrschaft (1793–1794), den so genannten **Terreur**. In diesen Bezeichnungen zeigen sich vor allem die unterschiedlichen Bewertungen der Beurteilung der Gewalt im Revolutionsprozess.

Mit der Verabschiedung der Verfassung und den Neuwahlen zum ersten regulären Parlament hätte die Revolution abgeschlossen sein können. Dass es nicht zu einer Beruhigung der politischen Verhältnisse kam, hing von verschiedenen Faktoren ab. Zum Ersten hatte sich die **Zusammensetzung des Parlaments** geändert. Die Mitglieder der alten verfassunggebenden Versammlung sollten nicht wieder wählbar sein. So bestand das erste Parlament aus neuen, meist jüngeren Abgeordneten. Dadurch wurde vor allem die Linke im Parlament gestärkt. Zum Zweiten arbeiteten der König und der Hof weiterhin gegen die Umsetzung der neuen Verfassung. Über sein **Vetorecht** versuchte der König Gesetze zu blockieren, die gegen Adel und Klerus und deren Besitzstand gerichtet waren. Drittens verschärfte der rasche **Wertverfall** des von der Regierung ausgegebenen und nur unzureichend über die verstaatlichten Kirchengüter gedeckten Papiergelds die wirtschaftliche Krise. Lebensmittelpreise und Arbeitslosigkeit stiegen. Es kam zu erneuten Teuerungsunruhen. Vor allem aber führte der drohende **Krieg mit den Monarchien Europas** zu einer Zunahme der Spannungen zwischen den verschiedenen Gruppen und schließlich zur „zweiten Revolution", der Abschaffung der Monarchie und der Hinrichtung des Königs.

Greifen die Monarchien Europas in das Revolutionsgeschehen ein?

Seit dem Herbst 1791 arbeiteten der König, Teile der Rechten (die Feuillants) und die als Girondisten bezeichneten gemäßigten Jakobiner bewusst auf einen **Krieg mit den europäischen Mächten** hin. Die europäischen Monarchen hatten die Vorgänge in Frankreich, vor allem seit der Festnahme der königlichen Familie, mit Sorge verfolgt. Eine direkte Intervention aller europäischen Staaten war jedoch politisch kaum realisierbar. Dennoch stellte Kaiser Leopold II., der Bruder der Königin von Frankreich, zusammen mit dem preußischen König in der **Pillnitzer Erklärung** (27. August 1791) eine Intervention in Frankreich in Aussicht, falls sich die anderen europäischen Mächte diesem Schritt anschließen würden.

In Frankreich wurde diese Erklärung sofort als Einmischung in die inneren Angelegenheiten des Landes verstanden. Die Pillnitzer Erklärung bot den verschiedenen an einem Krieg interessierten Gruppen die Möglichkeit, das Parlament und die Bevölkerung zu mobilisieren; allerdings mit jeweils unterschiedlichen Zielen: Der König hoffte, dass durch eine Niederlage Frankreichs auch die Revolution besiegt und die alten Verhältnisse wiederhergestellt würden; die **Feuillants** wollten von den wirtschaftlichen Problemen ablenken und im Krieg die Linke innenpolitisch zähmen; die gemäßigte Linke, die **Girondisten**, beabsichtigte, in einem Krieg die rechten und linken Gegner der liberalen Verfassungsrevolution auszuschalten, den erreichten Zustand zu stabilisieren und die Revolution in Europa auszubreiten. Lediglich die **Jakobiner**, vor allem Robespierre, warnten vor den innenpolitischen Folgen eines Krieges.

Auf Vorschlag des Königs erklärte Frankreich im April 1792 Österreich als dem Initiator der Pillnitzer Erklärung den **Krieg**. Nach anfänglichen Niederlagen der französischen Armee, einer undurchsichtigen Haltung der Generale und des Königs und dem Kriegseintritt Preußens (11. Juli 1792) verschärfte sich die innenpolitische Situation rasch. Gesteuert von einem neuen, radikalen Pariser Stadtrat (commune), stürmte das Volk am 10. August 1792 die **Tuilerien**, nachdem das Parlament die Forderung nach Absetzung des Königs abgelehnt hatte. Die königliche Familie wurde im Temple (einer alten Wehranlage des Templerordens) gefangen gesetzt; die Nationalversammlung musste unter dem Druck der Ereignisse die **Republik** ausrufen und Neuwahlen zur Nationalversammlung nach einem allgemeinen und gleichen Männerwahlrecht zugestehen. Der neue **Nationalkonvent** trat am 21. September 1792 zusammen, am 21. Januar 1793 wurde der König öffentlich hingerichtet, nachdem ihn der Nationalkonvent mit einer Stimme Mehrheit wegen Vaterlandsverrats zum Tode verurteilt hatte.

„Die Revolution frisst ihre Kinder"

Nach dem Sturm auf die Tuilerien wurde das Geschehen in Paris zunehmend stärker durch die politisierten kleinbürgerlichen Schichten, die nach ihrer Kleidung in der Revolution den Namen **„sans culottes"** (ohne Kniehosen) erhielten, geprägt. Ihre wichtigsten Ziele waren die Verteidigung der Republik, die Durchsetzung von Formen direkter Demokratie, eine stärkere Kontrolle der Wirtschaft und sozialpolitische Maßnahmen für die Mittel- und Unterschichten. Die Bedrohung der Revolution von außen durch den Krieg und von innen durch Anhänger des Ancien Régime führten zu gewaltsamen, illegalen Aktionen gegen mögliche Revolutionsfeinde. Noch im September 1792 wurde durch die militärischen Misserfolge eine Welle der **Lynchjustiz** gegen vermutete Verräter der Revolution ausgelöst. Ihr fielen in Paris weit über 1000 Personen, vor allem Insassen der Gefängnisse, zum Opfer.

Unter dem Druck der Sansculotten gewann im Parlament die linke Fraktion der Jakobiner, die Bergpartei (Montagnards), allmählich die Oberhand und näherte sich zugleich immer mehr den radikaleren Forderungen der Sansculotten an. Der Nationalkonvent setzte zur Behandlung bestimmter Aufgabenbereiche Parlamentsausschüsse ein. Dem so genannten **Wohlfahrtsausschuss** (Comité du salut public) wurde im April 1793 de facto die Regierung übertragen. Er übte die Kontrolle über Militär, Ministerien, Polizei und Wirtschaft aus. Im März beschloss der Konvent gegen die Stimmen der Gironde die Einrichtung eines Revolutionstribunals, eines Sondergerichts, das ohne Berufungsmöglichkeit alle konterrevolutionären Bestrebungen aburteilen sollte. Dazu kamen noch so genannte Revolutionsausschüsse – Überwachungsausschüsse vor Ort, die Personen aufgrund des Verdachts der Republikfeindlichkeit festnehmen konnten. Zusammen mit einem umfangreichen Apparat von Polizeispitzeln bildeten sie die Grundlage des sich nun herausbildenden **Terrorregimes**. „Die Freiheit", so begründete dies der radikale Republikaner Marat, „muss mit Gewalt eingeführt werden, und der Augenblick ist gekommen, vorübergehend den Despotismus der Freiheit zu errichten, um den Despotismus der Könige zu zerschlagen."

Im Nationalkonvent und im Wohlfahrtsausschuss verschärfte sich die Rivalität zwischen Girondisten und Montagnards. Immer klarer konnten die Sansculotten über die Bergpartei ihre sozialen und politischen Forderungen durchsetzen: Kontrolle des Nahrungsmarktes; Festsetzung von Höchstpreisen für Getreide und Mehl; Verbannung der Emigranten und Verkauf ihrer Güter und der restlichen Nationalgüter in kleinen Parzellen an die Bauern; teilweise Verstaatlichung von rüstungsrelevanten Produktionszweigen und Einrichtung von Nationalwerkstätten; Ausnahmegesetze zum Schutz der Republik.

Die Girondisten dagegen versuchten nun die Provinz gegen die Hauptstadt zu mobilisieren und die Macht der Jakobiner in den Sektionen, den Stadträten und Lokalparlamenten zu brechen. Dabei arbeiteten sie offen und mit Erfolg auch mit Royalisten zusammen. Dies führte zur Gegenwehr der **Pariser Sektionen**, die am 2. Juni 1793 in einem bewaffneten Aufstand den

Nationalkonvent dazu zwangen, 29 Girondistenführer als Konterrevolutionäre zu verhaften. Der Wohlfahrtsausschuss wurde zunehmend von dem am 27. Juli 1793 hinzugewählten **Robespierre** dominiert. Die am 24. Juni verabschiedete demokratische Verfassung mit deutlichen sozialstaatlichen Elementen wurde vom Wohlfahrtsausschuss zum eigenen Machterhalt ausgesetzt. Man getraute sich in dieser Situation nicht, Wahlen durchzuführen.

Robespierre erklärt den Terror zur „Tugend in kritischer Zeit"

Die Terrormaßnahmen hatten zur Folge, dass der innenpolitische Widerstand gegen die Revolution unterdrückt, die Währung stabilisiert und die Nation zumindest territorial in dieser kritischen Situation zusammengehalten wurde. Inwieweit diese Erfolge den Terror des Jahres 1793 rechtfertigen könnten, war schon unter den Zeitgenossen – auch unter den Sansculotten – umstritten. Unumstritten war und ist, dass sich der Wohlfahrtsausschuss 1794 auf den Terror nur noch zum eigenen Machterhalt stützte. Nach Suspendierung der Verfassung wurde der Terror durch „Notstandsgesetze" legalisiert, die nun auch die linke Opposition der Sansculotten unterdrückten. Die Pressefreiheit wurde eingeschränkt, die politischen Klubs und die Sektionsversammlungen aufgelöst, die politische Kultur der Revolution unterdrückt.

Das Terrorgesetz vom 10. Juni 1794, das auch die Konventsmitglieder selbst bedrohte und die Kritiker Robespierres dem Revolutionstribunal auslieferte, ließ sich nicht mehr mit der äußeren Bedrohung rechtfertigen. Denn mit der Kampagne von 1794 begannen nun die großen militärischen **Erfolge der Revolutionstruppen**. Aus Angst vor der eigenen Verhaftung formierte sich deshalb im Konvent und in den Ausschüssen eine Opposition gegen Robespierre. Am 27. Juli, dem 9. Thermidor des Revolutionskalenders, wurde er verhaftet und am nächsten Tag mit 21 seiner engsten Anhänger guillotiniert.

M 1 Anonymes Flugblatt, das eine Bilanz des Terrors zieht, Ende 1794.
Robespierre guillotiniert den Henker. Zu seinen Füßen die Verfassungen von 1791 und 1793; auf der Grabespyramide steht die Aufschrift: „Hier ruht ganz Frankreich."

Hinweise zur Arbeit mit den Materialien

Das revolutionäre Geschehen in Frankreich wurde im benachbarten Ausland aufmerksam verfolgt. Die Flucht vieler Adliger, die immer schwierigere Lage Ludwigs XVI. und der damit einhergehende Ansehensverlust der Monarchie verstärkten die Spannungen zwischen Frankreich und dem Ausland. Die Quellen M2 und M3 veranschaulichen die **Reaktion des monarchischen Auslandes** auf das Revolutionsgeschehen, während M4–M7 die Positionen der Revolutionäre im Angesicht der kriegerischen Bedrohung der Nation darstellen.

Die Quellen M8–M12 beschäftigen sich mit dem Thema Abschaffung der Monarchie und mit den Argumenten für oder gegen eine **Verurteilung des Königs**. Ankläger und Verteidiger führen dabei auch einen Grundsatzstreit über den Charakter der Revolution.

Seit dem 22.9.1792 war Frankreich eine Republik. Die dafür vom Konvent ausgearbeitete **republikanische Verfassung** sollte dem politischen Vorzeichenwechsel Rechnung tragen. Die Quellen M13–M15 geben Auskunft über die Veränderungen der nie in Kraft getretenen Verfassung von 1793 (im Vergleich mit den Verfassungen von 1791 und 1795) sowie über das provisorische Herrschaftsmodell, in dessen Zentrum der Wohlfahrtsausschuss stand.

Das Jahr 1793/94 markiert den Wechsel zu einer **Radikalisierung der Revolution**: Der negative Kriegsverlauf, die wirtschaftliche Lage im Innern, Aufstände in den Provinzen und der politische Druck, den die Sansculotten ausübten, ebneten einer Diktatur des Wohlfahrtsausschusses den Weg. In den Quellen M16 und M17 wird die politische **Sprache des Terrors** formuliert, die in M18 nicht unwidersprochen bleibt. Die Strukturen und Instrumente des Terrors können anhand von M19 ff. untersucht werden.

Auf der *Themensonderseite 93 f.* wird die Veränderung der **Kleidung** in der Revolution behandelt. In der materiellen Kultur zeichnet sich das neue Denken ab.

Die *Weiterführenden Arbeitsanregungen* greifen in der Behandlung der Sansculotten die Entstehung neuer politisch-sozialer Milieus auf.

M 2 Aufruf „an Europens Fürsten über die französische Revolutionsseuche"

Aus Anlass der Wahl Leopolds II. von Österreich (1747–1792) zum deutschen Kaiser 1790 veröffentlichte der Kurmainzer Geheimrat Sigmund Freiherr von Bibra in seinem „Journal von und für Deutschland" diesen zuvor auf Französisch erschienenen Aufruf.

Aufruf an die Fürsten Europas gelegentlich der Kaiserwahl Leopolds II. in Frankfurt a. M. zu gemeinsamem Vorgehen gegen die Französische Revolution.

Im Jahre 1349 wütete durch Europa eine physische Pest und im Jahre 1789 erhob sich im Schoße des blühendsten Reiches dieses Weltteils eine moralische Pest, die alle anderen zu bedrohen scheint. [...]

Einige Mächte stellen sich an, als merkten sie die politische Erschütterung nicht, welche die Vernichtung der französischen Monarchie im System von Europa erzeugen muss, nähren noch Eifersucht und Neid, und indem sie sich bemühen, die Kräfte ihrer Nachbarn zu schwächen, veranlassen sie selbst in dem Schoße ihrer eignen Staaten oder bei ihren Verbündeten den Anfang der Unruhen, davon das Beispiel für sie selbst gefahrvoll und furchtbar sein muss. [...]

Aber was bedarf es eines weitläufigen Besinnens! Es gibt nur ein einziges untrügliches Mittel gegen die Wirkungen des ansteckenden Systems, das sich in Europa verbreitet. Dies Mittel ist eine mächtige allgemeine Verbindung. Man muss einen Augenblick lang die einzelnen Zänkereien, Hass und Eifersucht beiseite setzen, um nur an das gemeinschaftliche Wohl zu denken. [...] Fürsten! Die Sache der französischen Monarchie ist jene der Könige. Die Gesandten der mehresten unter euch haben gleich bei ihrem Einzuge zu Frankfurt die wahrlich nicht zweifelhaften Worte gehört: Das sind die letzten Seufzer der sterbenden Aristokratie.

Spione durchschleichen haufenweise eure Staaten und streuen da ihre Lehre aus. Freiheit, Gleichheit, das sind die Talismane der

Schurken, das ist der Vereinigungspunkt der Betrüger und Betrogenen, Klassen, die unglücklicherweise die große Majorität des Menschengeschlechts ausmachen. Rettet sie von ihrem eignen Irrtum, zeigt euch würdig, Menschen zu regieren; erwartet nicht mit einer ängstlichen Behutsamkeit, die eure Schwäche verrät, bis man die Grundfesten eurer Gewalt untergraben hat! Kommet der Gefahr zuvor und lernet, entweder sie mit einem edeln Trotze zurückzutreiben oder als Märtyrer einer so schönen Sache, wenn es sein muss, zu sterben! […]

Fürsten! leset die Jahrbücher der französischen Monarchie, ihr werdet da zwei Königsstämme sehen, die ihrer Krone durch Indolenz und Schwäche derer, die sie trugen, beraubt worden. Einer der besten und edelgesinntesten Monarchen ist jetzt entthronet, und warum? Darum, weil er die strengen Mittel verworfen hatte, weil er nicht gleich von Anfang an berechnet hatte, dass Güte für die Bösen Härte für die Guten sei, weil er nicht bemerkt hatte, dass es Gelegenheiten gibt, wo die Strenge zur Huld wird. Wenn nach dieser schrecklichen Erfahrung ihr noch schlummert, so höret eine fürchterliche Wahrheit und verachtet sie nicht; wenige werden sich getrauen, sie euch zu sagen: Ihr verdienet das Los, das eurer wartet.

Joseph Hansen, Quellen zur Geschichte des Rheinlandes im Zeitalter der Französischen Revolution, Bd. 1. S. 682 ff., in: Hagen Schulze, Ina U. Paul (Hrsg.): Europäische Geschichte, München (bsv) 1994, S. 537 f.

M 3 Manifest des Herzogs von Braunschweig

Der Herzog von Braunschweig war Oberbefehlshaber der preußischen und österreichischen Truppen. Aus seinem Koblenzer Hauptquartier ergingen am 25. Juli 1792 Forderungen an die französischen Revolutionäre. Das Manifest wurde von der Königin angeregt und von französischen Emigranten mitverfasst.

Überzeugt davon, dass der gesunde Teil des französischen Volkes die Ausschweifungen der herrschenden Partei verabscheut und der größere Teil der Bewohner mit Ungeduld den Augenblick erwartet, um sich offen gegen die verhassten Maßregeln seiner Unterdrücker zu erklären, fordern Seine Majestät der Kaiser und Seine Majestät der König von Preußen sie auf und laden sie ein, ohne Verzug zur Vernunft, zur Gerechtigkeit, zur Ordnung und zum Frieden zurückzukehren.[…]

[Ihre kaiserlichen und königlichen Majestäten] erklären, dass, wenn das Schloss der Tuilerien gestürmt oder verletzt, die geringste Gewalttätigkeit verübt oder sogar Ihren Majestäten, dem König, der Königin und der kgl. Familie, die mindeste Beleidigung zugefügt werden sollte, dass, wenn nicht augenblicklich für Ihre Sicherheit, Erhaltung und Freiheit Sorge getragen würde, Ihre oben gedachten Kaiserlichen und Königlichen Majestäten dafür eine exemplarische, in ewigem Angedenken bleibende Rache nehmen, die Stadt Paris [der] gänzlichen Zerstörung preisgeben und die rebellischen, dieser Attentate schuldigen Verbrecher den verdienten Strafen überliefern werden.

Archives Parlementaires, XLVII, S. 372, zitiert nach: Walter Grab, Die Französische Revolution, München (Nymphenburger) 1973, S. 108 ff.

M 4 Die Kriegsdebatte in Frankreich

4a) Der Krieg als nationale Notwendigkeit. Aus einer Rede Jacques Brissots im Jakobinerklub, 16. Dezember 1791.

Die Kraft der Überlegung und der Tatsachen hat mich davon überzeugt, dass ein Volk, das nach Jahrhunderten der Skaverei die Freiheit errungen hat, des Krieges bedarf. Es braucht den Krieg, um die Freiheit zu befestigen; es braucht ihn, um die Freiheit von den Lastern des Despotismus zu säubern; es braucht ihn, um aus seinem Schoß die Männer zu entfernen, die sie verderben könnten. Segnet den Himmel, dass er selber dafür gesorgt und euch die Gelegenheit gegeben hat, die Verfassung zu befestigen. […]

Seit zwei Jahren hat Frankreich alle gütlichen Mittel erschöpft, um die Rebellen[1] in seinen Schoß zurückzuführen; alle Versuche, alle Aufforderungen sind fruchtlos gewesen, sie beharren auf ihrem Aufruhr; die fremden Fürsten bestehen auf ihre Unterstützung; kann man zögern, sie anzugreifen? Unsere Ehre, unser öffentliches Ansehen, die Notwendigkeit, unsere Revolution mit sittlichem Schwung zu erfüllen und sie zu festigen, das alles fordert uns dazu auf; wäre Frankreich nicht entehrt, wenn es nach Abschluss seiner Verfassung eine Hand voll Verschwörer duldete, die seiner Regierung Hohn sprechen?

Histoire parlementaire XII, S. 410f., zitiert nach: Walter Markov, Revolution im Zeugenstand, Bd. 2, Frankfurt a. M. (Fischer) 1987, S. 138ff.

4b) Robespierre antwortet Brissot in einer Rede gegen den Krieg, 2. Januar 1792

Sollen wir Krieg führen oder Frieden schließen? Sollen wir unsere Feinde angreifen oder sie in unsern Wohnungen erwarten? Ich glaube, dass dieser Ausdruck die Frage nicht unter allen ihren Beziehungen und in ihrer ganzen Ausdehnung darstellt. Welche Partei müssen die Nation und ihre Vertreter ergreifen, in den Verhältnissen, in denen wir uns befinden, in Rücksicht auf unsere inneren und äußeren Feinde? Das ist der wahre Gesichtspunkt, unter dem man sie betrachten muss, wenn man sie ganz begreifen und mit der ganzen Genauigkeit verhandeln will, die sie erfordert.

[…] Gewiss, ich liebe ebenso sehr wie Herr Brissot einen Krieg, der unternommen wird, um die Herrschaft der Freiheit auszubreiten, und ich würde mich auch dem Vergnügen hingeben können, zum Voraus alle möglichen Wunder davon zu erzählen. […]

Aber in der Lage, in der ich mein Vaterland sehe, werfe ich einen unruhigen Blick um mich und frage mich, ob der Krieg, den man führen wird, der sein wird, den uns die Begeisterung verheißt; ich frage mich, wer ihn vorschlägt, wie, in welchen Umständen und warum? […]

Sie [Brissot] haben selbst zugegeben, dass der Krieg den Emigranten gefiele, dass er dem Ministerium gefiele, den Ränkeschmieden des Hofes. […]

Die verrückteste Idee, die in dem Kopfe eines Politikers entstehen kann, ist die, zu glauben, dass es für ein Volk genüge, mit bewaffneter Hand bei einem fremden Volke einzubrechen, um es zu zwingen, seine Gesetze und seine Verfassung anzunehmen. Niemand liebt die bewaffneten Missionare; der erste Rat, den die Natur und die Klugheit geben, ist der, sie als Feinde zurückzuschlagen. Ich habe gesagt, dass eine solche Invasion die Idee einer Eroberung der Pfalz[2] und die Erinnerung an die letzten Kriege leichter erwecken als konstitutionelle Ideen hervorsprießen lassen würde, weil die Masse des Volkes in diesen Gegenden besser diese Tatsachen kennt als unsere Verfassung. […] Bevor die Wirkungen unserer Revolution sich bei den auswärtigen Völkern fühlbar machen können, muss sie zuerst befestigt sein. Ihnen die Freiheit geben wollen, bevor wir selbst sie erobert haben, heißt nur unsere Sklaverei und zugleich die der ganzen Welt befestigen.

Robespierre, Œuvres, Paris (Alcan) 1954, VIII, S. 74f., nach: Fischer, Peter (Hrsg.), Reden der französischen Revolution, München (dtv) 1974, S. 146f.

1 Brissot meint die bereits 1791 schon mehr als 40 000 emigrierten Adligen, die in Mainz, Koblenz und Trier die Gegenrevolution organisierten.
2 Im Pfälzischen Erbfolgekrieg (1688–1697), in dem Frankreich erbrechtliche Ansprüche auf die Pfalz geltend machte, wurde das rechtsrheinische Gebiet bis hinunter nach Südbaden schwer verwüstet.

1 Sammeln Sie Argumente für und gegen den Krieg und klären Sie die Auswirkungen auf den Revolutionsverlauf.

M5 Auszug aus der Zeitung „Chronique de Paris" vom 20.8.1792

Man hört, dass gegenwärtig in allen Theatern das Lied „Allons enfants de la Patrie" verlangt wird. Die Worte sind von Monsieur Rouget, Kapitän beim Ingenieurkorps in der Garnison Hüningen. Die Melodie […] ist zugleich ergreifend und kriegerisch. Die Verbündeten haben es von Marseille, wo es sehr in Mode war, mitgebracht. Sie singen es sehr wirkungsvoll, und die Stelle, wo sie ihre Hüte und Säbel schwingen und im Chor rufen: „Aux armes, Citoyens!", lässt einen wirklich erschauern. Sie haben das Lied in allen Dörfern gesungen, durch die sie gezogen sind, und auf diese Weise haben die neuen Barden vaterländische und kriegerische Gefühle entfacht. Oft wird das Lied im Palais-Royal, manchmal auch in den Theatern zwischen den beiden Stücken gesungen.

Georges Pernoud und Sabine Flaissir, Die Franz. Rev. in Augenzeugenberichten, München (dtv) 1976.

M 6 Marseillaise

M 7 Aus der „Marseillaise" von Rouget de Lisle. *Das Lied wurde später die französische Nationalhymne.*

Allons enfants de la Patrie,
Le jour de gloire est arrivé!
Contre nous de la tyrannie,
L'étendard sanglant est levé, (bis)
5 Entendez-vous dans les campagnes
Mugir ces féroces soldats?
Ils viennent jusque dans vos bras
Egorger vos fils et vos compagnes!

Refrain: Aux armes, citoyens,
Formez vos bataillons,
Marchons, marchons!
Qu'un sang impur
Abreuve nos sillons!

2 Verfassen Sie einen Lagebericht zum Stand der Revolution im Sommer 1792.
3 🚶 Übersetzen und vergleichen Sie M7 mit veröffentlichten Übersetzungen.
4 Zeigen Sie, mit welchen Metaphern die Marseillaise arbeitet, und erklären Sie, woraus das neue Bewusstsein des Citoyens entspringt.

M 8 „Das Volk will es"

Kommentar Brissots hinsichtlich der Abschaffung des Königtums am 21.9.1792 durch den Nationalkonvent im „Le Patriote français" vom 22.9.1792.

Wer hätte das gedacht vor einem halben Jahr, als eine verderbte Partei das Volk noch unter dem Joch eines Tyrannen festhielt! Selbst bei den Jakobinern war damals das Wort Republik geächtet. Doch wir müssen diese traurige Zeit vergessen. Das Königtum ist jetzt abschafft und Frankreich ist und bleibt eine Republik, das Volk will es, und man muss es zu seinem Ruhme sagen, es wollte es seit dem letzten Jahr. Unter ihm fand der Republikanismus seine eifrigsten Anhänger. Und warum? Weil das Volk am meisten Ehrlichkeit, am meisten guten Sinn, am wenigsten Vorurteile und weniger Eigensucht hat als die anderen Klassen. Das Volk sah einen König in der Nähe, es sah ihn im Schmutz, verächtlich und verachtet, und sein eigener Vorteil sagte ihm, dass ein so verächtliches Wesen für eine Regierung weder nützlich noch nötig sein kann und dass fortan ein Erbkönig nur entweder ein Schwächling oder ein Narr oder ein Tyrann sein könnte, dass das Erbkönigtum also notwendigerweise an und für sich ein Unsinn ist, dass man also einen Erbkönig nicht behalten kann, nicht behalten darf. Das Volk sagte sich: Entweder tut ein solcher König etwas oder er tut nichts. Tut er etwas, so ist es etwas Schlechtes und er ist schädlich; tut er nichts, so ist er unnütz; in jedem Fall muss man ihn beseitigen. Was das Volk dachte, das hat der Konvent getan. [...]

Aus: Irmgard und Paul Hartig, Die Französische Revolution, Stuttgart (Klett) 1988, S. 77 f.

M 9 Maximilien de Robespierre: „Ludwig muss sterben!"

Hier ist kein Prozess zu führen. Ludwig ist kein Angeklagter, ihr seid keine Richter. Ihr seid nur Staatsmänner und Vertreter der Nation und könntet nichts anderes sein. Ihr habt kein Gerichtsurteil für oder gegen einen Menschen zu fällen, sondern eine Maßnahme der öffentlichen Wohlfahrt zu treffen, einen Akt nationaler Vorsehung zu vollziehen. Was schreibt eine gesunde Politik vor, um die werdende Republik zu kitten? Den Herzen einen tiefen Abscheu vor dem Königtum einzuflößen und alle Anhänger des Königs in Betäubung zu versetzen! Wohlan, wenn man stattdessen der Welt sein Verbrechen wie eine Streitfrage, seine Sache als einen Gegenstand der feierlichsten, ernstesten, schwierigsten Verhandlung darstellt, die die Vertreter des französischen Volkes beschäftigen kann und zwischen die Erinnerung an das, was er war, und die Würde eines Bürgers eine unendliche Entfernung legt, dann hat man gerade das Zaubermittel gefunden, um ihn der Freiheit noch gefährlicher zu machen. Ludwig war König, und die Republik ist begründet worden. Die berühmte Frage, die euch beschäftigt, ist entschieden durch die beiden Worte: Ludwig ist entthront durch seine Verbrechen; Ludwig klagte das französische Volk als Rebellen an; um es zu züchtigen, hat er die Waffen der Tyrannen, seiner Mitbrüder, herbeigerufen. Der Sieg und das Volk haben entschieden, dass er der Rebell war. Der König kann also nicht gerichtet werden, denn er ist schon verurteilt. [...] Wenn Ludwig tatsächlich noch Gegenstand eines Prozesses sein kann, so kann er auch freigesprochen werden, er kann unschuldig sein; was sage ich? Er wird als unschuldig angenommen, bis er gerichtet ist. Wenn aber Ludwig als unschuldig angenommen werden kann, was wird dann aus der Revolution? Ist sie dann nicht noch in Ungewissheit und Zweifel? Wenn Ludwig unschuldig ist, werden alle Verteidiger der Freiheit zu Verleumdern und die Rebellen waren die Freunde der Wahrheit und die Verteidiger der unterdrückten Unschuld; alle Manifeste der fremden Höfe sind nur gerechte Beschwerden gegen die Gewaltherrschaft einer Partei; die Haft sogar, die Ludwig bisher erlitten hat, ist eine ungerechte Quälerei, das Volk von Paris, alle Patrioten des französischen Reiches sind strafbar, und der große Prozess, der vor dem Gerichtshof der Natur anhängig ist zwischen Verbrechen und Tugend, Freiheit und Tyrannei ist endlich entschieden zu Gunsten des Verbrechens und der Tyrannei. [...] Was mich angeht, so verabscheue ich die Todesstrafe und für

Ludwig habe ich weder Hass noch Liebe; nur seine Missetaten hasse ich. [...] Aber ein entthronter König im Schoße einer Revolution, die noch weit davon entfernt ist, durch gerechte Gesetze verankert zu sein, ein König, dessen Name allein schon die Geißel des Krieges auf die erregte Nation herabbeschwört: dessen Dasein kann weder durch Haft noch Verbannung für das öffentliche Wohl gleichgültig werden. Mit Schmerz spreche ich die verhängnisvolle Wahrheit aus: Es ist besser, dass Ludwig stirbt, als dass 100 000 tugendhafte Bürger umkommen: Ludwig muss sterben, weil das Vaterland leben muss.

Rede Robespierres im Nationalkonvent am 3. Dezember 1792, Histoire parlementaire XXI, S. 162/163, aus: Irmgard und Paul Hartig, Die Französische Revolution, Stuttgart (Klett) 1988, S. 81 f.

M 10 Romain de Sèze[1] verteidigt den König am 26. Dezember 1792

Ohne Zweifel kann die Nation heute erklären, dass sie kein monarchisches Regiment mehr will, weil dieses ohne Unverletzlichkeit seines Hauptes nicht bestehen kann; sie kann wegen ebendieser Unverletzlichkeit auf diese Verfassungsart verzichten; aber sie kann sie nicht auslöschen für die ganze Zeit, in der Ludwig den verfassungsmäßigen Thron eingenommen hat. Ludwig war unverletzlich, solange er König war; die Abschaffung des Königtums kann an seiner Rechtslage nichts ändern. Das Einzige, was daraus gefolgert werden kann, ist, dass man ihm die Strafe der bereits vorgenommenen Abdankung nicht mehr zuerkennen kann, aber hieraus allein geht schon hervor, dass man ihm eine andere nicht mehr zufügen kann. So kommen wir zu dem Schluss, dass, wo es kein anwendbares Gesetz gibt, auch kein Richten stattfinden kann und dass, wo kein Richten stattfindet, auch keine Verurteilung möglich ist. Ich spreche von Verurteilung! Aber nehmt euch in Acht; nehmt ihr Ludwig die Unverletzlichkeit des Königs, so seid ihr ihm wenigstens die Rechte des Bürgers schuldig; denn ihr könnt nicht bewirken, dass Ludwig aufhört, König zu sein, wenn ihr erklärt, ihn richten zu wollen, und dass er wieder König wird in dem Augenblick, da ihr das Urteil sprecht. Wollt ihr nun aber Ludwig als König richten, dann frage ich euch: Wo sind die schützenden Formen, die jeder Bürger kraft unveräußerlichen Rechtes verlangen kann? Ich frage euch: Wo ist jene Teilung der Gewalten, ohne die weder Verfassung noch Freiheit möglich ist? Ich frage euch: Wo sind die Geschworenen für Anklage und Urteil, die den Bürgern durch das Gesetz als Geiseln zum Schutz ihrer Sicherheit und Unschuld gegeben sind? [...] Mit einem Wort, ich frage euch: Wo sind alle jene strengen Vorkehrungen, die das Gesetz bestimmt hat, damit der Bürger, selbst wenn er schuldig ist, nur durch das Gesetz getroffen wird? Bürger, ich spreche mit der Offenheit eines freien Mannes: ich spähe unter euch nach Richtern und bekomme nur Ankläger zu Gesicht. Ihr wollt richten über Ludwig und habt euer Urteil schon ausgesprochen!

Histoire parlementaire XXII, S. 17–19, aus: Irmgard und Paul Hartig, Die Französische Revolution, Stuttgart (Klett) 1988, S. 83 f.

1 1748–1828, ein Rechtsanwalt aus Bordeaux, der die Verteidigung des Königs übernahm.

M 11 Der Nationalkonvent beschließt die Todesstrafe für Ludwig Capet[1]

1. Der Nationalkonvent erklärt Ludwig Capet, letzten König der Franzosen, der Verschwörung gegen die Freiheit der Nation und der Verletzung der öffentlichen Sicherheit des Staates für schuldig.

2. Der Nationalkonvent bestimmt, dass Ludwig Capet die Todesstrafe erleiden soll.

3. Der Nationalkonvent erklärt den durch seine Sachwalter vor die Schranken des Konvents gebrachten Antrag Ludwig Capets, das Volk über das Urteil des Konvents zu befragen, für nichtig. Er verbietet jedermann, ihm irgendwie Folge zu leisten. Zuwiderhandelnde werden als der Verletzung der allgemeinen Sicherheit der Republik schuldig zur Verantwortung gezogen.

4. Der vorläufige Exekutivrat wird diesen Erlass dem Ludwig Capet noch am heutigen Tage bekannt machen, wird die nötigen Polizei- und Sicherheitsmaßregeln treffen, um die Ausführung des Beschlusses innerhalb

von vierundzwanzig Stunden, von der Stunde der Bekanntmachung an gerechnet, zu bewirken, und vor allem dem Nationalkonvent sogleich von der Hinrichtung Bericht erstatten.

Beschlüsse des Nationalkonvents vom 15., 16., 17., 19. und 20. Januar 1793, in: Walter Friedrich, Aus der Französischen Revolution, Leipzig 1908, S. 188.

1 Das war der bürgerliche Name, den man dem abgesetzten König gegeben hatte, in Erinnerung an das französische Königsgeschlecht der Kapetinger (987–1328), mit dem die Bourbonen in einer Seitenlinie verwandt waren.

5 Erheben Sie aus den Quellen M8–M11 die argumentative und rechtliche Grundlage für die Verurteilung von Ludwig XVI.
6 Suchen Sie nach Möglichkeiten, wie der König seinen Kopf hätte retten können.
7 Beurteilen Sie die Auswirkungen der Hinrichtung auf das übrige Europa.
8 Stellen Sie dar, welche Interpretation der Künstler der Hinrichtung des Königs in M12 unterlegt.

M 13 Die Verfassung der französischen Republik vom 24. Juni 1793

Erklärung der Menschen- und Bürgerrechte
 Art. 1. Das Ziel der Gesellschaft ist das allgemeine Glück. Die Regierung ist eingesetzt, um dem Menschen den Genuss seiner natürlichen und unveräußerlichen Rechte zu verbürgen.
 Art. 2. Diese Rechte sind Gleichheit, Freiheit, Sicherheit, Eigentum.
 Art. 3. Alle Menschen sind von Natur und vor dem Gesetz gleich. […]
 Art. 21. Die öffentliche Unterstützung ist eine heilige Schuld. Die Gesellschaft schuldet ihren unglücklichen Mitbürgern den Unterhalt, indem sie ihnen entweder Arbeit verschafft oder denen, die außer Stande sind zu arbeiten, die Mittel für ihr Dasein sichert.
 Art. 22. Der Unterricht ist für alle ein Bedürfnis. Die Gesellschaft soll mit aller Macht die Fortschritte der öffentlichen Aufklärung fördern und den Unterricht allen Bürgern zugänglich machen. […]

M 12 Der König verabschiedet sich von seiner Familie, Ausschnitt aus dem Gemälde von Charles Benazech, 1793

Art. 25. Die Souveränität ruht im Volk; sie ist einheitlich und unteilbar, unverjährbar und unveräußerlich. […]

Art. 27. Jedes Individuum, das die Souveränität sich anmaßen will, soll sogleich durch die freien Männer zum Tode verurteilt werden. […]

Art. 35. Wenn die Regierung die Rechte des Volkes verletzt, ist für das Volk und jeden Teil des Volkes der Aufstand das heiligste seiner Rechte und die unerlässlichste seiner Pflichten.

Verfassungsurkunde
Von der Republik

Art. 1. Die französische Republik ist einheitlich und unteilbar. […]

Von der Volkssouveränität

Art. 7. Das souveräne Volk ist die Gesamtheit der französischen Bürger.

Art. 8. Es wählt unmittelbar seine Abgeordneten.

Art. 9. Es überträgt den Wahlmännern die Wahl der Präfekten, der Schiedsrichter, der Strafrichter und der Richter der Kassationshöfe.

Art. 10. Es beschließt über die Gesetze. […]

Von der Nationalrepräsentation

Art. 21. Die Bevölkerungszahl ist die einzige Grundlage der Nationalrepräsentation.

Art. 22. Auf 40 000 Personen entfällt ein Abgeordneter. […]

Art. 28. Jeder Franzose, der die Bürgerrechte ausübt, ist im ganzen Bereich der Republik wählbar. […]

Art. 32. Das französische Volk versammelt sich jährlich am 1. Mai zur Wahl. […]

Von der gesetzgebenden Körperschaft

Art. 43: Die Abgeordneten können zu keiner Zeit wegen der Ansichten, die sie innerhalb der gesetzgebenden Körperschaft geäußert haben, verfolgt, angeklagt oder verurteilt werden. […]

Art. 101: Kein Bürger ist von der ehrenvollen Verpflichtung entbunden, seinen Beitrag zu den öffentlichen Abgaben zu leisten. […]

Art. 107: Die allgemeine Streitkraft der Republik besteht aus dem ganzen Volke. […]

Art. 109: Alle Franzosen sind Soldaten. Sie werden alle im Gebrauch von Waffen ausgebildet. […]

Art. 118: Das französische Volk ist der Freund und der natürliche Bundesgenosse der freien Völker.

Art. 119: Es mischt sich nicht in die Regierungsangelegenheiten anderer Nationen ein; es duldet nicht, dass die anderen Nationen sich in die seinen einmischen.

Art. 120: Es gewährt Ausländern, die um der Sache der Freiheit willen aus ihrem

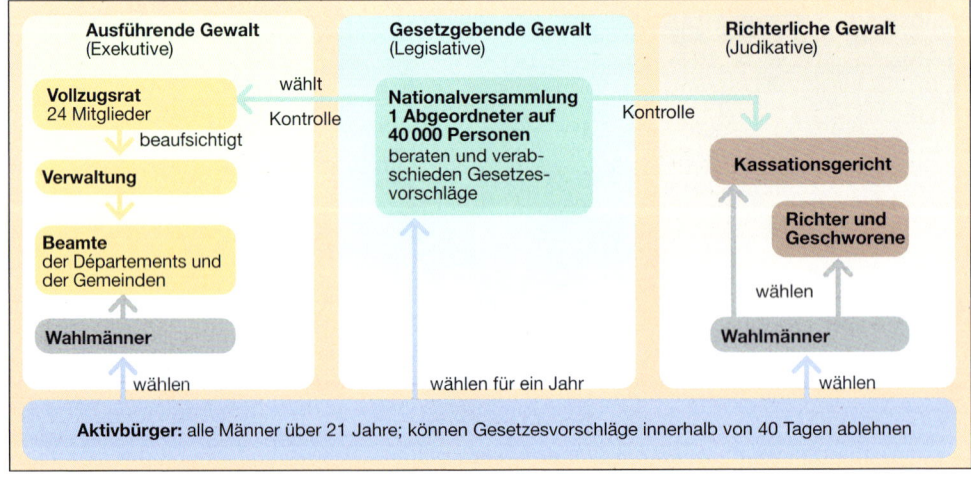

M 14 Die französische Verfassung vom 24. Juni 1793

M 15 Schema des provisorischen Herrschaftssystems der Revolutionsregierung 1793/94

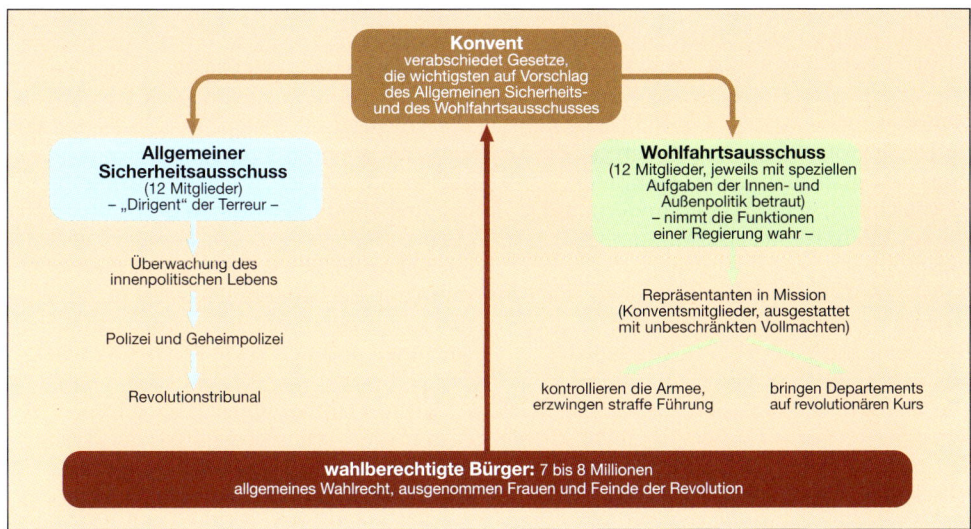

Phase 3: Gleichheit oder Despotismus?

Vaterland verbannt wurden, Zuflucht; es verweigert aber Zuflucht den Tyrannen.

Art. 121: Es schließt keinen Frieden mit einem Feind, der sein Gebiet besetzt hält.

Art. 122: Die Verfassung verbürgt allen Franzosen die Gleichheit, die Freiheit, die Sicherheit, das Eigentum, die Staatsschulden, die freie Ausübung des Gottesdienstes, einen allgemeinen Unterricht, öffentliche Unterstützung, unbeschränkte Pressefreiheit, das Petitionsrecht, Versammlungs- und Vereinsfreiheit, den Genuss aller Menschenrechte.

Günther Franz (Hrsg.), Staatsverfassungen. Eine Sammlung wichtiger Verfassungen der Vergangenheit und Gegenwart in Urtext und Übersetzung, München (WBG) ²1964, S. 373 ff.

9 Erläutern Sie die Prinzipien des Staatsaufbaus von 1793 (M14).

10 Welche gesellschaftlichen Interessen spiegeln sich in den Verfassungen von 1791 (Kap. 4, M14) und 1793 (M14)?

11 Die Verfassung von 1793 trat nie in Kraft: Vergleichen Sie die Verfassung von 1791 (Kap. 4, M14) und das Schema M15 unter dem Aspekt Gewaltenteilung.

12 Beurteilen Sie, ob die innen- und außenpolitische Krisenlage 1792/93 einen solchen Wandel der Verfassung wirklich rechtfertigt.

M 16 Terror als revolutionäres Instrument

Aus der Petition der Sektion „Guillaume Tell" an den Konvent, 12. November 1793:

Volksvertreter! Ihr habt ein furchtbares Exempel[1] statuiert, das dazu angetan ist, die Welt in Erstaunen zu setzen und den großen Schuldigen Entsetzen einzuflößen. Die Sektion „Guillaume Tell" beglückwünscht euch dazu. Sie wird euch noch mehr Achtung zollen, wenn ihr ständig darauf bedacht bleibt, Entsetzen und Terror zu verbreiten, diese beiden mächtigsten Werkzeuge der Revolutionäre. […] Abgeordnete! Der Tod einer Hand voll Verschwörer kann nicht alle Fäden des abscheulichsten Komplotts zerreißen, das jemals in ein menschliches Herz Eingang gefunden hat; es bedarf eines Blutbades unter den Verrätern, um alle Wunden zu heilen, die dem Vaterland von seinen entarteten Kindern zugefügt worden sind. […] Es gibt noch mehr nicht weniger gefährliche Feinde; es sind die verdammten Bürger im öffentlichen Dienst; verschont also, Gesetzgeber, diese Blutsauger des Vaterlandes nicht; lasst genaue Nachforschungen über ihre unglaublichen Reichtümer anstellen, die immer wieder dem Elend des Vaterlandes Hohn sprechen; und gebt nicht eher Ruhe, bis unsere Feinde im Innern, die gemeinsten von allen, den verdienten Tod gefunden haben.

Volksvertreter, die Zeit der Gnade ist vorbei. Lasst das rächende Schwert auf alle schuldigen Köpfe niedersausen, verschont keinen Verbrecher: Ein großes Volk erwartet von euch große Maßnahmen. Vergesst niemals das erhabene Wort des Propheten Marat: Opfert, sagte er, zweihunderttausend Köpfe und ihr werdet eine Million Köpfe retten.

Volksvertreter, ihr habt für jede Dekade[2] einen Ruhetag dekretiert: Denkt daran, dass die Feinde keinen Ruhetag kennen. Jeder von uns sei ein Überwachungsausschuss! Die 48 Sektionen der größten Commune der Republik werden euch niemals im Stich lassen, sie werden mit euch siegen oder untergehen, das ist ihr Wille.

Zit. nach: Walter Markov/Albert Soboul (Hrsg.), Die Sansculotten von Paris, Berlin (Akademie-Verlag) 1957, S. 217 ff.

1 Am 16. Oktober wurde die Königin Marie Antoinette, am 31. Oktober 1793 wurden 21 Girondeführer hingerichtet.
2 Die Revolutionäre führten eine Kalenderreform durch, die die Woche durch den zehntägigen Dekadenrhythmus ersetzte.

M 17 Manifest der Enragés

Die „Enragés" – eine aktive Gruppe von Sansculotten, die sich für die Interessen des armen Stadtvolkes einsetzten – kritisierten die republikanische Verfassung vom Juni 1793. Jacques Roux (1752–1794) verlas am 25. Juni 1793 das „Manifest der Enragés" vor dem Konvent (Auszug):

Abgeordnete des französischen Volkes! Hundertmal wurden in diesem hohen Haus die Verbrechen der Eigennützigen und Gauner laut; immer wieder habt ihr uns versprochen, den Blutsaugern des Volkes das Handwerk zu legen. Nun wird das Verfassungswerk dem Souverän zur Bestätigung übergeben. Habt ihr darin das Spekulantentum geächtet? Nein. Habt ihr die Todesstrafe für Schieber ausgesprochen? Nein. […] Nun, so erklären wir euch, habt ihr für das Glück des Volkes nicht genug getan.

Die Freiheit ist ein leerer Wahn, solange eine Menschenklasse die andere ungestraft aushungern kann. Die Gleichheit ist ein leerer Wahn, solange der Reiche mit dem Monopol das Recht über Leben und Tod seiner Mitmenschen ausübt. Die Republik ist ein leerer Wahn, solange Tag für Tag die Konterrevolution am Werk ist mit Warenpreisen, die drei Viertel der Bürger nur unter Tränen aufbringen können. Indessen muss man dem halsabschneiderischen Geschäftemachen Einhalt gebieten und es vom Handel genau abgrenzen. Nur wenn ihr Lebensmittel für die Sansculotten erschwinglich macht, werdet ihr sie für die Revolution gewinnen und sie um die Verfassung scharen. […]

Seit vier Jahren ziehen allein die Reichen Nutzen aus der Revolution. Die Handelsaristokratie, schlimmer als die adlige und geistliche Aristokratie, hat sich ein grausames Spiel daraus gemacht, die Privatvermögen und die Schätze der Republik an sich zu reißen. […] Bürger Volksvertreter, es ist an der Zeit, dass der Kampf auf Leben und Tod, den der Egoist der arbeitsamsten Klasse der Gesellschaft liefert, beendigt wird. Erklärt euch gegen die Spekulanten und Schieber. Entweder gehorchen sie euren Dekreten oder sie gehorchen nicht. Im ersten Fall habt ihr das Vaterland gerettet und im anderen Falle auch, denn dann sind wir im Stande, die Blutsauger des Volkes zu erkennen und zu schlagen.

Zit. nach: Walter Markov u. a. (Hrsg.). Die Französische Revolution. Bilder und Berichte 1789–1799, Berlin (Propyläen) 1989, S. 236 ff.

M 18 Aus einem Artikel von Camille Desmoulins (1760–1794) im „Vieux Cordelier", 24. Dezember 1793

Nein, die Freiheit, die ich anbete, ist nicht der unbekannte Gott. Wir kämpfen, um die Güter zu verteidigen, die sie auf der Stelle allen gewährt, die sie anrufen. Solche Güter sind die Erklärung der Menschenrechte, die sanfte Regel der republikanischen Grundsätze, die Brüderlichkeit, die heilige Gleichheit, die unverbrüchliche Prinzipientreue. Das sind die Spuren der Schritte der Göttin, daran erkenne ich die Völker, bei denen sie Wohnung genommen hat.

An welchen anderen Zeichen soll ich denn diese göttliche Freiheit erkennen? Ist die Freiheit etwa nur ein leeres Wort? Ist sie nur eine Operndarstellerin, [...] die man mit einer roten Mütze herumträgt [...]? Wenn ihr unter Freiheit nicht wie ich Grundsätze, sondern einen behauenen Steinbrocken versteht, hat es wohl noch nie einen geistloseren Götzendienst gegeben als derzeit bei uns.

Ach, meine lieben Mitbürger, ist es denn schon so weit mit uns gekommen, dass wir vor solchen Götterbildern im Staube liegen? Nein, die Freiheit, die vom Himmel herabgestiegene Freiheit, ist keine Opernnymphe, ist keine rote Mütze, kein schmutziges Hemd oder Lumpengewand. Die Freiheit ist das Glück, ist die Vernunft, ist die Gleichheit, ist die Gerechtigkeit, die Erklärung der Rechte, ist eure herrliche Verfassung! Soll ich sie anerkennen, soll ich ihr zu Füßen fallen, soll ich mein Blut für sie verströmen? Dann öffnet vorher die Zuchthäuser für die zweihunderttausend Bürger, die ihr Verdächtige nennt, denn in der Erklärung der Rechte ist nirgends die Rede von Verdachtshäusern. Für den Verdacht sind nicht die Gefängnisse, sondern der Staatsanwalt da. Es gibt keine Verdächtigen, sondern nur Beschuldigte, denen vom Gesetz vorgesehene Strafen angedroht werden. Und glaubt nur nicht, eine solche Maßnahme würde das Ende der Republik bedeuten. Sie wäre die revolutionärste Tat, die ihr jemals vollbracht hättet. Ihr wollt alle eure Feinde mit der Guillotine austilgen. Hat man je einen größeren Aberwitz gesehen? Könnt ihr einen Einzigen auf dem Schafott umbringen, ohne euch unter seinen Verwandten oder Freunden zehn Feinde zu machen? [...]

Ich denke ganz anders als die, welche euch sagen, der Schrecken müsse auf der Tagesordnung bleiben. Ich bin im Gegenteil überzeugt, dass die Freiheit gefestigt und Europa besiegt würde, wenn ihr einen Vergebungsausschuss hättet. Ein solcher Ausschuss würde die Revolution vollenden, denn auch das Vergeben ist eine revolutionäre Maßnahme, die wirksamste überhaupt, wenn sie klug eingesetzt wird.

Zit. nach Ulrich Friedrich Müller (Hrsg.), Die Französische Revolution 1789–1799. Ein Lesebuch, München (Piper) 1938, S. 257 f.

13 Arbeiten Sie heraus, welche Gegner in M16 und M17 angegriffen werden.
14 Welche Vorstellungen zum weiteren Verlauf der Revolution werden dabei deutlich?
15 Analysieren Sie den Freiheitsbegriff in M17 und M18.
16 Stellen Sie die Ursachen der Radikalisierung der städtischen Unterschichten anhand der Quellen M16–M19 zusammen.
17 Erörtern Sie die Krisenbewältigungsstrategien der Revolutionsführung.

M 19 Verhör vor einem Revolutionsgericht, kolorierte Radierung, 1794

M 20 Das Volksaufgebot – (Levée en masse, 23. August 1793)

Der Nationalkonvent beschließt nach Anhörung des Berichtes seines Wohlfahrtsausschusses:
Artikel 1. Ab sofort bis zu dem Augenblick, in dem die Feinde vom Territorium der Republik verjagt sind, unterliegen alle Franzosen der ständigen Einberufung zum Heeresdienst.

Artikel 2. Die jungen Männer gehen an die Front, die verheirateten schmieden Waffen und übernehmen den Verpflegungstransport; die Frauen nähen Zelte, Uniformen und tun in den Hospitälern Dienst; die Kinder zupfen aus altem Leinenzeug Scharpie[1], die Greise lassen sich auf öffentliche Plätze tragen, um den Soldaten Mut und Hass gegen die Könige zu predigen und ihnen die Einheit der Republik einzuschärfen.

Die nationalen Gebäude werden in Kasernen, die öffentlichen Plätze zu Rüstungswerkstätten umgewandelt, die Kellerfußböden ausgelaugt, um Salpeter zu gewinnen.

Artikel 3. Alle Kaliberwaffen werden ausschließlich denen anvertraut, die gegen den Feind marschieren; im Heimatdienst werden Jagdgewehre und Handwaffen verwendet.

Artikel 4. Alle Reitpferde werden zur Vervollständigung der Kavalleriekorps, alle Zugpferde, mit Ausnahme der für die Landwirtschaft gebrauchten, zum Transport der Artillerie und der Verpflegung requiriert.

Artikel 5. Der Wohlfahrtsausschuss wird beauftragt, alle Maßnahmen zu ergreifen, um unverzüglich eine der Lage und Entschlossenheit des französischen Volkes angemessene verstärkte Fabrikation von Waffen aller Art aufzunehmen. Er wird demzufolge ermächtigt, alle zu diesem Zweck für erforderlich gehaltenen Betriebe, Werkstätten und Fabriken einzurichten sowie die zu ihrer erfolgreichen Produktion nötigen Techniker und Arbeiter überall in der Republik zu requirieren. Zu diesem Zweck wird dem Kriegsminister eine Summe von 30 Millionen zur Verfügung gestellt, auszahlbar von den 498 200 000 Livres in Assignaten, die sich als Rücklage in der dreifach gesicherten Kasse befinden. Das Zentralunternehmen der Waffenherstellung wird in Paris eingerichtet.

Artikel 6. Die zur Durchführung dieses Gesetzes ausgesandten Volksvertreter können, in Absprache mit dem Wohlfahrtsausschuss, in ihren Amtsbereichen das Gleiche anordnen; sie besitzen dieselben unbegrenzten Vollmachten wie die zu den Armeen entsandten Volksvertreter.

Artikel 7. Niemand kann sich bei dem Wehrdienst, zu dem er einberufen wird, von einem anderen vertreten lassen. Alle Staatsbeamten bleiben auf ihrem Posten. [...]

Artikel 11. Das in jedem Distrikt aufgestellte Bataillon sammelt sich unter einem Banner mit folgender Aufschrift: Das französische Volk erhebt sich gegen die Tyrannen. [...]

Artikel 14. Die Grundbesitzer, Landwirte und alle, die über Getreidevorräte verfügen, werden hiermit aufgefordert, die rückständige Steuer, einschließlich der für die beiden ersten Drittel des Jahres 1793 zu entrichtenden, unter Zugrundelegung der für die letzte Steuererhebung geltenden Listen in Naturalien zu bezahlen.

1 *Scharpie: in Fasern zerpflücktes Leinen, das in Wunden gelegt wird.*

18 Skizzieren Sie die wichtigsten Maßnahmen der allgemeinen Mobilmachung.
19 Recherchieren Sie, wie im übrigen Europa die Landesverteidigung organisiert war.

M 21 Die Schreckensherrschaft

21 a) Gesetz über die „Verdächtigen" vom 17. September 1793
Art. 1. Sofort nach Verkündung des vorliegenden Dekrets werden alle verdächtigen Personen, die sich auf dem Territorium der Republik aufhalten und noch in Freiheit befinden, in Haft genommen.

Art. 2: Als verdächtige Personen gelten:
1. alle, die sich durch ihr Verhalten oder ihre Beziehungen oder durch ihre mündlich oder schriftlich geäußerten Ansichten als Parteigänger der Tyrannen, des Föderalismus und Feinde der Freiheit zu erkennen gegeben haben; [...]
3. alle, denen das Bürgerzeugnis[1] verweigert worden ist;

21 b) Guillotine, Modell, 20. Jh.
Die Guillotine wurde 1792 auf Vorschlag des Arztes Josephe Guillotin als „humanes", weil einfaches und schnelles, Hinrichtungsinstrument in Frankreich eingeführt. Sie sollte die mechanisierte Hinrichtung zu einem banalen Ereignis machen, das sich von der inszenierten Vernichtung des Delinquenten im Ancien Régime durch eine anonymisierte Prozedur abhob. Auch in Deutschland wurde sie im Nationalsozialismus mit allein 1200 Hinrichtungen im Münchner Gefängnis Stadelheim zur Vernichtung von politischen Gegnern (darunter die Mitglieder der „Weißen Rose") eingesetzt.

4. die durch den Nationalkonvent oder seine Kommissare von ihren Ämtern suspendierten oder abgesetzten und nicht wieder eingesetzten Staatsbeamten, insbesondere diejenigen, die kraft des Gesetzes vom 12. August dieses Jahres abgesetzt worden sind oder noch abgesetzt werden müssen;

5. alle diejenigen vormaligen Adligen, ob Männer, Frauen, Väter, Mütter, Söhne oder Töchter, Brüder oder Schwestern, sowie Bevollmächtigten der Emigranten, die nicht dauernd ihre Verbundenheit mit der Revolution unter Beweis gestellt haben;

6. alle, die in dem Zeitraum zwischen dem 1. Juli 1789 und der Verkündung des Gesetzes vom 8. April 1792 emigriert sind, auch wenn sie in der durch dieses Gesetz gesetzten Frist oder auch früher nach Frankreich zurückgekehrt sind.

Art. 3. Die gemäß dem Gesetz vom 21. März dieses Jahres eingesetzten Überwachungsausschüsse bzw. die – sei es durch Erlasse der in Mission bei den Armeen und in den Departements weilenden Volksvertreter, sei es kraft besonderer Dekrete des Nationalkonvents – an ihre Stelle getretenen Ausschüsse werden beauftragt, jeweils für ihren Amtsbereich eine Liste der verdächtigen Personen aufzustellen, Verhaftungsbefehle gegen sie auszustellen und ihre Papiere amtlich zu versiegeln. Die Militärkommandanten, denen die Verhaftungsbefehle ausgehändigt werden, sind, bei Strafe ihrer Absetzung, verpflichtet, sie auf der Stelle auszuführen.

M20 und M21a zit. nach: Walter Grab (Hrsg.), Die Französische Revolution. Eine Dokumentation. München (Nymphenburger) 1973, S. 171 f. und 176 f.

1 Seit Juni 1793 musste jeder Bewerber um ein öffentliches Amt sich von Zeugen bestätigen lassen, dass er aktiv für die Revolution eintrat.

20 Nennen Sie Gründe für die um sich greifenden Verdächtigungen bestimmter Bevölkerungsgruppen und deren Verhaftungen und erklären Sie diesen Pauschalverdacht (M21a).
21 Erklären Sie die Unterschiede in den Prozentsätzen der sozialen Gruppen unter den Opfern (M21c).
22 Diskutieren Sie die These, dass zur Durchsetzung von Idealen auch Terror angewendet werden darf (M22).

Phase 3: Gleichheit oder Despotismus?

21 c) Die Todesurteile der Revolutionstribunale 1793/94

in Paris vom März 1793 bis 10. Juni 1794	1 521 Urteile
vom 11. Juni bis 28. Juli 1794	1 376 Urteile
in Frankreich insgesamt	ca. 17 000 Urteile
März bis Sept. 1793	518 Urteile
Okt. 1793 bis Mai 1794	10 800 Urteile
Juni bis Juli 1794	2 554 Urteile
Auf Paris entfielen	16 %
auf die Hauptbürgerkriegsgebiete	71 %
Verurteilungen wegen Rebellion	78 %
wegen eidverweigernder Agitation	19 %
wegen Wirtschaftsverbrechen	1 %
Von den Verurteilten gehörten zum Dritten Stand	84,0 %
waren Bürger	25,0 %
waren Bauern	28,0 %
waren Sansculotten	31,0 %
waren Adlige	8,5 %
waren Kleriker	6,5 %

Albert Soboul, Die Große Französische Revolution. Ein Abriss ihrer Geschichte [1789–1799], Frankfurt/M. (Europäische Verlagsanstalt) 1973, S. 352 f.

M 22 Maximilien de Robespierre (1758–1794) vor dem Nationalkonvent über die Grundsätze der politischen Moral, 5. Februar 1794

Was ist also das grundlegende Prinzip der demokratischen Regierung oder der Volksregierung, das heißt, was ist die wichtigste Kraft, die sie unterstützen und antreiben
5 soll? Es ist die Tugend! Und ich meine damit die öffentliche Tugend, die in Griechenland und Rom so viele Wunder vollbracht hat und die noch weit Erstaunlicheres im republikanischen Frankreich vollbringen soll. Ich
10 meine jene Tugend, die nichts anderes ist als die Liebe zum Vaterland und zu seinen Gesetzen. […]
 Hierauf würde sich die Darlegung unserer Theorie beschränken, wenn ihr das Schiff
15 der Republik nur bei Windstille zu steuern hättet. Aber der Sturm wütet und im Augenblick stellt euch die Revolution eine andere Aufgabe. […]
 Wenn in friedlichen Zeiten der Kraftquell
20 der Volksregierung die Tugend ist, so sind es in Zeiten der Revolution Tugend und Terror zusammen. Ohne die Tugend ist der Terror verhängnisvoll, ohne den Terror ist die Tugend machtlos. Der Terror ist nichts ande-
25 res als die unmittelbare, strenge und unbeugsame Gerechtigkeit; er ist also eine Emanation[1] der Tugend; er ist nicht so sehr ein besonderer Grundsatz als vielmehr die Folge des allgemeinen Grundsatzes der Demokratie, angewandt auf die dringendsten Bedürf- 30
nisse des Vaterlandes. […] Bezwingt ihr die Feinde der Freiheit durch den Terror, so werdet ihr in eurer Eigenschaft als Gründer der Republik das Recht dazu haben. Die Revolutionsregierung ist der Despotismus der Frei- 35
heit gegen die Tyrannei.

Zit. nach: Maximilien de Robespierre, Ausgewählte Texte, Hamburg (Merlin) 1971, S. 311 ff. und 585 ff., übers. v. Manfred Unruh

1 Emanation: Ausströmung, Ausstrahlung

23 Untersuchen Sie, was Robespierre unter Tugend und Terror versteht.
24 Wiederholen Sie die Gründe für die Radikalisierung der Revolution bis zum Terror.
25 Erörtern Sie die These: „Ohne die Diktatur des Wohlfahrtsausschusses wäre die Revolution zusammengebrochen."
26 Vergleichen Sie Desmoulins Position (M 18) mit Robespierres Position (M 22). Schreiben Sie aus der Perspektive Camille Desmoulins einen Brief an Maximilien de Robespierre. Thema des Briefes ist Robespierres These: Die Revolutionsregierung ist der Despotismus der Freiheit.

M 23 Robespierre über die Grundsätze der Revolutionsregierung vor dem Nationalkonvent, 25. Dez. 1793

Die Theorie der revolutionären Regierung ist ebenso neu wie die Revolution, aus der diese Regierung entstanden ist. Man darf sie weder in den Büchern der politischen Schriftsteller suchen, die diese Revolution nicht vorausgesehen haben, noch in den Gesetzbüchern der Tyrannen, die sich damit zufrieden geben, ihre Macht zu missbrauchen, und die sich wenig um deren Legitimität kümmern.

Die Funktion der Regierung besteht darin, alle moralischen und physischen Kräfte der Nation auf das Ziel hinzulenken, zu dessen Verwirklichung sie eingesetzt ist.

Das Ziel der konstitutionellen Regierung besteht darin, die Republik zu erhalten; das Ziel der revolutionären Regierung ist es, die Republik zu begründen.

Die Revolution ist der Krieg der Freiheit gegen ihre Feinde; die Verfassung ist die Herrschaft der siegreichen und friedlichen Freiheit.

Die revolutionäre Regierung muss daher außerordentlich aktiv sein, denn sie führt Krieg. Sie ist nicht einheitlichen und starren Regeln unterworfen, denn die Umstände, in denen sie sich befindet, sind stürmisch und bewegt, und sie ist ständig genötigt, neue und wirksame Kräfte gegen neue und dringende Gefahren zu entfalten.

Die konstitutionelle Regierung befasst sich hauptsächlich mit der Freiheit der Bürger, die revolutionäre Regierung mit der Freiheit des Staates. Unter dem konstitutionellen Regime genügt es fast, die einzelnen Bürger vor den Übergriffen der Staatsgewalt zu schützen; unter dem revolutionären Regime dagegen muss sich die Staatsgewalt selbst gegen alle Parteien, die sie angreifen, verteidigen.

M 24 Paris zur Zeit der Revolution

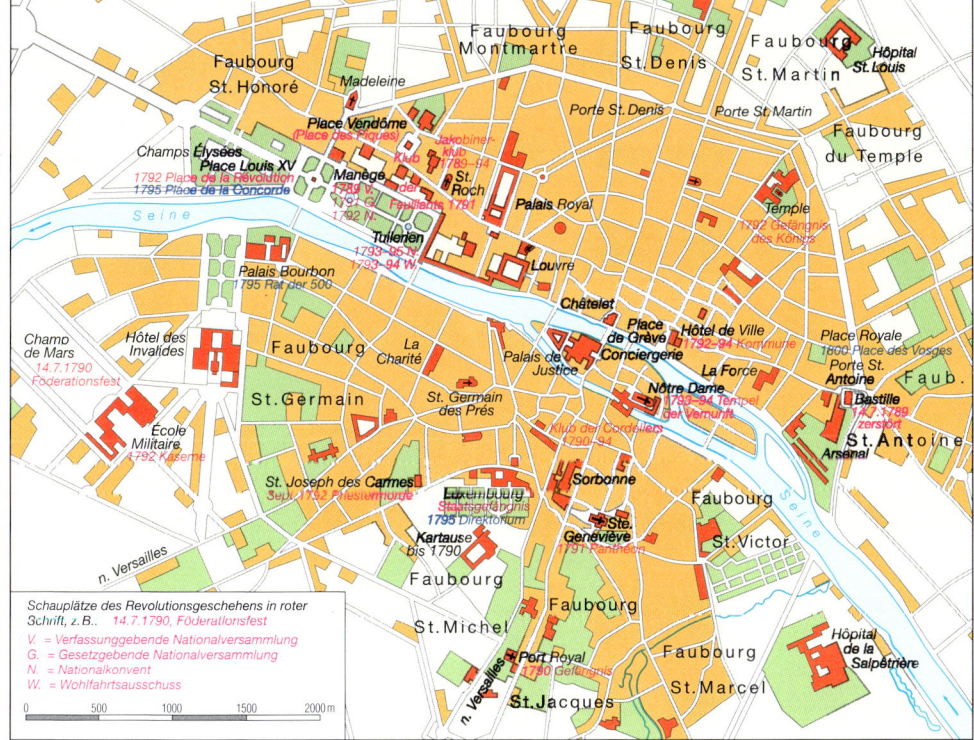

Die revolutionäre Regierung schuldet allen guten Bürgern den ganzen Schutz der Nation; den Feinden des Volkes schuldet sie den Tod. […]

45 Wenn die revolutionäre Regierung in ihrer Arbeit aktiver und freier sein muss als die gewöhnliche Regierung, ist sie deshalb weniger gerecht und weniger legitim? Nein, sie stützt sich auf das heiligste aller Gesetze, 50 nämlich auf das Wohl des Volkes, und auf die unbestreitbarste aller Vollmachten, nämlich auf die Notwendigkeit.

Ihr Ziel ist die Beseitigung der Anarchie und der Unordnung, um die Herrschaft der 55 Gesetze herbeizuführen und zu festigen. Sie hat nichts mit Willkür gemein, denn es sind keine persönlichen Leidenschaften, die sie leiten sollen, sondern das öffentliche Interesse.

60 Sie muss sich an die gewöhnlichen und allgemeinen Grundsätze in all jenen Fällen halten, in denen diese streng angewendet werden können, ohne die öffentliche Freiheit zu gefährden. Ihre Kraft muss sich nach 65 der Kühnheit und der Perfidie [= Gemeinheit/Hinterlist] ihrer Feinde richten. Je grausamer sie gegenüber böswilligen Menschen auftritt, desto günstiger ist sie für die guten Bürger. Je mehr ihr die Umstände unerbitt- 70 liche Härte diktieren, desto behutsamer muss sie vor Maßnahmen zurückschrecken, die unnötigerweise die Freiheit einschränken und die privaten Interessen antasten, ohne dass sich ein Vorteil für die Allgemeinheit 75 zeigt.

Wenn ihr Männern aus eurer Mitte die furchtbare Aufgabe gestellt habt, ständig über die Schicksale des Vaterlandes zu wachen, so habt ihr selbst euch doch als 80 Gesetz auferlegt, sie mit Macht und eurem Vertrauen zu unterstützen.

Wenn die revolutionäre Regierung nicht von der Energie, dem Scharfsinn, dem Patriotismus und dem Wohlwollen aller 85 Volksvertreter unterstützt wird, wie kann sie dann die nötige Widerstandskraft haben, den Anfeindungen ganz Europas und den von allen Seiten gegen die Freiheit geführten Angriffen gewachsen zu sein?

Walter Grab (Hrsg.), Die Französische Revolution. Eine Dokumentation, München (Nymphenburger) 1973, S. 215 f.

M 25 Maximilien de Robespierre, zeitgenössisches Gemälde

27 Wiederholen Sie die Vorstellungen von Rousseau und Montesquieu zu Staat und Gesellschaft und erläutern Sie, in welcher ideengeschichtlichen Tradition der vorliegende Text M23 steht.
28 Stellen Sie die Aufgaben, die Robespierre der konstitutionellen Regierung zuweist, den Aufgaben der revolutionären Regierung gegenüber.
29 Beurteilen Sie die Aussagen des Autors zu den Prinzipien und Aufgaben einer revolutionären Bewegung.

Präsentation
30 🚶 Orte der Revolution.
Wählen Sie aus der Karte M24 einen Schauplatz der Revolution in Paris aus und zeigen Sie, welche Rolle er in der Revolution gespielt hat.

Kleidung und Mode als revolutionäre Ausdrucksmittel

Weg mit den „alten Zöpfen" – eine Revolution der Sachkultur

Heute ist die Kleidung ein Ausdruck der individuellen Erscheinung. Die Entscheidung über das eigene Aussehen wird allenfalls durch den Preis der Kleidungsstücke eingeschränkt. In den Ständegesellschaften des Mittelalters und der frühen Neuzeit aber war auch die Kleidung durch den Stand definiert. Im 18. Jahrhundert bestimmten Kleiderordnungen das alltägliche Erscheinungsbild der Menschen: Gold und Silber an der Oberbekleidung blieben z. B. allein dem Adel vorbehalten; dem reichen Bürgertum war noch Seide erlaubt, Gold und Silber aber nur für die Knöpfe. Dem gewöhnlichen Bürger und den Bauern standen wollene und leinene Stoffe zu. Jedermanns Standeszugehörigkeit sollte auf den ersten Blick erkenntlich sein. Mit der Französischen Revolution setzte darin eine Änderung ein.

Seit dem Spätmittelalter war die adlige Kleidung auch der Männer fantasievoll, prächtig und kostspielig gewesen. Mit Beginn der Französischen Revolution setzte ihre „Sansculottisierung" ein. Die seidenen eng anliegenden Kniehosen des Adels (culottes), die auch das gehobene Bürgertum trug, wurden von den langen weiten Arbeitshosen der Handwerker (sans culottes = ohne Kniehosen) verdrängt. Um nicht als Aristokrat verdächtigt zu werden, ahmten die meisten Männer in der Republikzeit die Sansculottentracht nach. Offene rüschenlose Hemden, kurze Jacken und ungepudertes Haar anstatt der Puderperücken bestimmten das Aussehen der Herren nun. Es kam dabei auf eine gewisse Nachlässigkeit an. Diese verschwand später wieder. Aber bis auf den heutigen Tag blieb von nun an die Herrenmode praktisch, bequem, nüchtern und schmucklos. Auch die Damenmode folgte dem Trend zur Natürlichkeit nach 1789. Statt des Reifrockes und des Haarturms des Rokokos betonten nun fallende weiße Gewänder die Körperform nach dem Vorbild der tugendhaften Frauen der Antike. Die Kleidung verlor ihren Charakter als Zeichen der Standeszugehörigkeit.

M 26 **Leitbild der adligen Erscheinung vor der Revolution**, Kupferstich von C. L. Desrais 1779. *Gepuderte Perücke, seidene Strümpfe und Kniehosen (culottes) beim Mann, Reifrock und Turmfrisur der Frauen.*

Der Sturz Robespierres bedeutete das Ende des nachlässigen Stils in der Mode der Revolutionszeit. Mit Stiefeln, Koteletten und eckigen Mantelaufschlägen glänzte der modebewusste Mann aus wohlhabenden Kreisen im Nachthermidor und Direktorium. In der Frauenkleidung zeigte die Verwendung teurer Importstoffe (indischer Musselin für Kleider und Kaschmir für Schals) soziale Unterschiede an.

M 27 Handwerkerkleidung als Leitbild der Revolutionszeit, Gouache von P.-E. Le Sueur, um 1790. *Röhrenhosen (sans culottes), phrygische oder Jakobinermütze statt Dreispitz und Perücke beim Mann, „natürliches" körperbetontes Kleid, Brusttuch und Haube bei der Frau.*

31 Welche Bestandteile der äußeren Erscheinung symbolisieren hier den Stand? Welche Accessoires stehen für die vorrevolutionäre, welche für die revolutionäre Gesellschaft?
32 Untersuchen Sie die Körperhaltung der Paare. An welchen Idealvorstellungen und Lebenswelten sind diese ausgerichtet?

Weiterführende Arbeitsanregungen zu den „sansculottes"

Die Sansculotten prägten in den Jahren 1792 bis 1795 sehr stark das Geschehen in Paris und den Charakter der Revolution, indem sie neben politischen nun auch soziale Forderungen stellten. „Brüderlichkeit" war ihre zentrale Revolutionsforderung.

M 28 Was ist ein Sansculotte?

28a) Auf die Frage „Was ist ein Sansculotte?" antwortet ein anonymes Dokument aus dem Mai 1793 mit einem sozialen Bezug:
Das ist einer, der immer zu Fuß geht, der keine Millionen besitzt, wie Ihr sie alle gern hättet, keine Schlösser, keine Lakaien zu seiner Bedienung, und der mit seiner Frau und seinen Kindern, wenn er welche hat, ganz schlicht im vierten oder fünften Stock wohnt. […]
5 Am Abend tritt er vor seine Sektion, […] um mit all seiner Kraft die richtigen Anträge zu unterstützen und jene zunichte zu machen, die von der erbärmlichen Clique der regierenden Politikaster stammen.
Nach: Walter Markov, Albert Soboul, Die Sansculotten von Paris. Dokumente zur Geschichte der Volksbewegung 1793–1794, Berlin (Akademie-Verlag) 1957, S. 3 ff.

28b) Die Historikerin Patrice Higonnet gibt eine politische Beschreibung der Sansculotten ab:
Aber man kann auf dieselbe Frage auch eine andere, rein politische Antwort geben. Zitieren wir Brutus Magnier: „Gab an, er meine [mit dem Ausdruck ‚Sansculotte'] die Sieger der Bastille, des 10. August und des 31. Mai, insbesondere die Letzteren." […] Im
5 Großen und Ganzen lässt sich aber sagen, dass die Sansculotten einen ziemlich repräsentativen Querschnitt der Pariser Bevölkerung bieten. Es handelt sich nicht um Randständige, wie […] die konservativen Historiker des 19. Jahrhunderts wissen wollten. […] Der typische Sansculotte ist weder der Arbeiter bei den Gobelins noch der
10 Arme, der in einem möblierten Zimmer haust, sondern ein Handwerker, Geselle oder Meister eines kleinen Handwerksbetriebs. […] Die sansculottische Vision von Gesellschaft ist von Komplementarität und Brüderlichkeit geprägt. Der Sansculotte will die Gesellschaftsordnung nicht so sehr umstürzen als vielmehr gerechter
15 gestalten.
Patrice Higonnet, Die Sansculotten, in: François Furet/Mona Ozouf (Hrsg.): Kritisches Wörterbuch der Französischen Revolution, Frankfurt a. M. (Suhrkamp) 1996, Bd. 1, S. 650 ff.

1 Informieren Sie sich genauer anhand der angegebenen Literatur über die Bewegung der Sansculotten, ihre Forderungen und ihren Einfluss auf die Revolution sowie ihr Scheitern.
2 Die Sansculotten unterstützten die Hinrichtung des Königs. Schreiben Sie eine Anklage des Königs aus der Perspektive eines Sansculotten oder einer „Sansculottin".

M 29 Zwei Sansculotten, Zeichnung um 1791

6 „Ein Zeichen setzen" – Medien, Symbole, Feste: Die neuen Ausdrucksformen der Revolution

Die Revolution als Medienereignis

Wie entsteht eine Revolution? Staatsbankrott, Missernten und drückende Feudallasten sind keine hinreichenden Ursachen für die Erklärung des Ausbruchs der Französischen Revolution im Jahr 1789. Diese Faktoren waren auch schon in früheren Zeiten in Kombination aufgetreten, ohne dass es zu einer Revolution gekommen wäre. In den letzten Jahren hat sich deshalb immer stärker eine Interpretation der Ereignisse durchgesetzt, die davon ausgeht, dass eine tief greifende **Veränderung im politischen Bewusstsein** der Menschen – und keineswegs nur der Eliten – eine zentrale Voraussetzung der Revolution war. Diese Veränderung im Denken über Gesellschaft und Staat beschränkte sich nicht nur auf die Schriften der großen Philosophen, die wir in Kapitel 2 beim Thema „Aufklärung" untersucht haben. Sie wird auch greifbar in einer wahren Flut von Pamphleten und anderen kleinen Schriften, die in den Jahren vor und vor allem während der Revolution in Frankreich gedruckt und verbreitet wurden. Die Kritiker des Ancien Régime hatten publizistisch in Frankreich in diesen Jahren eindeutig die Oberhand. Der König und der Adel setzten sich nur sehr zaghaft zur Wehr. Für das zunehmend regierungsfeindliche Klima in allen Schichten war dies ein wichtiger psychologischer Faktor.

Seit der Einberufung der Notabelnversammlung im Frühjahr 1787 setzte in Frankreich ein regelrechter **„Broschürenkrieg"** um die Ziele und Methoden der Reformierung des politischen und wirtschaftlichen Systems des Landes ein. Für die Zeit zwischen Januar 1787 und Juli 1788 wurden mehr als 600 Titel solcher Broschüren nachgewiesen, in den folgenden anderthalb Jahren ging ihre Zahl in die Tausende. Innerhalb eines Jahrzehnts wurden weit über 50 000 politische Kleinschriften verfasst und auf den Markt gebracht. Ein Großteil dieser Broschüren stand in Opposition zur königlichen Politik und forderte bereits 1788 eine angemessenere Berücksichtigung der Anliegen des Dritten Standes und eine Abstimmung nach Köpfen in den einberufenen Generalständen. Die bekannteste dieser Flugschriften ist die Broschüre von Abbé Sieyès „Was ist der Dritte Stand?" vom Januar 1789. Diese Schrift war keineswegs ein Einzelfall, sondern entstand aus einer großen öffentlichen Diskussion zu diesem Thema, die Frankreich in den Monaten vor dem Beginn der Revolution bewegte. Herstellung und Verbreitung dieser Broschüren setzten ein landesweit gut entwickeltes Druckgewerbe, den weitgehenden **Zusammenbruch obrigkeitlicher Zensur** und ein funktionierendes Vertriebssystem voraus. Vor allem aber erforderte die Massenproduktion dieser Schriften Abnehmer, die diese Schriften kauften und lasen und dadurch einen Bedarf nach weiterer Information entwickelten.

Eine wichtige Voraussetzung für die Politisierung der Bevölkerung war deshalb die Verbreitung der Lesefähigkeit. Sie war im 18. Jahrhundert in Frankreich noch sehr unterschiedlich entwickelt. Im Norden des Landes lag die **Alphabetisierungsquote** wesentlich höher als im Süden, in den Städten war sie weiter verbreitet als auf dem Land. Dennoch waren am Ende des Ancien Régime noch etwa 63 % der französischen Bevölkerung Analphabeten. Nur in den städtischen Oberschichten waren praktisch alle, auch die Frauen, in der Lage zu lesen. Im städtischen Kleinbürgertum sank die Rate des Analphabetismus in den Jahren vor der Revolution auf etwa 25 %, während sie in den meisten ländlichen Regionen noch bei etwa 80 % lag.

Die unterschiedliche Lesefähigkeit wirkte sich deutlich auf die Mobilisierbarkeit der Bevölkerung für die Ziele der Revolution aus. Die Zentren der Opposition gegen die Revolution lagen in Gebieten mit hohem Analphabetismus. Die politischen Klubs dagegen fanden sich vor allem in den Regionen, in denen die Lesefähigkeit weit verbreitet war. Die Autoren politischer Schriften stammten ebenfalls überwiegend aus den städtischen Zentren des Nordens und Südens.

Das Volk ergreift das Wort: Zeitungen und Zeitschriften

Einen wichtigen Beitrag zur Politisierung der Oberschichten leistete in den Jahrzehnten vor der Revolution die ständig steigende Zahl der **Zeitschriften**. Vor allem die Zahl der politischen Zeitschriften nahm in der zweiten Jahrhunderthälfte deutlich zu. Zeitschriften enthielten ausführlichere, wenngleich weniger aktuelle Berichte als Zeitungen, zeichneten sich dafür meist durch eine kritische Beurteilung der Meldungen und durch politische Kommentare aus. Zeitschriften wurden in Klubs, Salons, Akademien und vor allem in den sich in Frankreich rasch ausbreitenden Freimaurerlogen gelesen und diskutiert.

Wegen der Zensur mussten Zeitschriften vielfach im Ausland gedruckt werden. In der Republik der Vereinigten Niederlande war die Presse wesentlich freier. Hier war ein europäisches Zentrum für antiabsolutistische Publikationen. In französischer Sprache gedruckte Zeitschriften und Bücher, die in Frankreich die Zensur nicht passiert hätten und deren Druck für den Verleger gefährlich gewesen wäre, gelangten von hier aus über einen ausgeprägten illegalen Buchhandel nach Frankreich.

Hatte die Zahl der Zeitschriften in Frankreich bereits seit dem frühen 18. Jahrhundert kontinuierlich zugenommen, so war die Zahl und Auflage der **Tageszeitungen** im vorrevolutionären Frankreich im europäischen Vergleich eher bescheiden. Ihre Bedeutung für die Ausbreitung und Festigung der Revolution wurde allerdings 1789 sofort erkannt. Vor 1789 hatte Paris nur eine einzige Tageszeitung, das „Journal de Paris". Nach dem Zusammenbruch der alten Regierung und ihrer Kontrollinstanzen kamen zahlreiche neue Zeitungen auf den Markt. Die Zahl der Druckunternehmen vervielfachte sich und auch die Zahl der Auflagen stieg in vorher nicht gekannte Höhen.

Die Tageszeitungen des Ancien Régime waren meist reine Informationsblätter ohne redaktionellen Kommentar. 1789 entstand in Frankreich jedoch sofort eine moderne Meinungspresse. Jean-Paul Marats Zeitschrift „L'Ami du Peuple" ist das bekannteste Beispiel einer prorevolutionären Zeitschrift, daneben etablierten sich aber auch rasch konterrevolutionäre Organe wie Abbé Royous „L'Ami du Roi". Zeitungen und Zeitschriften trugen somit erheblich zur Politisierung der Bevölkerung bei und verbreiteten die Nachrichten über die Ereignisse in der Hauptstadt über das gesamte Land. Für die Koordinierung der Aktionsziele und die parallele Ausbreitung bestimmter Protestformen spielten vor allem die Zeitungen eine wichtige Rolle.

Bildpropaganda

Eines der auffallendsten Phänomene allerdings war die ungeheure Zunahme von revolutionärer und gegenrevolutionärer Bildpropaganda. Man kann dabei mindestens drei Gattungen unterscheiden: gelehrte politische Grafiken, illustrierte Flugblätter und politische Karikaturen. Viele **grafische Darstellungen** aus der Zeit der Französischen Revolution arbeiteten mit einer komplizierten Symbolsprache. Ihre Entschlüsselung setzte meist gute Kenntnisse in Geschichte und vor allem auch in antiker Mythologie voraus. Sie richteten sich also nicht an das einfache Volk, sondern an „gelehrte" Betrachter, die an dieser Form der Visualisierung von politischen Ideen und Aktionen offensichtlich auch Gefallen fanden. Daneben findet sich aber auch eine Bildpropaganda, die eine durchaus verständliche „Sprache" spricht und wegen ihrer hohen Auflagen und niedrigen Preise sicher auch von Angehörigen der städtischen Mittelschichten gekauft wurden. Sowohl die Anhänger als auch die Gegner der Revolution benutzten dieses Mittel der Propaganda. Eines der erfolgreichsten grafischen Blätter jener Zeit soll ein gegenrevolutionärer Stich gewesen sein, der den Abschied Ludwigs XVI. von seiner Familie vor der Exekution darstellt. Nach einem Polizeibericht soll dieses Blatt 50 000-mal verkauft worden sein. Dies war wahrscheinlich übertrieben, aber Auflagen von 10 000 bis 20 000 waren bei sehr populären Grafiken durchaus möglich.

Bei illustrierten **Flugblättern** handelte es sich um eine Mischform von Text und Bild. Darauf wurden Nachrichten entweder in Prosa oder auch in Liedform abgedruckt und die Interpretation ihres Inhalts durch Grafiken unterstützt. Die Nachrichten wurden häufig von wandernden „Bänkelsängern" verbreitet, die diese Blätter gleichzeitig verkauften. Über den öffentlichen Vortrag der Nachrichten wurden auch die leseunkundigen Schichten der Bevölkerung erreicht. Die bildliche Darstellung erlaubte ihnen, sich mit der Nachricht auch selbstständig auseinanderzusetzen.

Die **Karikaturen** der Französischen Revolution richteten sich ebenfalls verstärkt an die Unterschichten, wobei es allerdings auch durchaus eine Vielzahl „gelehrter" Karikaturen gab, deren Interpretation schwierig war. Karikaturisten kritisierten nicht nur bestimmte Einzelpersonen, sondern stellten auch kritische Interpretationen von Strukturen, Ereigniszusammenhängen und Ideen dar, wie z. B. der ungleichen Verteilung der Steuerlasten oder der revolutionären Gewalt. Die Gefährlichkeit der Karikatur als Medium politischer Mobilisierung des Volkes wurde schon von den Zeitgenossen gesehen. Sie wurde deshalb von Revolutionären wie von Gegenrevolutionären bewusst eingesetzt. Schon 1792 erschien in Paris die zweibändige „Histoire de la caricatures de la révolte des Français" des königstreuen Journalisten Jacques-Marie Boyer-Brun. Er bezeichnete die Karikatur als Thermometer, „das die Temperatur der öffentlichen Meinung anzeigt", und meinte, das Volk habe durch die Karikatur gelernt, die „Herrscher zu hassen". Karikaturen seien eines der Mittel gewesen, das die Revolutionäre „mit einem Höchstmaß an Kunstfertigkeit, Beharrlichkeit und Erfolg angewandt haben, um das Volk zu verwirren und zu einer Erhebung anzustiften" (zit. nach Herding/Reichardt, Bildpublizistik, S. 18, 52).

M 1 Nach der Verkündigung der Pressefreiheit, kolorierter Kupferstich, 1797

Symbole und Feste

Politische Ordnungen müssen sich, sollen sie Bestand haben, gegenüber der Bevölkerung legitimieren. Das heißt, den Menschen muss das Gefühl vermittelt werden, dass die Form der Herrschaft mit dem Weltbild und den Grundwerten der Gesellschaft übereinstimmt. Weltbild und Werte der europäischen Gesellschaften waren auch im 18. Jahrhundert noch ganz wesentlich von der christlichen Religion geprägt. Die Legitimität monarchischer Herrschaft beruhte deshalb stark auf ihrer Verbindung zu Religion und Kirche.

Der politische Angriff der Französischen Revolution auf die Herrschaft der Könige „von Gottes Gnaden" musste deshalb versuchen, den Einfluss des Christentums und vor allem der Kirchen zurückzudrängen und durch eine eigene „Weltanschauung" und eigene Symbole und Feiern zu ersetzen. Nach der Hinrichtung des Königs kam es in der Zeit der Jakobinerherrschaft, aber auch noch während des Thermidor zu einem weitgehenden Bruch mit den alten christlichen Traditionen und Symbolen bzw. zu einer Uminterpretation im Sinne der Revolution.

Einer der grundlegenden Eingriffe in die religiöse Durchdringung des Alltags war die Abschaffung des christlichen Kalenders und seine Ersetzung durch einen **Revolutionskalender** im Oktober 1793. Dieser neue Kalender begann eine neue Zeitrechnung mit der Gründung der Republik am 22. September 1792. Die an der biblischen Schöpfungsgeschichte orientierte Einteilung der Woche in sieben Tage wurde durch ein Dekadensystem ersetzt. Eine Woche hatte zehn Tage, ein Monat drei Wochen, das Jahr allerdings immer noch zwölf Monate, an die dann fünf bzw. sechs Ergänzungstage angefügt werden mussten.

Der Kalender war zunächst Ausdruck eines aufklärerischen Bedürfnisses nach einer rationalen Zeitkonstruktion. Er wurde von dem Abgeordneten Gilbert Romme zusammen mit Astronomen der Academie des Sciences entworfen. Seine politische Dimension und Stoßrichtung waren deutlich. Die christlichen Feste wurden vollständig abgeschafft und durch politische Feiern ersetzt: den Tag der Republikgründung, das **Freiheitsfest**, aber auch ein Fest des Ackerbaus oder ein Fest der Jugend, des Alters und der Eheleute. Dem christlichen Gottesdienst am Sonntag wurde am Dekadi ein Kult „des höchsten Wesens", der Vernunft, gegenübergestellt. Er sollte die christliche Sonntagsfeier verdrängen, denn die christliche Religion konnte aufgrund der von der Verfassung garantierten Religionsfreiheit, einer der zentralen Bestimmungen der Menschenrechtserklärung, nicht einfach verboten werden.

Der neue **Kalender** traf in Frankreich und auch in den von Frankreich besetzten Gebieten teilweise auf Widerstand, teilweise wurde er aber auch überraschend schnell und umfassend akzeptiert. Unter Napoleon wurde die Strenge der Durchsetzung des Kalenders allmählich gelockert und 1805 der Revolutionskalender schließlich ganz abgeschafft.

Neben dem Kalender spielten zur Befestigung der neuen Staatsform die damit verbundenen Feste und Feiern eine wesentliche Rolle. Sie förderten vor allem die öffentliche Darstellung der Politik, organisierten Massen zu Aufmärschen und öffentlichen Bekenntnissen zur Republik. Bei den Festen kam eine Vielzahl politischer Symbole zum Einsatz.

Eines der zentralen Symbole der Revolution war der **Freiheitsbaum.** Er war ein Symbol der „Rückkehr zur Natur" (Rousseau), also des Anspruchs der Revolution, die natürlichen Rechte des Menschen und die natürliche Ordnung der Gesellschaft wiederherzustellen. Die symbolische Verbindung von Baum mit den Wertbegriffen Freiheit und Natur war schon älter als die Französische Revolution, hier wurde der Freiheitsbaum jedoch systematisch zu einem Zentralsymbol erhoben. Einer der wichtigsten „Kulturpolitiker" der Revolution, Abbé Henri-Baptiste Grégoire, veröffentlichte 1793 eine Schrift „Des Arbres de la Liberté". Freiheitsbäume sollten in jeder Gemeinde gepflanzt werden. Wenn in den folgenden Jahren in Frankreich und den besetzten Gebieten Zehntausende solcher Freiheitsbäume gepflanzt wurden, dann stand dahinter nicht nur spontane Revolutionsbegeisterung, sondern auch ein staatliches Programm, das darauf abzielte, die Plätze mit den Freiheitsbäumen zu den Zentren für Revolutionsfeiern und für die neuen säkularen Kulte zu machen. Dahinter stand bei Abbé Grégoire aber auch eine ökologische Kritik an der Kommerzialisierung und Abholzung der Wälder. „Der

Freiheitsbaum ist das Symbol einer gesellschaftlichen Eintracht, die sich auf den Respekt vor der Natur als der materiellen wie moralischen Basis gesellschaftlicher Ordnung gründet" (Harten/Harten, Die Versöhnung mit der Natur, S. 27).

Ein wichtiges Zeichen der Revolution war auch die so genannte **Jakobinermütze** oder phrygische Mütze, eine beutelförmige rote Mütze, die seit 1792 getragen und zu einem Symbol der Freiheit, der Republik und des politischen Anspruchs des Volkes wurde. Freiheitsbäume wurden in der Regel mit Jakobinermützen geschmückt. Meist werden Akteure der Unterschichten mit Jakobinermützen dargestellt.

Zentrales, bis heute gültiges Symbol der Revolution ist die so genannte **Trikolore**, die blau-weiß-rote Nationalflagge Frankreichs. Sie entstand bereits im Juli 1789 aus der Verschmelzung der Farben der Stadt Paris (Blau und Rot) mit dem Weiß der Fahne der Bourbonen anlässlich des Empfangs Ludwigs im Pariser Rathaus durch die neue revolutionäre Stadtregierung. Die Trikolore war also zunächst ein dem König – allerdings aufgezwungenes – Symbol der Einheit von König und Volk. Die Farben Blau, Weiß und Rot finden sich aber nicht nur auf der neuen Nationalflagge, sondern wurden rasch universell eingesetzt, um die Anhängerschaft zur Revolution zum Ausdruck zu bringen: Man konnte diese Farben auch bei der Zusammenstellung der Kleidung berücksichtigen oder Gebrauchsgegenstände mit dieser Farbkombination bemalen.

Wie die Trikolore, so geht auch die französische Nationalhymne, die **Marseillaise**, auf die Revolution zurück. Sie war ursprünglich als Kriegslied der französischen Rheinarmee im Jahr 1792 verfasst und vertont worden und wurde im Juli 1792 von einem Freiwilligenbataillon aus Marseille beim Einzug in Paris gesungen. Die Marseillaise wurde rasch zum Erkennungslied der Revolution. Darüber hinaus hat die Revolution allerdings eine Vielzahl von Liedern hervorgebracht, die über einige ganz bewusst eingesetzte Mittel, z. B. einfache Refrains, der nicht alphabetisierten Bevölkerung zentrale politische Gehalte vermitteln bzw. Einstellungen prägen sollten.

M 2 Das Föderationsfest am ersten Jahrestag des Bastillesturms, kolorierter Kupferstich von Charles Monnet, 1790

Hinweise zur Arbeit mit den Materialien

Mit Bildern verschaffen wir uns schnell einen Eindruck von der Wirklichkeit. In unserem visuellen Zeitalter ist allein der tägliche Kontakt mit Bildern unüberschaubar geworden. Auch im Geschichtsunterricht illustrieren Bilder häufig den historischen Gegenstand. Aber vermitteln Bilder direkt einen authentischen Einblick in die Vergangenheit? Mehr und mehr werden Bilder auch als Quellen ernst genommen. Dazu müssen sie jedoch „lesbar" gemacht werden. Eine intensive und kritische Auseinandersetzung mit Bildquellen, die zum genauen Hinschauen ermuntert, soll in diesem **Medienkapitel** zur Französischen Revolution angeregt werden.

Was ist das Thema des Bildes, mit welchen Mitteln arbeitet der Künstler, welche Intention verfolgt er und in welchem historischem Kontext steht das Werk?

Die *Methodensonderseiten* vertiefen die Thematik Bildinterpretation durch die Auseinandersetzung mit der Druckgrafik bzw. dem Flugblatt, das in der Französischen Revolution eine herausragende Rolle bei der Vermittlung politischer Ereignisse spielte.

Die *Weiterführenden Arbeitsanregungen* werfen die Frage auf, nach welchem Leitbild die Menschen im Gefolge der Französischen Revolution erzogen werden sollten.

Medien, Symbole, Feste

M 3 Spottbilder auf die Ständegesellschaft

3a) Man muss hoffen, dass dieses Spiel bald ein Ende hat. Anonyme kolorierte Radierung, 1789.

3b) Ich wusste ja, dass wir auch noch an die Reihe kämen. J.-A. de Peters zugeschriebene kolorierte Radierung, 1789.

3c) Aus einer Pariser Zeitungsmeldung zu den beiden Radierungen vom 28. August 1789:
Bei all unseren Bildermachern, sowohl bei denen des Palais Royal als auch in den Läden der Bildhauer, sieht man Kupferstiche, an denen der Pöbel das allergrößte Vergnügen hat und die ihn in seinem Hass bestärken; es sind Spottbilder oder symbolische Karikaturen, aber voller Ausdruckskraft.

Klaus Herding, Rolf Reichardt, Die Bildpublizistik der Französischen Revolution, Frankfurt am Main (Suhrkamp) 1989, S. 7 f.

Medien, Symbole, Feste

M 4 „Die Sitzung der Nationalversammlung vom 19. Juni 1790 zur Abschaffung des Erbadels", anonyme Radierung, 1790

M 5 Das Pflanzen eines Freiheitsbaumes als revolutionäres Fest, Gouache von Pierre Étienne Lesueur, um 1790

Beischrift: „In der Begeisterung über diese Freiheit, welche man erhalten zu haben glaubte, fasste man den Plan, Bäume zu pflanzen, um das Gedächtnis daran zu bewahren. Man verwirklichte das in jeder Sektion mit großem Aufwand. Die Nationalgarden begleiteten den Bürgermeister und eine Blasmusik umrahmte dieses bemerkenswerte Fest."
(Übersetzung Rudolf Berg)

1 Arbeiten Sie die Botschaft/Intention der Grafik M4 heraus. Ordnen Sie die Personen ein. Welche Bildsymbole werden eingesetzt? Beurteilen Sie den Wert der Grafik als historische Quelle.
2 a) Beschreiben Sie die Symbole der Revolution, die auf dem Bild M5 zu erkennen sind.
b) Erörtern Sie, warum Nationalgarde und Bürgermeister in M5 im Mittelpunkt stehen.
3 Interpretieren Sie M3a, b in Partnerarbeit.
4 Vergleichen Sie den üblichen Kartensatz mit dem revolutionären Kartenspiel (M6).
5 Beschreiben Sie, welche neuen Werte hier „spielerisch" eingeführt werden sollen (M6).

M 6 Statt „König–Dame–Bube" sticht jetzt „Genie–Liberté–Égalité".
Revolutionäre Spielkarten der französischen Republik, Radierung,
1793/94

Medien, Symbole, Feste

M 7 Das Pathos der demokratischen Republik. Ein Hymnus an Rousseau, anonymes Gemälde, um 1793.
Die Inschriften lauten: J. J. Rousseau (im Medaillon), Vaterlandsliebe (linke Trikolore), Französische Republik (rechte Trikolore), Gleichheit. – Es ist der Mut, der die Republiken errichtet, es ist die Tugend, die sie erhält (auf dem Grabmal), Gewalt, Wahrheit, Gerechtigkeit, Einheit (auf den Rutenbündeln), Freiheit (am Baum), Erneuerung der Sitten … (auf dem Säulenstumpf, darunter:) Rechte der Menschen und Bürger

M 8 Das Pathos der französischen Republik in Krieg und Bürgerkrieg, J.-B. Regnaults Gemälde „Freiheit oder Tod" von 1793

6 Interpretieren Sie das Bild M7 vor dem Hintergrund des Verfassungsanspruchs von 1793.
7 Interpretieren Sie das Bild M8, indem Sie oben und unten, hell und dunkel als Bewertungshilfen nutzen und die Attribute der erhöhten Gestalt deuten.

M9 Flugblatt mit Revolutionspropaganda für die „unterdrückten Deutschen", Straßburg, 1791

Letzter Ruf
der frey gewordenen Franken
an
die unterdrückten Deutschen.

Im Monat Augst 1791. des dritten Jahrs der Freyheit.

Fühlet eure Sclaverey, edle Deutsche! sehet es endlich ein, daß euch Fürsten zu unglücklichen Werkzeugen des Mordes gegen uns Franken brauchen wollen, — Franken, die euch Freundschaft angelobten, eure Verfassungen nie stören wollen, die euch nachbarlich lieben, und die dem ohngeachtet von euren Despoten nur um deswillen bekriegt werden sollen, weil sie die eisernen Ketten abschüttelten, die ihr noch traget.

Wir Franken wollen für diese unsre Freyheit

Kämpfen, siegen, – oder sterben.

Und ihr, verblendete Deutsche, wollt für eure Fürsten, die euer Mark aussaugen, eurer Söhne, Gatten und Freunde Blut aufopfern, um nach zweydeutigem Siege euch in vestere Ketten schmieden zu lassen?

Ha! welch Unternehmen!

Wir steckten euch die Fackel der Freyheit auf; wir gaben euren Fürsten einen Wink, was Tyranney vermag,

und wie eine Nation endlich müde der Unterdrückung würde. Und doch frohnet ihr noch ihrem Stolz, wollt Leben und Eigenthum wagen, um bey uns wieder Verschwender, Barbaren und nach Herrschsucht geizende Ungeheuer in ihre entrissenen Ungerechtigkeiten einsetzen zu helfen? — weil dies eure Fürsten wollen!

Thun dies Deutsche?

Hört unsre Meynung!
Zerreißt die Sclaven-Ketten eurer verschwenderischen Fürsten, und ihrer raubbegierigen Minister; wir bieten euch die Hand, fechten und sterben mit, und für euch; schützen eure Freyheit, euer Eigenthum, und sichern euern Herd....

Ihr seyd mit uns frey, und unsre Brüder!!

Wollt ihr aber doch Sclaven bleiben, nicht hören die Stimme eines freyen Volkes, euren Fürsten, und unsern entwichenen Schaaren stolzer Bösewichter die Hand zu mörderischen Unternehmungen bieten — Ha! so seyd ihr unsrer Schonung nicht werth; und wir machen euch, wie einst unser Despot vor hundert Jahren, zu Bettlern, schonen eures Blutes und Eigenthums nicht, und siegen, oder sterben für unsre Freyheit allein....

Denn wir sind Franken!

M 10 „Patriotischer Rundgesang", um 1792. *Die Carmagnole war das populärste Lied der Französischen Revolution: „Wenn ihr den Tanz liebt, kommt, eilt herbei, zu trinken den französischen Wein, [zweimal] und mit uns zu tanzen. / Lasst uns die Carmagnole tanzen, es lebe der Ton, es lebe der Ton, / Lasst uns die Carmagnole tanzen, es lebe der Ton der Kanone. / Ah, das wird klappen, das wird klappen, / wiederholt das Volk ständig am heutigen Tag: / Ah! Das wird klappen, das wird klappen, / lasst uns die Rückkehr der guten Zeiten genießen."*

8 Arbeiten Sie die revolutionären Werte heraus, die das Flugblatt M9 anführt.
9 Ordnen Sie die Darstellung „Patriotischer Rundgesang" in den Revolutionsablauf ein (M10).
10 Informieren Sie sich über die Carmagnole mit einer Onlinerecherche.

M 11 Der französische Revolutionskalender

Am 5. Oktober 1793 beschloss der Nationalkonvent per Gesetz die Einführung des Revolutionskalenders. Der Beginn der Zeitrechnung wurde mit der Ausrufung der französischen Republik am 22. September 1792 festgelegt. Das Jahr begann am 22. September mit der Herbst-Tagundnachtgleiche (autumn equinox) und wurde in zwölf Monate mit jeweils 30 Tagen geteilt.

Herbst
1. Vendémiaire (Weinlesemonat) 22. 9.–21. 10.
2. Brumaire (Nebelmonat) 22. 10.–20. 11.
3. Frimaire (Reifmonat) 21. 11.–20. 12.

Winter
4. Nivôse (Schneemonat) 21. 12.–19. 1.
5. Pluviôse (Regenmonat) 20. 1.–18. 2.
6. Ventôse (Windmonat) 19. 2.–19. 3.

Frühling
7. Germinal (Keimmonat) 20. 3.–18. 4.
8. Floréal (Blütenmonat) 19. 4.–18. 5.
9. Prairial (Wiesenmonat) 19. 5.–17. 6.

Sommer
10. Messidor (Erntemonat) 18. 6.–17. 7.
11. Thermidor (Hitzemonat) 18. 7.–16. 8.
12. Fructidor (Fruchtmonat) 17. 8.–16. 9.

Am Ende des Jahres, vom 17. bis 21. September, wurden fünf Ergänzungstage (Jours Sansculottides) angehängt – alle vier Jahre wurde ein zusätzlicher Tag hinzugefügt. Auch diese Tage erhielten Namen und galten als Feiertage:
1. Fête de la vertu (Fest der Tugend)
2. Fête du génie (Fest des Geistes)
3. Fête du travail (Fest der Arbeit)
4. Fête de l'opinion (Fest der Meinung)
5. Fête des récompenses (Fest der Belohnungen)
6. Fête de la révolution (Fest der Revolution/des Umsturzes)

Anstelle der Einteilung in Wochen wurde jeder Monat in drei Dekaden mit jeweils zehn Tagen geteilt. Jeder zehnte Tag war ein Ruhetag und ersetzte somit den christlichen Sonntag. Auch die Einteilung in Stunden, Minuten und Sekunden wurde geändert. Ein Tag hatte zehn Stunden, jede Stunde 100 Minuten und jede Minute 100 Sekunden.

M 12 Die Sprache ändert sich

„Hier gibt man sich mit dem Titel Bürger die Ehre." Die Erklärung der Menschen- und Bürgerrechte verlieh dem erwachsenen Franzosen die staatsbürgerlichen Rechte des „Citoyen". Dieser Titel löste die unterschiedlichen Anredeformen der Ständegesellschaft (Sire, Seigneur, Monsieur) ab. Im Übrigen begann man, sich allgemein zu duzen.

M 13 Widerstand gegen den Revolutionskalender

Nach Einführung des revolutionären Kalenders 1793 waren öffentliche Feiern des christlichen Kalenders in Frankreich und den französisch besetzten Gebieten streng verboten. In lateinischen Versen wurde jedoch auf die alten Jahreszählungen durch lateinische Zahlzeichen, die nach ihren Zahlwerten addiert wurden, Bezug genommen.
Im Trierischen Ankündiger erschien am 10. Nivôse VIII ein Abgesang auf das verflossene Jahrhundert:
DoMInVs regnabIt: aVferet beLLa; paX IVstItIaqVe osCVLabVntVr.

M 14 Kokarde, 1789
Seit 1789 das Abzeichen der französischen Revolutionäre. Im Innenkreis die Aufschrift: „Égalité. Liberté"

M 15 Allegorien der Freiheit

15 a) Anonymus, Die Freiheit besiegt und zerstört die Missstände, aus der Zeitung Camille Desmoulins' (1760–1794) „Révolutions de France et de Brabant", 14. November 1790, Radierung

15 b) Anonymus, Triumph der einen, unteilbaren und demokratischen Freiheit, Lyon 1793/94, Radierung

11 Stellen Sie dar, welche politisch-philosophische Vorstellung dieser umfassenden Umgestaltung des Tages- und Wochenrhythmus (M11) zugrunde liegt.

12 Diskutieren Sie, welche Funktion das Tragen der Kokarde im öffentlichen Raum einnahm (M14). Kennen Sie aus der Gegenwart ähnliche an der Kleidung getragene Zeichen zur politischen Identifikation?

13 Vergleichen Sie Bildaufbau und Symbolik der Radierungen M15a und M15b:
a) Die Freiheit besiegt und zerstört die Missstände und
b) Triumph der einen, unteilbaren und demokratischen Freiheit
und bestimmen Sie das Selbstverständnis der Revolutionäre in der Radierung.

Bildquellen – Das politische Flugblatt

Die Druckgrafik tauchte wie die Flugschrift mit dem Buchdruck Gutenbergs Ende des 15. Jahrhunderts in Europa auf. Sie erschien zunächst als Holzschnitt, der dann vom Kupferstich abgelöst wurde (17./18. Jahrhundert). Im 19. Jahrhundert dominierten Lithografie und Stahlstich in der Druckgrafik. Als politische Druckgrafik spielte sie erstmals im Reformationszeitalter eine wichtige Rolle und dient seither der Geschichtswissenschaft als Quelle.

Die politische Druckgrafik kann dasselbe Ziel wie die politische Flugschrift verfolgen, hat aber einen eingegrenzten Adressatenkreis. Ist die Flugschrift für Lesekundige bestimmt, so ist die Druckgrafik das einzige Massenmedium vor Rundfunk und Fernsehen, das auch Analphabeten ansprechen kann. Im Frankreich der Revolutionszeit waren etwa 63 % der Bevölkerung des Lesens und Schreibens nicht mächtig, konnten allenfalls ihren Namen schreiben. Ein zweiter wenig bekannter Umstand trägt zur großen Bedeutung der Druckgrafik für die Revolutionszeit in Frankreich bei: Mehr als die Hälfte der Bewohner Frankreichs verstand 1789 kein Französisch. Die neue Nationalversammlung Frankreichs war bis 1793 mit den Übersetzungen ihrer Beschlüsse ins Aquitanische, Provenzalische, Deutsche, Baskische, Italienische und Bretonische beschäftigt. Erst die Diktatur des Wohlfahrtsausschusses setzte das Französische allgemein in Frankreich durch.

Politische Druckgrafik der Französischen Revolution beeindruckt durch die optische Vergegenwärtigung abstrakter Vorgänge. Sie kann komplexe Zusammenhänge erschließen, einen emotionalen Zugang zu schwierigen Stoffen eröffnen und ähnlich wie der politische Witz Undurchsichtiges in ein befreiendes Bild fassen. Diese Stärken schränken aber gleichzeitig ihren Wert als historische Quelle ein. Ihre Eindeutigkeit, ihr Witz, ihre Einprägsamkeit ist häufig durch Simplifikation, entschiedene Parteilichkeit oder übelwollende Einseitigkeit erkauft, die für den Historiker nicht immer leicht zu durchschauen ist. Die Entschlüsselung des Sinnes von politischer Druckgrafik ähnelt oft der Aufgabe, die ein Bilderrätsel oder eine Denksportaufgabe stellt.

M 16 Die Bedeutung des Ballhausschwures in einem anonymen kolorierten Kupferstich.
*Der Text auf dem Amboss lautet: „Neue Verfassungen". Darunter steht in freier Übersetzung:
„Frisch voran!
Auf den Amboss an das heiße Eisen ran!
Frisch voran!
Habt nur Mut!
Beherzt wird jede Arbeit gut."*

M 17 Das Erwachen des Dritten Standes. *Interpretation der politischen Bedeutung des 14. Juli 1789 in einem anonymen kolorierten Flugblatt (Kupferstich).*

14 Arbeiten Sie die Botschaft der Grafik M16 heraus. Vergleichen Sie das Verhältnis der Stände hier mit dem in der Grafik M17. Erläutern Sie die zugrunde liegende politische Auffassung.

15 Erstellen Sie vor dem Hintergrund der Nationalversammlung von 1789 eine Definition von Nation.

16 Beschreiben Sie das Bild M17. Wofür stehen die Personen im Vordergrund? Welches Ereignis bildet den Hintergrund?

17 Prüfen Sie, wessen Sicht der Ereignisse in M17 wiedergegeben wird.

18 Welches Verhältnis kennzeichnet die drei Stände 1789 tatsächlich? Vergleichen Sie dazu M17 mit der Abbildung M16.

Weiterführende Arbeitsanregungen zum revolutionären Zeichensystem

In der Französischen Revolution wurde mehr als eine Umgestaltung des politischen Systems angestrebt. Wie der burgundische Friedensrichter Jacques Boileau 1791 in einem Leserbrief an die Zeitung „Cercle Social" schrieb, müsse eine „nationale Erziehung" begonnen werden; in den Menschen solle „ein heiliges Feuer" für die Revolution entfacht werden, indem „wir eine Sprache der Zeichen gebrauchen und vervollkommnen". Neben neuen Symbolen wurden revolutionäre Namen eingeführt, neue Kulte geschaffen und sogar der Kalender erneuert.

Die Einführung des neuen Kalenders war eine der einschneidendsten Maßnahmen in die symbolische Ordnung der Welt des Ancien Régime, der eindeutige Bruch mit der alten christlichen Zeitrechnung und damit auch mit dem Festzyklus der Kirche. In ähnlicher Weise brach die Russische Revolution mit dem alten julianischen Kalender. Auch die Nationalsozialisten haben über die Einführung eines neuen Zeitrechnungssystems nachgedacht. In den von Frankreich eroberten Gebieten war an der Wende vom 18. zum 19. Jahrhundert der Widerstand gegen den neuen Kalender zum Teil erheblich.

1 Daten entschlüsseln – eine wichtige Aufgabe für Historiker
An welchem Datum unserer christlichen Zeitrechnung erschien der in M13 abgebildete Eintrag in der Trierer Zeitung? Entschlüsseln Sie das Datum mithilfe des Handbuchs von Grotefend. Informieren Sie sich darin allgemein über die verschiedenen Zeitrechnungssysteme und Kalenderreformen. Ihr Geschichts- oder Lateinlehrer hilft Ihnen sicher auch beim Übersetzen der lateinischen Verse. Die Auflösung finden Sie auch in dem Aufsatz von A. Göller und M. Ghetta.

2 Zeitungen als historische Quellen – eine Facharbeit
In den meisten Stadtarchiven oder Stadtbibliotheken befinden sich Sammlungen lokaler Zeitungen des ausgehenden 18. und frühen 19. Jahrhunderts. Recherchieren Sie in Ihrer Stadt, welche Zeitungen es gab. Wie wurde über die Ereignisse in Frankreich 1789 berichtet? Wie stellte sich die französische Herrschaft in den besetzten Gebieten in der Presse dar? Was erfährt man über republikanische Feste? Wurde in Ihrer Stadt auch ein Freiheitsbaum gepflanzt?

3 Chansons und Theaterstücke der Revolution – ein Thema für fachübergreifenden Unterricht
Ein wichtiges Medium der Verbreitung revolutionären Gedankenguts waren Lieder. Suchen Sie, z. B. im Internet, nach Chansons aus der Revolutionszeit. In Zusammenarbeit mit dem Französisch- und Musikunterricht können diese Lieder übersetzt und aufgeführt werden. Eine weitere interessante Quellengattung sind Theaterstücke aus der Revolutionszeit. Auch von deutschen Jakobinern wurden Stücke verfasst. Sie eignen sich zum Teil für Schulaufführungen.

Literatur:
Marcello Ghetta/Andreas Göller: Der Kampf um den Kalender – die Jahrhundertwende 1799/1800, in: Blaschke, Olaf, u. a.: „Su vill Geleier von wäjen där Jaohrhonnerdfeier". Jahrhundertwenden in Trier und Umgebung, Trier 1999, S. 49–70.
Hermann Grotefend: Taschenbuch der Zeitrechnung des deutschen Mittelalters und der Neuzeit, 11. Aufl. 1971, www.mannscripta-mediaevallia.de/gaeste/grotefend/grotefend.htm.
Lynn Hunt, Symbole der Macht, Macht der Symbole. Die Französische Revolution und der Entwurf einer politischen Kultur, Frankfurt a. M. (Fischer) 1989.
Rolf E. Reichardt, Das Blut der Freiheit. Französische Revolution und demokratische Kultur, Frankfurt a. M. (Fischer TB) 1998, S. 224 ff.

7   1789 – „Geburtsstunde" des modernen Feminismus? Geschlechterfragen in der Revolution

War die Französische Revolution die „Geburtsstunde des modernen Feminismus"? Vor allem in den ersten Jahren der Revolution wurde im Rahmen der Debatten über die Menschenrechte breit über das Verhältnis zwischen Mann und Frau diskutiert: Frauen griffen immer häufiger die **Ungleichheit der politischen und sozialen Rechte,** der gesellschaftlichen Stellung und der Bildungs- und Berufschancen an. Sie forderten in einer Vielzahl von Schriften, Petitionen, Zeitungsbeiträgen, Gedichten und öffentlichen Redebeiträgen Gleichheit zwischen den Geschlechtern. Die bekannteste dieser erst in den letzten Jahrzehnten wieder entdeckten Autorinnen war Olympe de Gouges. Sie veröffentlichte schon vor der Revolution mehrere Schriften zur Verbesserung der Situation von Frauen. 1792 erschien ihre nach der Erklärung der Menschenrechte in der französischen Verfassung gestaltete „Déclaration des droits de la femme et de la citoyenne". Nach dem Grundsatz „Die Frau wird frei geboren und bleibt dem Mann ebenbürtig in allen Rechten" forderte Olympe de Gouges unter Berufung auf das von der Menschenrechtserklärung gegen die politische und rechtliche Ungleichheit ins Feld geführte Naturrecht die Gleichheit von Frauen und Männern: gleiche Bürgerrechte, gleichen Zugang zu öffentlichen Ämtern, gleiches Recht, in der Öffentlichkeit zu reden, gleiches Recht auf Besitz und Bildung.

Es gab nur wenige Männer, die die Forderungen nach prinzipieller Gleichheit unterstützten, und auch unter den politisch aktiven Frauen selbst war die Definition von Gleichheit zwischen den Geschlechtern durchaus umstritten. Viele verbanden die prinzipielle naturrechtliche Gleichheit der Geschlechter durchaus mit unterschiedlichen sozialen Pflichten und teilweise auch mit unterschiedlichen politischen Rechten. Die natürliche Bestimmung der Frauen, so formulierten dies auch frühe „Feministinnen" während der Revolution, läge in der Versorgung der kleinen Kinder, der Pflege von Kranken und der Sorge für Haus und Familie, wodurch sie auch Anteil am politischen Aufbau der Republik hätten. Andere forderten radikale Gleichheit bis zur Kleidung.

Die revolutionäre Frauenbewegung

Die **Selbstorganisation von Frauen in politischen Klubs,** ihre öffentlichen Reden und Forderungen waren beachtlich. Frauen wurden auch an verschiedenen Punkten der Revolution politisch führend. So im berühmten Marsch der Pariser Frauen nach Versailles am 5. und 6. Oktober 1789 und in der Krise im Juni 1792, als sich Frauen massenhaft bewaffneten, um den König unter Druck zu setzen, die Entlassung von Gironde-Ministern zurückzunehmen. Vielfach wurde die aktive politische Beteiligung von Frauen vor allem auf ihre Sorge um das materielle Überleben ihrer Familien zurückgeführt und der Zug der Pariser Frauen nach Versailles als „Brotmarsch" bezeichnet. Dass der Revolutionshistoriker Hyppolite Taine 1876 meinte, Frauen hatten in der Revolution vor allem aufgrund der „Triebe des Magens" (passions de l'estomac) gehandelt, während für die Männer die „passions de la cervelle", also der Verstand bzw. die Vernunft, handlungsleitend gewesen seien, wird dem differenzierten politischen Engagement von Frauen in den Jahren der Revolution nicht gerecht.

Die Aktionen und die politische Beteiligung von Frauen wurden von zahlreichen männlichen Revolutionspolitikern in den frühen Jahren als Bedrohung empfunden. Die **Pariser Frauenklubs,** in denen sich auch Frauen aus dem Kleinbürgertum organisierten und die vielfach die radikalen Forderungen der Sansculotten unterstützten, empfanden selbst die radikalen Jakobiner als unbequem. Im Frühjahr 1794 wurden politische Frauenklubs verboten. Unter dem Hinweis auf die ihnen von Natur aus zufallenden häuslichen Aufgaben wurde Frauen die gleichberechtigte Teilhabe am politischen Leben untersagt, ihnen das Tragen der roten Bürgermütze, des Symbols des politisch berechtigten Bürgers, verboten.

Kaum umstritten war allerdings die Aufgabe der Frauen sowohl in der Mädchenbildung als auch im gesamten Bereich der karitativen Tätigkeit, die in der Revolution aus den Händen der Kirche genommen und weltlichen Trägern zugewiesen wurde. Auch wenn den Frauen die Fähigkeit zu „ernsthaftem Nachdenken" in der Begründung des Verbots der Frauenklubs abgesprochen wurde, wurde 1793 das **Gesetz über den öffentlichen Unterricht** erlassen, das auch für Mädchen den obligatorischen Besuch von Primarschulen vorsah. Selbst politischer Unterricht war hier für sie vorgesehen, da die Mädchen auf ihre Aufgabe als „republikanische Mütter", d. h. auf die Erziehung von Staatsbürgern und Patrioten, vorbereitet werden müssten. Mädchenunterricht, der bisher im Wesentlichen von Ordensschwestern erteilt wurde, ging nun für einige Zeit in die Hände weltlicher Lehrerinnen über. Revolutionäre Frauen fanden hier auch ein neues Berufsfeld. Für ihren Einsatz im karitativen Bereich forderten manche Frauen ein verpflichtendes Dienstjahr für Mädchen, parallel zum Wehrdienst der Männer, nachdem im April 1793 die Frauen vom Waffendienst ausgeschlossen und die relativ zahlreichen Frauen, die sich zu den Revolutionstruppen gemeldet hatten, entlassen worden waren.

Frauenbilder – Männerbilder

Ein besonderes Charakteristikum der Position von Frauen während der Französischen Revolution war die enorme Bedeutung, die ihnen in der revolutionären wie der gegenrevolutionären **Bildpropaganda** zukam. Diese Verwendung von Frauen bzw. auch der weibliche Körper war aber durchaus ambivalent:

Zum einen wurden **Frauenbilder** als Symbole für die höchsten Werte der Revolution gebraucht, für Freiheit, Nation, Verfassung, Republik, Natur. Das Volk säugt und stärkt sich auf vielen Bildern an der Milch aus den Brüsten einer als Frau bzw. Göttin dargestellten Personifizierung der Natur. Dies wurde 1793 auch auf der von dem Maler Jacques-Louis David organisierten „Fête de l'Unité" in das Festprogramm eingebaut: Aus den Brüsten einer Göttin floss wie aus einem Brunnen Wasser, das die Abgeordneten der Departements stellvertretend für das Volk tranken. Das Volk wurde dadurch symbolisch zu Kindern einer Mutter, zu Geschwistern. Diese symbolische Verweiblichung der Nation und ihrer neuen Grundwerte stand vermutlich in engem Zusammenhang mit der Entmachtung und schließlichen Enthauptung des Königs, dessen Person und Bild bisher immer als Symbol für die Nation standen. Das Vaterbild des Königs wurde in der Revolution durch ein auf Egalität der Kinder ausgerichtetes Mutterbild ersetzt. Häufig knüpfte die revolutionäre Bildsprache in ihrem Bemühen, die christliche Religion durch die neuen Kulte der Revolution zu verdrängen, direkt an religiöse Mariendarstellungen an. (Daneben gab es allerdings auch Grafiken, in denen sich die Revolution die mythischen Allegorien herrscherlicher Macht aneignete und das Volk, das nun im Besitz der staatlichen Souveränität war, als Herkules mit der Keule dargestellt wurde.) Seit 1793 ging jedoch mit der Zurückdrängung der Frauen aus der aktiven politischen Teilhabe auch ihre Präsenz in der revolutionären Ikonografie allmählich zurück.

Zum anderen brachte die Bildpublizistik der Revolution Darstellungen von Frauen hervor, die z. T. geradezu pornografisch waren. Sie spielten mit den **alten Geschlechterklischees** von männlicher Überlegenheit und weiblicher Schwäche und benützten diese Aussagen, um politische Gegner anzugreifen und verächtlich zu machen. Dieses Mittels bedienten sich keineswegs nur die gegenrevolutionären Grafiken, sondern es gehörte auch zur Bildsprache der Revolution. Schließlich kam durch den liberalisierten Buchmarkt auch eine Vielzahl ganz gewöhnlicher pornografischer Literatur und Abbildungen auf den Markt, z. B. die Werke des berüchtigten Marquis de Sade. Auch dies zeigt, dass es selbst während der in Beziehung auf die Geschlechter am deutlichsten „demokratischen" Anfangsphase der Revolution nicht gelungen war, ein neues, gleichberechtigtes Verhältnis zwischen Mann und Frau zu etablieren.

Hinweise zur Arbeit mit den Materialien

Die Quellen zum Thema Frauen in der Französischen Revolution ermöglichen es, das Spannungsverhältnis von revolutionären Veränderungen und dem Beharren auf traditionellen **Geschlechtervorstellungen** nach 1789 zu problematisieren. Neben der Frage, in welcher Weise sich Frauen an den Ereignissen beteiligt haben und auf Veränderungen in der Gesellschaft hingewirkt haben (M1 bis M3), geht es auch um die **Widerstände**, die ihnen von den (revolutionär gesonnenen) Männern im Namen von traditionellen Natur- und Weltbildern entgegengebracht wurden (M4, M5).

Die *Themensonderseiten* beschäftigen sich mit den Anfängen der **Frauenrechtsbewegung**. Innerhalb der engen gesellschaftlichen Handlungsspielräume erkämpften sich Frauen in Frankreich Gehör für ihre Anliegen und forderten politische Mitsprache. Die Menschenrechte wurden dabei in der Praxis von den Männern häufig als ausschließliche Rechte der Männer verstanden.

In den *Weiterführenden Arbeitsanregungen* werden Referate, Facharbeiten und ein Ausstellungsprojekt zum Thema Frauen in der Revolution angeregt.

M 1 Politik nur für Männer?

Marie-Jeanne Roland de la Platière (1754–1793) über politische Zusammenkünfte bei ihrem Mann, dem späteren Innenminister:
Es wurde sogar beschlossen, dass man viermal in der Woche abends zu mir kommen wolle. […] Diese Anordnung war mir im höchsten Maße angenehm. Sie hielt mich
5 über die Dinge, für die ich mich lebhaft interessierte, auf dem Laufenden: Sie begünstigte meine Neigung, den politischen Gedankengängen zu folgen und die Menschen zu studieren. Ich wusste, welche Rolle mei-
10 nem Geschlecht zukam, und bin nie aus ihr herausgetreten. Die Versammlungen wurden in meiner Gegenwart gehalten, ohne dass ich teil daran nahm; außerhalb des Kreises und an einem Tische sitzend beschäftigte ich mich mit Handarbeiten oder schrieb Briefe, 15 während die Männer sich berieten. Wenn ich aber auch zehn Sendschreiben abzufertigen hatte, was zuweilen vorkam, so verlor ich doch kein Wort von allem, was gesprochen wurde, und es kam hier und da vor, 20 dass ich mich in die Lippen biss, um nicht dreinzureden.

Was mir hauptsächlich auffiel und mich wirklich unangenehm berührte, war diese Art oberflächlichen Geschwätzes, […] ohne 25 zur Entscheidung zu gelangen. Nehmt doch die Sachen einzeln vor! Ihr gedenkt vortreffliche Grundsätze durchzuführen, gute Ideen aufzustellen, Bahnen zu öffnen: aber in der

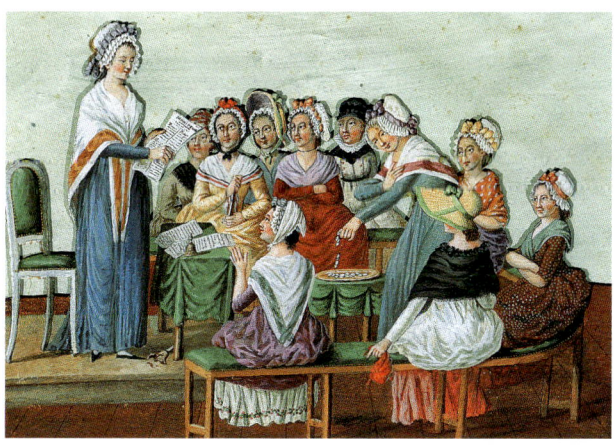

M2 Patriotischer Frauenklub, Pierre Etienne Lesueur, Gouache, 1791

Masse kann von keinem gezeichneten Gang, von keinem festen Ergebnis, von keinem bestimmten Punkt die Rede sein, auf dem verabredungsgemäß jeder auf diese oder jene Art ankommen soll.

Zit. nach Max Krell (Hrsg.), *Aus den Tagen der Schreckensherrschaft. Memoiren der Frau Roland über die Französische Revolution*, Dresden (Aretz) 1927, S. 40 f.

M 3 Olympe de Gouges fordert die Gleichberechtigung der Geschlechter, 1791

MANN, bist du fähig, gerecht zu sein? Es ist eine Frau, die dich danach fragt; wenigstens dieses Recht wirst du ihr nicht nehmen. Sag mir – wer hat dir die unumschränkte Macht gegeben, mein Geschlecht zu unterdrücken? Deine Kraft? Deine Talente? Betrachte den Schöpfer in seiner Weisheit; durchwandre die Natur in ihrer ganzen Größe, der du dich vergleichen zu wollen scheinst, und nenne mir, wenn du es wagst, das Beispiel dieser tyrannischen Macht.

Der Mann allein hat sich aus dieser Ausnahme ein Prinzip zurechtgestümpert. Bizarr, blind, von Wissenschaften aufgeblasen und degeneriert, will er in diesem Jahrhundert der Aufklärung und des durchdringenden Denkens mit krassester Unwissenheit als Despot einem Geschlecht befehlen, das mit allen intellektuellen Fähigkeiten begabt ist; er will die Revolution genießen und will seine Rechte auf Gleichheit einfordern, um nicht noch mehr sagen zu müssen.

Erklärung der Frauen- und Bürgerinnenrechte, von der Nationalversammlung in ihren letzten Sitzungen oder in der nächsten Legislaturperiode zu beschließen.

Präambel
Die Mütter, die Töchter, die Schwestern, Vertreterinnen des Volkes, verlangen, als Nationalversammlung eingesetzt zu werden. In Erwägung, dass die Unkenntnis, das Vergessen oder die Verachtung der Frauenrechte die einzigen Ursachen öffentlichen Unglücks und der Verderbtheit der Regierungen sind, haben sie beschlossen, die natürlichen, unveräußerlichen und heiligen Rechte der Frau in einer feierlichen Erklärung darzulegen, damit diese Erklärung ständig allen Mitgliedern der Gesellschaft gewärtig sei und sie ohne Unterlass an ihre Rechte und Pflichten erinnere; damit die Handlungen der Gewalt der Frauen und die der Gewalt der Männer in jedem Augenblick mit dem Zweck jeder politischen Einrichtung verglichen werden können und dadurch mehr geachtet würden; damit die Ansprüche der Bürgerinnen, fortan auf einfache und unbestreitbare Grundsätze gegründet, sich immer auf die Erhaltung der Verfassung, der guten Sitten und das Glück aller richten mögen. Demnach erkennt und erklärt das in den Schmerzen der Mutterschaft an Schönheit wie an Mut überlegene Geschlecht in Gegenwart und unter dem Schutz des Höchsten Wesens folgende Frauen- und Bürgerinnenrechte:

I.
Die Frau ist frei geboren und bleibt dem Mann an Rechten gleich. Gesellschaftliche Unterschiede dürfen nur im gemeinen Nutzen gegründet sein.

II.
Der Zweck jeder politischen Vereinigung ist die Erhaltung der natürlichen und unverjährbaren Rechte der Frau und des Mannes: diese Rechte sind die Freiheit, das Eigentum, die Sicherheit und vor allem der Widerstand gegen Unterdrückung.

III.
Der Ursprung aller Souveränität ist seinem Wesen nach beim Volk, das nichts anderes ist als die Verbindung von Frau und Mann: keine Körperschaft, kein Individuum kann eine Gewalt ausüben, die nicht ausdrücklich von ihr ausgeht.

IV.
Die Freiheit und die Gerechtigkeit bestehen darin, jedem zu geben, was ihm gebührt; so hat die Ausübung der natürlichen Frauenrechte keine anderen Grenzen als die ewige Tyrannei, die der Mann ihr entgegenstellt; diese Grenzen müssen durch die Gesetze der Natur und der Vernunft abgeschafft werden.

V.
Die Gesetze der Natur und der Vernunft verbieten alle der Gesellschaft schädlichen Handlungen: alles, was nach diesen weisen und göttlichen Gesetzen nicht verboten ist,

kann nicht verhindert werden, und niemand kann gezwungen werden zu tun, was sie nicht befehlen.

VI.

Das Gesetz muss der Ausdruck des allgemeinen Willens sein; alle Bürgerinnen und Bürger müssen persönlich oder durch ihre Vertreter an seiner Entstehung mitwirken, es muss für alle gleich sein: alle Bürgerinnen und Bürger sind vor ihm gleich und sollen gleichermaßen zu allen Würden, Stellen und öffentlichen Ämtern nach ihren Fähigkeiten zugelassen sein ohne einen anderen Unterschied als den ihrer Tugenden und Talente.

VII.

Keine Frau ist ausgenommen; sie wird in den vom Gesetz bestimmten Fällen angeklagt, verhaftet und gefangen gehalten. Frauen wie Männer gehorchen diesem strengen Gesetz.

VIII.

Das Gesetz soll nur solche Strafen festsetzen, die offenbar unbedingt notwendig sind, und niemand kann aufgrund eines Gesetzes bestraft werden, das nicht vor Begehung der Tat erlassen, verkündet und rechtmäßig auf die Frage angewendet worden ist.

IX.

Jede für schuldig befundene Frau trifft die ganze Strenge des Gesetzes.

X.

Niemand darf wegen seiner Meinungen, selbst grundsätzlicher Art, beeinträchtigt werden; die Frau hat das Recht, auf das Schafott zu steigen; sie muss das gleiche Recht haben, auf die Tribüne zu steigen; vorausgesetzt, ihre Kundgebungen stören die durch das Gesetz festgelegte öffentliche Ordnung nicht.

XI.

Die freie Äußerung der Gedanken und Meinungen ist eines der wertvollsten Frauenrechte, da diese Freiheit die Legitimität der Väter gegenüber ihren Kindern sichert. Jede Bürgerin kann daher frei sagen, ich bin Mutter eines Euch angehörigen Kindes, ohne dass ein barbarisches Vorurteil sie zur Verheimlichung der Wahrheit zwingt; unter Vorbehalt der Verantwortlichkeit für den Missbrauch dieser Freiheit in den durch das Gesetz bestimmten Fällen.

XII.

Die Garantie der Frauen- und Bürgerinnenrechte erfordert höheren Nutzen; diese Garantie muss zum Vorteil aller und nicht zum Sondernutzen derer, denen sie anvertraut ist, eingesetzt werden.

XIII.

Für den Unterhalt der öffentlichen Gewalt und für die Kosten der Verwaltung sind die Abgaben von Frau und Mann gleich; sie hat teil an allen Lasten, an allen schwierigen Aufgaben, daher muss sie gleichen Teil an der Verteilung der Stellen, der Posten, der Würden und Gewerbe haben.

XIV.

Die Bürgerinnen und Bürger haben das Recht, selbst oder durch ihre Vertreter die Notwendigkeit der öffentlichen Abgabe festzustellen. Die Bürgerinnen können dazu jedoch nur im Fall der Einräumung gleicher Anteile nicht nur am Vermögen, sondern auch an der öffentlichen Verwaltung und an der Bestimmung von Höhe, Veranlagung, Eintreibung und Dauer der Steuer beitragen.

XV.

Die Masse der Frauen ist zur Steuerleistung mit der der Männer zusammengeschlossen und hat das Recht, von jedem öffentlichen Beamten Rechenschaft über seine Verwaltung zu fordern.

XVI.

Jede Gesellschaft, in der die Garantie der Rechte nicht zugesichert noch die Trennung der Gewalten festgelegt ist, hat keine Verfassung; die Verfassung ist nichtig, wenn nicht die Mehrheit der Individuen, die das Volk zusammensetzen, an ihrer Abfassung mitgewirkt hat.

XVII.

Eigentum kommt beiden Geschlechtern zu, seien sie vereint oder getrennt: es stellt für jedes ein unverletzliches und heiliges Recht dar; niemand kann seiner als eines wahren Erbes der Natur beraubt werden, es sei denn, eine öffentliche, gesetzlich festgestellte Notwendigkeit fordere es klar; und dann nur unter der Bedingung einer gerechten und vorherigen Entschädigung.

In: Autorinnengruppe Wien (Hrsg.): Das ewige Klischee. Zum Rollenbild und Selbstverständnis bei Männern und Frauen, Wien (Boehlau) u. a. 1981, S. 50 ff.

M4 Bestimmt die Natur die Aufgaben und Rechte der Geschlechter?

Aus der Begründung des Pariser Sicherheitsausschusses über ein prinzipielles Verbot der Frauenklubs, Oktober 1793:

Die häuslichen Aufgaben, zu denen Frauen von Natur aus bestimmt sind, gehören selbst zur allgemeinen Ordnung der Gesellschaft. Diese soziale Ordnung resultiert aus dem Unterschied, der zwischen Mann und Frau besteht. Jedes Geschlecht ruft nach der ihm eigenen Art von Beschäftigung, bewegt sich in diesem Kreis, den es nicht überwinden kann. Denn die Natur, die dem Menschen diese Grenzen gesetzt hat, befiehlt gebieterisch und hält sich an kein Gesetz. Der Mann ist stark, robust, mit einer großen Energie, mit Kühnheit und Mut geboren. Er meistert die Gefahren, die Rauheit der Jahreszeiten durch seine Konstitution. Er widersteht allen Elementen. Er ist für die Künste wie für die schweren Arbeiten geeignet. Und da er fast ausschließlich für die Landwirtschaft, den Handel, die Schifffahrt, die Reisen, den Krieg bestimmt ist, zu all jenem also, was nach Kraft, Intelligenz und Kompetenz verlangt, so scheint auch er allein zu jenen tief gehenden und ernsthaften Meditationen geeignet, die eine große Anstrengung des Geistes und lange Studien voraussetzen, denen Frauen nicht nachgehen können.

Welches ist der der Frau eigentümliche Charakter? Die Sitten und die Natur selbst haben ihr Aufgaben zugesprochen: die Erziehung der Menschen zu beginnen, den Geist und das Herz der Kinder auf die öffentlichen Tugenden vorzubereiten, sie von früh an zum Guten hinzulenken, ihr Gemüt zu entfalten, [...] neben den Sorgen um den Haushalt. [...] Wenn die Frauen all diese Aufgaben erfüllen, haben sie sich um das Vaterland verdient gemacht. [...] Erlaubt es die Sittsamkeit einer Frau, sich in der Öffentlichkeit zu zeigen und gemeinsam mit den Männern zu kämpfen, im Angesicht des Volkes über Fragen zu diskutieren, von denen das Wohl der Republik abhängt? Im Allgemeinen sind Frauen kaum zu hohen Vorstellungen und ernsthaftem Nachdenken fähig.

Zit. nach: Susanne Petersen, Brot und Kokarden – Frauenalltag in der Revolution, in: Viktoria Schmidt-Linsenhoff (Hrsg.), Sklavin oder Bürgerin? Französische Revolution und neue Weiblichkeit 1760–1830, Marburg (Jonas) 1989, S. 35 f.

M5 Die Bestimmung der Frau durch die Natur
Augustin Claude Le Grand, „Jean Jacques Rousseau oder der natürliche Mensch", Kupferstich, um 1785.

1 Analysieren Sie die jeweiligen Forderungen und ihre Begründungen in M1 bis M3.
2 Erarbeiten Sie das Frauen- und Männerbild, das den Quellen M1 bis M5 zugrunde liegt.
3 Vergleichen Sie die Erklärung der Frauen- und Bürgerinnenrechte mit der Erklärung der Menschen- und Bürgerrechte.
4 Erarbeiten Sie aus M4, M5 die Argumente, die gegen eine politische Tätigkeit von Frauen und gegen das Frauenwahlrecht vorgebracht werden. Welches Bild von den Aufgaben des Mannes und der Frau entwerfen die Quellen?
5 Konzipieren Sie mithilfe des Internets einen Artikel zum Stichwort „Emanzipation" für Ihre Schülerzeitung.
6 Diskutieren Sie, inwieweit sich weltweit die politische Mitsprache von Frauen seit der Französischen Revolution verbessert hat.

Präsentation
7 🏃 Informieren Sie Ihren Kurs über die Entwicklung des Frauenwahlrechts seit der Französischen Revolution.

Die Frauenrechtsbewegung in der Französischen Revolution aus der Sicht der Forschung

M6 Die englische Historikerin Olwen Hufton (geb. 1938) zu „aufrührerischen" Frauen im 17. und 18. Jahrhundert (1992)

Der Typus von Frauen, die sich in Unruhen engagierten, unterschied sich in einigen Aspekten je nach dem Typus der Unruhe. In Brotunruhen waren solche Frauen verwickelt, die auf dem Markt einkaufen gingen; bei politischen Unruhen gab es ein etwas breiteres Spektrum von Teilnehmerinnen. [...] Gleichwohl war es nicht etwa so, dass Frauen, die nicht an das Leben in der Straße gewöhnt waren, bei einem Tumult plötzlich auf die Straße strömten. Ein Tumult bildete sich in der Nachbarschaft und in Treppenhäusern. Man rebellierte zusammen mit seinen Nachbarn, Freunden und Verwandten. Manchmal trat dabei ein Stadtteilführer oder Hauptmann auf und Flaggen entstanden aus Unterröcken. Gute Kleider waren unpassend und die Sprache war derb. [...] Und die aufrührerischen Frauen im revolutionären Frankreich glichen wiederum nicht denen, die Priester beherbergten.[1] [...]

Ein weiteres bemerkenswertes Merkmal der aufrührerischen Frau ist ihr vorgerücktes Alter. [Die Historikerin] Dominique Godineau schätzt das Alter der typischen Frau der revolutionären *journées*[2] auf ungefähr 50 Jahre und ihre Kinder waren praktisch erwachsen. Sie ist eine Lohnarbeiterin, Näherin, Wäscherin, Stickerin, Kleinhändlerin, Blumenverkäuferin, Concierge[3], Zeitungsverkäuferin und lebt oft ohne einen Mann, der sie ernährt. Ein ganz ähnlicher Typus, wenn auch ein Jahrzehnt jünger, ergibt sich aus [Rudolf] Dekkers Untersuchung der holländischen Aufstände. Frauen unter 25 Jahre sind selten dabei und die meisten unter ihnen, soweit sie in Städten lebten, mögen in häuslichen Diensten gestanden haben. Das Durchschnittsalter von Teilnehmerinnen an Brotunruhen lag bei 40, in religiösen und politischen Revolten bei 37 Jahren. Aber es lassen sich auch Einzelfälle von über siebzigjährigen Frauen finden, die oft die Rolle einer Anführerin innehatten und zuweilen geradezu Dynastien von Revoltierenden angehörten.

Die englischen Belege geben sich weniger leicht zu einer Verallgemeinerung her. Das englische Armenrecht bedeutete eine machtvolle Abschreckung dagegen, die Mutter einer Herde von Kindern ins Gefängnis zu setzen, und diese Tatsache mag mitbestimmt haben, wer vor Gericht kam. [Die Historikerinnen] Thomis und Grimmet meinen, [...] dass die typische Aufrührerin zwischen zwanzig und vierzig Jahre alt war und somit jünger als ihr Pendant auf dem Kontinent. Eine Analyse aufrührerischer Frauen lehrt uns offensichtlich einiges über die Rollen der Geschlechter in der Gemeinde; aber was genau lehrt sie uns und gibt es Hinweise auf einen Machtkampf der Geschlechter, auf den [die Historikerin] Susan Desan aufmerksam macht? Gewiss rebellierten Frauen, um das zu beschützen, was sie wertschätzten, und um die Amtsgewalt aufzufordern, die Not der Unschuldigen zur Kenntnis zu nehmen. Sie sind meist, wenn nicht sogar immer, unbewaffnet und sie ziehen zur höchsten Stelle, wenn diese erreichbar ist. Aber das Recht macht es ihnen möglich, sich hinter dem Bild von der unverantwortlichen und widervernünftigen Frau zu verbergen, insbesondere in Abwesenheit ihrer Ehemänner, und dieses mag der gesamten Gemeinschaft ermöglicht haben, sich hinter den Frauen zu verbergen. Frauen konnten dahin stürmen, wohin Männer nicht gehen konnten. Als Aufrührerinnen mögen sie deshalb das Sprachrohr ihrer Gemeinde gewesen sein.

Olwen Hufton, Aufrührerische Frauen in traditionalen Gesellschaften: England, Frankreich und Holland im 17. und 18. Jahrhundert, in: Geschichte und Gesellschaft 18, 1992, S. 442 f.

1 Gemeint sind die eidverweigernden Priester.
2 Tage mit wichtigen Revolutionsereignissen und -umzügen
3 Hausmeisterin

M 7 Frauen mischen sich ein

Die Historikerin Dominique Godineau zu den Handlungsspielräumen von Frauen in der Revolution:

Die Teilnahme der Frauen an den Revolutionen des ausgehenden 18. Jahrhunderts beschränkte sich keineswegs auf die Momente des Aufruhrs. Ihr tägliches Engage-
5 ment variierte je nach den Traditionen und Situationen eines Landes. Zweifellos war ihre Beteiligung in Frankreich am umfassendsten; dort vermochten die weiblichen Sansculotten, die in die politische Arena
10 drängten, ihren Aktivitäten eine nationale Dimension zu geben. Ihr militantes Vorgehen ergab sich weitgehend aus ihrem ambivalenten Status als Bürgerinnen ohne Staatsbürgerschaft. Manche politischen
15 Handlungsweisen von Frauen waren offensichtlich ein Versuch, den rechtlichen Ausschluss aus dem politischen Gemeinwesen zu kompensieren und sich als Mitglieder des Volkes souverän zu bestätigen.
20 Obgleich Frauen sich nicht an den Entscheidungsfindungen politischer Gremien beteiligen durften, drängten sie doch in großer Zahl auf die für das Publikum offenen Zuschauerränge. Zeitgenossen kommentier-
25 ten die Mehrheit von Frauen im Publikum und kritisierten den fieberhaften Eifer, mit dem Frauen den politischen Versammlungen beiwohnten. Die Frauen blieben als Publikum keineswegs stumm. Schreie, Zwi-
30 schenrufe und Applaus störten oft den Verlauf der Debatten. Bei solchen Anlässen erwarben Frauen 1795 den Spitznamen tricoteuses („Strickerinnen"). Sie wurden beschrieben als Zuschauerinnen, die „auf
35 den Tribünen Posten bezogen haben und mit ihren heiseren Stimmen Einfluss auf die gesetzgebende Versammlung nehmen". Für die Frauen war ihre Anwesenheit auf den Tribünen eine Möglichkeit, sich konkret und
40 symbolisch in die politische Sphäre einzubringen. In der Tat erfüllten diese Zuschauerränge in der Vorstellung des Volkes eine wesentliche politische Funktion: Sie überwachten die Aktivitäten der Gewählten.
45 Indem eine Frau auf den öffentlichen Rängen Platz nahm, bekundete sie, dass sie an der politischen Herrschaft teilhatte, auch ohne dazu gesetzlich berechtigt zu sein. Trotz allem und trotz der Existenz einiger
50 weniger gemischter Volksvereine erhielten Frauen keine vollgültige Mitgliedschaft in den revolutionären Organisationen. In mindestens dreißig Städten gründeten Frauen ihre eigenen politischen Klubs. [...]
55 Nach 1792 wurden diese Gesellschaften zunehmend radikaler und übernahmen eine aktive Rolle im politischen Leben ihrer Gemeinden, meistens an der Seite der Jakobiner.

Dominique Godineau, Töchter der Freiheit und revolutionäre Bürgerinnen, in: Georges Duby, Michelle Perrot, Geschichte der Frauen. 19. Jahrhundert, Frankfurt a. M. (Campus) 1994, S. 29 f.

8 Beschreiben Sie die Handlungssituationen und sozialen Merkmale von „aufrührerischen" Frauen (M6 und M7). Erläutern Sie die These von der spezifischen Rolle der Frau bei Aufständen und Revolten. Warum entsprechen die von Frauen überlieferten Quellen dem sozialgeschichtlichen Befund nur unzureichend?

9 Stellen Sie dar, wie sich Frauen trotz ihrer politischen Entmündigung Einfluss und Aktionsräume verschafften. Erläutern Sie, woher der „fieberhafte Eifer" rührte, den Godineau zitiert (M7).

10 Diskutieren Sie, weshalb es dennoch bis ins 20. Jahrhundert dauerte, bis die Frauen das Wahlrecht in Frankreich erhielten.

11 Klären Sie, warum sich manche Männer ihre Frauen so wie im Bild (M5) wünsch(t)en.

Präsentationen

12 Skizzieren Sie den Kampf um die politische, rechtliche und soziale Gleichstellung der Frau in Deutschland seit der Revolution von 1848/49. Vergleichen Sie dabei auch die Forderungen und ihre jeweilige Umsetzung in der Praxis.

13 Beim Ringen um den Grundgesetzartikel 3 gab es im Parlamentarischen Rat eine heftige Kontroverse, ehe der Artikel 3 im Januar 1949 vom Hauptausschuss des Parlamentarischen Rates einstimmig angenommen wurde.
a) Informieren Sie sich über die „vier Mütter" des Grundgesetzes.
b) Befragen Sie Frauen aus der Nachkriegsgeneration nach ihren Erfahrungen mit der rechtlichen Situation der Frauen.

Weiterführende Arbeitsanregungen zu Frauen in der Französischen Revolution

Seit dem ausgehenden 18. Jahrhundert und besonders während revolutionärer Umbrüche wie 1789, 1848 oder auch 1917/18 wurde von Frauen ihre soziale, politische und rechtliche Unterordnung unter die Männer öffentlich thematisiert und bekämpft. Eine Form des Anspruchs auf Teilhabe am öffentlichen politischen Leben war der Zusammenschluss von Frauen in Klubs und Vereinen. Auch wenn diese nicht immer im engeren Sinne politische Ziele verfolgten, sondern sich häufig z. B. karitativen Aufgaben widmeten, waren sie doch eine neue Form der Organisation von Frauen und deuteten einen Anspruch auf Teilhabe an den großen politischen und sozialen Fragen der Zeit an. Dennoch dauerte es bis ins 20. Jahrhundert, bis Frauen in den europäischen Staaten Wahlrecht bekamen. Ihre soziale und rechtliche Diskriminierung ist im letzten Drittel des 20. Jahrhunderts zurückgegangen, aber noch keineswegs vollständig abgebaut. Bis heute ist das Gleichheitspostulat der Menschenrechtserklärung, die in die Grundrechte vieler Verfassungen Eingang gefunden hat, der Ausgangspunkt für die Forderung nach Gleichstellung von Mann und Frau in der Gesellschaft.

1 Frauen in der Französischen Revolution – Präsentationen
Finden Sie etwas über wichtige Frauen in der Französischen Revolution wie Olympe de Gouges, Théroigne de Mericourt oder Charlotte Corday heraus. Recherchieren Sie anhand der angegebenen Literatur oder über das Internet genauer die Bedeutung von Frauenklubs in der Revolution.

2 Frauenvereine in Deutschland – ein Ausstellungsprojekt
In Deutschland entstanden vor allem während der antinapoleonischen Kriege zahlreiche „patriotische Frauenvereine". Viele bestanden lange über die Kriegszeit hinaus. Ihre große Anzahl und ihre Geschichte wurden von dem Historiker D. A. Reder dargestellt. Versuchen Sie über das Archiv Ihrer Stadt, über alte Adressbücher und Zeitungen etwas über die Geschichte von Frauenvereinen in Ihrer Stadt herauszufinden. Bereiten Sie das Material für eine kleine Ausstellung auf. Ihre Stadtbibliothek, die Volkshochschule oder das Archiv haben sicher Interesse daran.

3 Frauen in der Revolution – eine Facharbeit
An der Französischen Revolution waren Frauen nicht nur beteiligt, weil sie für ihre Rechte kämpften. Die Frauen griffen vor allem auch aus wirtschaftlichen und sozialen Gründen in das revolutionäre Geschehen ein. Vertiefen Sie in einer Facharbeit Ihre Kenntnisse über Handlungsformen und Erfahrungen von Frauen in der Französischen Revolution. Benutzen Sie dabei auch Quellen von Frauen (Briefe, Memoiren etc.). Ziehen Sie Vergleiche zur Rolle von Frauen zu Beginn der Russischen Revolution 1917.

Literaturhinweise
Marie-France Brive (Hrsg.), Les Femmes et la Révolution française, 3 Bde., Toulouse 1990.
Dirk A. Reder, Frauenbewegung und Nation. Patriotische Frauenvereine in Deutschland im frühen 19. Jahrhundert (1813–1830), Köln (SH) 1998.
Elke Harten, Hans-Christian Harten, Frauen – Kultur – Revolution, 1789–1799, Pfaffenweiler 1989.
Olwen Hufton, Women and the Limits of Citizenship in the French Revolution, Toronto 1992.
Sara E. Melzer, Leslie W. Rabine (Hrsg.), Rebel Daughters. Women and the French Revolution, New York 1992.
Susanne Petersen, Marktweiber und Amazonen. Frauen in der Französischen Revolution. Dokumente, Kommentare, Bilder, Köln 1987.
Viktoria Schmidt-Linsenhoff (Hrsg.), Sklavin oder Bürgerin? Französische Revolution und neue Weiblichkeit 1760–1830, Marburg 1989.
Marilyn Yalom, Blood Sisters. The French Revolution in Women's Memory, New York 1993.

8 Phase 4 der Revolution (1794–1799) und die Herrschaft Napoleons (1799–1815)

Die vierte Phase der Revolution: Die Reaktion

Die vierte Phase der Revolution (1794–1799) ist gekennzeichnet durch die Restauration der Macht des Besitzbürgertums. Nach dem Datum der Verhaftung Robespierres am 9. Thermidor spricht man auch von der Phase der **Thermidorianer-Reaktion.** Diese Reaktion brachte – positiv ausgedrückt – die Rückkehr zur gemäßigten Verfassungsrevolution von 1789 bzw. 1791, kritisch gesehen die Abwehr der unter der Jakobinerherrschaft eingeleiteten sozialen Revolution und die erneute Einschränkung der politischen Rechte der Unterschichten. Diese Phase endete mit dem Staatsstreich Napoleons am 9. November 1799 und der berühmten Proklamation des neuen Herrschers vom 15. Dezember: „Bürger, die Revolution ist auf die Grundsätze gebracht, von denen sie ausgegangen ist, sie ist beendet."

Nachdem die Diktatur Robespierres zerschlagen war, regierte der alte, 1792 gewählte **Nationalkonvent** weiter – allerdings vielfach personell verändert durch Verfolgung und Terror. Die Abgeordneten kehrten im Prinzip zunächst zu einer girondistischen Politik zurück: Die Macht des Wohlfahrtsausschusses wurde auf die Bereiche von Außenpolitik und Krieg beschränkt; Gesetzgebung und Verwaltung wurden wieder einem eigenen Ausschuss unterstellt; die Sondergerichte der Revolution wurden ebenso abgeschafft wie die Zivilverfassung des Klerus; in der Wirtschaft kehrte man zu liberalen Grundsätzen zurück, also zu Freihandel, Reprivatisierung der verstaatlichten Produktionszweige (Nationalwerkstätten) und Abkehr von den sozialstaatlichen Aspekten der Verfassung von 1793.

Am 22. August 1795 verabschiedete der Nationalkonvent eine **neue Verfassung.** Nach britischem Vorbild führte man nun ein **Zweikammernsystem** ein, was 1789 noch verworfen worden war. Die Kammern sollten – wie nach der Verfassung von 1791 – aus indirekten (Wahlmänner) und ungleichen (Zensus) Wahlen hervorgehen. Der Gleichheitsgrundsatz der Menschenrechtserklärung wurde damit wieder auf die **Rechtsgleichheit** reduziert. Der alte Konvent misstraute jedoch wie einst der Wohlfahrtsausschuss der politischen Stimmung im Land und sicherte sich für die ersten Wahlen am 21. Oktober 1795 über ein Ausnahmegesetz noch einmal seine Macht. Dieses Ausnahmegesetz sah vor, dass zwei Drittel der alten Konventsmitglieder in den beiden neuen Kammern vertreten sein müssten. Bei der Regierung kehrte man zum Prinzip der klaren Gewaltentrennung (statt der Regierung durch Parlamentsausschüsse) zurück. Ein **Direktorium** von fünf „directeurs" bildete eine kollegiale Regierungsspitze mit kurzer Amtszeit, um der Gefahr einer Diktatur vorzubeugen. Dem Direktorium unterstanden die einzelnen Fachministerien (Direktorialverfassung).

Mit dieser Politik stießen der Nationalkonvent und die neue Regierung auf den Widerstand der sansculottischen und der royalistischen **Opposition.** Die Kehrtwende des Nationalkonvents in der Wirtschaftspolitik, vor allem die Aufhebung der Preisbindung von Lebensmitteln, erregte im Frühjahr 1795 die Pariser Bevölkerung. Unter dem Motto „Brot und die Verfassung von 1793" kam es zu einem letzten großen Aufstand der Sansculotten. Sie versuchten noch einmal, das Parlament unter Druck zu setzen (20.–23. Mai 1795). Regierungstreue Einheiten schlugen den Aufstand jedoch nieder. Die aufständischen Bürger wurden entwaffnet, der linke Widerstand war gebrochen.

Der royalistische Widerstand hatte sich schon 1793 mit dem Aufstand in der Vendée in den Provinzen formiert. In der Zeit der Terreur wurde diese Opposition zwar blutig unterdrückt, aber nach dem Fall Robespierres kam es sofort zu militärisch organisierten Gewaltmaßnahmen gegen Jakobiner und zu Aktionen antirevolutionärer Lynchjustiz (weißer Terror). Am 5. Oktober 1795 kam es zu einem ersten royalistischen Aufstand in Paris, der von einem noch wenig bekannten General **Napoleon** militärisch unterdrückt wurde.

Erwartungsgemäß errangen die Royalisten bei den ersten regulären Wahlen 1797 dann einen überragenden Wahlsieg. Dies führte zum ersten Staatsstreich einer Koalition von drei Direktoriumsmitgliedern (Barras, Reubell, La Revellière-Lépeaux) und republikanischen Offizieren (u. a. Napoleon Bonaparte), die am 4. September (18. Fructidor) 1797 das Parlament zwangen, die beiden anderen Direktoren (Letourneur, Carnot) sowie 53 royalistische Abgeordnete zu deportieren. Das reduzierte Direktorium griff nun zu den Mitteln diktatorischer Politik. Ausnahmegesetze wurden erlassen, Wahlen manipuliert. Dennoch gelang es nicht, den wachsenden royalistischen Widerstand zu brechen oder die Schuldenlast des Staates einzudämmen und den Staatsbankrott abzuwenden.

Napoleon Bonaparte – der Erbe der Revolution?

Vor dem Hintergrund zunehmender wirtschaftlicher Schwierigkeiten und außenpolitischer bzw. militärischer Misserfolge verschärfte sich im Sommer 1799 die royalistische Opposition in der Armee, zugleich lebte der jakobinische Widerstand in den Städten erneut auf. Um den gefährlichen royalistischen Tendenzen in der Armee zuvorzukommen, erzwangen gemäßigte Generale und liberale Abgeordnete wie Abbé Sieyès einen Austausch des Direktoriums und inszenierten schließlich am 9. November (18. Brumaire) 1799 einen **Staatsstreich** des populären Generals Napoleon Bonaparte. Damit wollten sie einem vollständigen Zusammenbruch der Regierung und der Revolution vorbeugen. Napoleon erklärte in einer Sitzung des Parlaments und unter Androhung militärischer Gewalt das Direktorium für aufgelöst. Nach einem noch von Sieyès, dem „Heroen" der Anfangsjahre, ausgearbeiteten Verfassungsentwurf ernannte sich Napoleon zum Ersten Konsul in einer aus drei Konsuln bestehenden provisorischen Regierung. Die Direktorialverfassung von 1795 war damit außer Kraft gesetzt.

Napoleons Machtbasis war die **Armee.** Sein öffentlicher Ruhm und seine hohe Akzeptanz in der Bevölkerung gehen auf seine militärischen Leistungen in Italien und auf die Durchsetzung des für Frankreich außerordentlich vorteilhaften Friedens von Campo Formio im Oktober 1797 zurück. Napoleon war zudem ein General der Revolution. Durch die Niederschlagung des Royalistenaufstandes im Jahr 1795 war er des Verdachts konterrevolutionärer Absichten enthoben. Das machte seine Person selbst in linken Kreisen zunächst akzeptabel.

Dies war ein Grund, weshalb die von Napoleon erlassene autoritäre Konsulatsverfassung vom 24. Dezember 1799 in einer Volksabstimmung mit großer Mehrheit gebilligt wurde. Zugleich lag dies aber auch an der Verfassung selbst, die auf geschickte Weise ihren autoritärdiktatorischen Kern mit demokratischen Elementen „verzierte". Es wurde nominell ein Zweikammersystem beibehalten. Die Vertreter der beiden Kammern gingen aus Wahlen hervor, die nach einem allgemeinen, aber indirekten Männerwahlrecht durchgeführt wurden. Die Befugnisse der beiden Kammern waren jedoch drastisch eingeschränkt. Das „Oberhaus" (tribunat) hatte nur beratende Funktion, das „Unterhaus" (corps législativ) konnte nur abstimmen, durfte aber nicht öffentlich beraten. Der Erste Konsul stand an der Spitze der Regierung, war aber nur auf zehn Jahre ernannt. Er besaß praktisch unumschränkte Rechte in der Exekutive, konnte aber auch Gesetze erlassen und eigenständig Staatsverträge abschließen. Dazu kam schließlich die Absicherung der Verfassung selbst durch ein Plebiszit. Man bezeichnet diese Mischung aus autoritären und plebiszitären Herrschaftstechniken auch als Cäsarismus.

Fundamente einer neuen Ordnung

Napoleons Politik war in den Anfangsjahren seiner Alleinherrschaft praktisch in allen Gebieten außerordentlich erfolgreich. Militärisch baute er das französische Imperium über Europa aus. Neben einer Währungsreform, der Abkehr vom Papiergeld der Assignaten und durchgreifenden Reformen des Steuersystems trugen auch die Einkünfte aus den besetzten Ländern zu einer zügigen Sanierung der Staatsfinanzen bei. Den Streit mit der katholischen Kirche, der den Jakobinern viel innerfranzösischen Widerstand eingebracht hatte, löste Napoleon durch ein **Konkordat** mit dem Papst. Darin wurde die katholische Religion zwar nicht mehr als Staatsreligion, aber immerhin als „Religion der Mehrheit der Franzosen" bezeichnet. Dafür erkannte der Papst die Enteignung des Kirchenguts und das Recht Napoleons, die Bischöfe zu ernennen, an. Dies trug Napoleon die Unterstützung all jener ein, die während der Revolutionszeit säkularisierte Kirchengüter erworben hatten und nun um die Sicherheit ihrer Besitzrechte bangten. Schließlich forderte Napoleon auch die Emigranten zur Rückkehr nach Frankreich auf und stellte ihnen die Rückgabe ihres noch nicht verkauften Landes in Aussicht.

Die stärkste politische Wirkung ging jedoch von Napoleons **Rechtspolitik** aus, die zentrale Grundsätze der liberalen Phase der Revolution kodifizierte und dadurch vor allem das französische Zivilrecht vereinheitlichte. In diesem auch Code Napoléon genannten **Code civil des Français** von 1804 wurden die Gleichheit vor dem Gesetz, die Freiheit des Eigentums und die Trennung von Kirche und Staat durch die Einführung der Zivilehe anerkannt. Das Zivilprozessbuch von 1806 und das Strafprozessbuch von 1808 schrieben das Prinzip der mündlichen und öffentlichen Gerichtsverhandlungen vor und schafften den schriftlichen Inquisitionsprozess ab. Über ihre Einführung in den besetzten Gebieten wirkten diese Gesetzbücher weit über Frankreich hinaus und beeinflussten die Rechtsentwicklung in ganz Europa.

Mit diesen Reformmaßnahmen gelang Napoleon eine Integrationspolitik, die ihm nicht nur 1802 die Zustimmung zur Ernennung zum Ersten Konsul auf Lebenszeit einbrachte, sondern es ihm auch ermöglichte, diese Stellung in ein **Erbkaisertum** umzuwandeln. Am 2. Dezember 1804 krönte sich Napoleon, von Papst Pius VII. gesalbt, in der Kirche Notre Dame in Paris zum Kaiser der Franzosen. Systematisch arbeitete Napoleon nun an der Begründung einer neuen Dynastie. Die von Frankreich in den eroberten Ländern errichteten Tochterrepubliken wurden zu Monarchien und im Wesentlichen mit Napoleons Verwandten besetzt. Über die Heirat mit der Tochter des österreichischen Kaisers integrierte Napoleon seine neue Dynastie in den alteuropäischen Hochadel. In Frankreich dagegen wurde von ihm ein neuer Verdienstadel geschaffen, der durch seine – aus altaristokratischer Sicht – zweifelhafte Legitimität starke Loyalitätsbindungen an das neue Herrscherhaus entwickelte.

Napoleons Herrschaft war in Frankreich trotz mancher Opposition fest etabliert. Daran konnten auch die fortwährenden **Kriege**, die steigende finanzielle Belastung der Bevölkerung und die Hungerrevolten nach der Missernte im Jahr 1811 nichts ändern. Der Sturz Napoleons kam von außen. Erst die Katastrophe des gescheiterten Russlandfeldzugs von 1812 brachte die Wende. Von Preußen, Russland und Österreich ging nun eine neue Bewegung der Opposition gegen die napoleonische Herrschaft über Europa aus, die schließlich zur militärischen Niederlage und damit auch zum Zusammenbruch der napoleonischen Herrschaft in Frankreich führte. Nach der Eroberung von Paris durch die alliierten Truppen erklärte der Senat am 2. April 1814 den Kaiser für abgesetzt. Wenige Tage später entsagte auch Napoleon selbst der Krone. Am gleichen Tag verabschiedete der Senat in Paris eine nach dem Modell von 1791 erarbeitete Verfassung (charte constitutionelle) und berief den Bruder des letzten Königs als Ludwig XVIII. auf den Thron in einer **konstitutionellen Monarchie.**

Hinweise zur Arbeit mit den Materialien

Napoleon verkündete nach seinem Staatsstreich, dass er Frankreich konsolidieren werde. Ihm gelang das Kunststück, die **revolutionären Erwartungen** und das Bedürfnis nach einer Beendigung der Revolution zu vereinen (M1, M2, M4), ohne dass die **diktatorischen Elemente** allzu sehr ins Auge fielen (M3).

Dennoch bestand Napoleons Primat nicht in der Innenpolitik noch verstand er sich als Wahrer demokratischer oder freihheitlicher Rechte. Der Ruhm Frankreichs ging für Napoleon weit über die Errungenschaften der Revolution hinaus (M5).

Im Anschluss an das vorliegende Kapitel 8 könnten die Sekundärtexte zur Beurteilung der Revolution aus Kapitel 10 vorgezogen werden.

Eine **Studienfahrt nach Paris** als Abschluss der Einheit regen die *Weiterführenden Arbeitsanregungen* an.

M 1 Die Revolution ist beendet

Proklamation der Konsuln (Sieyés, Ducos, Napoleon – die ersten beiden traten zurück, sodass Napoleon faktisch die Zentralgewalt innehatte), 15. Dezember 1799:

Franzosen, es wird euch eine Verfassung vorgelegt. Sie setzt den Ungewissheiten, die die provisorische Regierung in den auswärtigen Beziehungen, in der inneren und in der militärischen Lage der Republik aufkommen ließ, ein Ende. […]

Die Verfassung gründet sich auf die wahren Prinzipien der parlamentarischen Regierung und auf die geheiligten Rechte des Eigentums, der Gleichheit und der Freiheit. Die Gewalten, die sie einsetzt, werden stark und dauerhaft sein, wie sie es sein müssen, wenn sie die Rechte der Bürger und die Interessen des Staates schützen sollen.

Bürger, die Revolution ist den Grundsätzen, von denen sie ihren Ausgang nahm, fest verbunden; sie ist beendet.

Zit. nach: Walter Markov, Revolution im Zeugenstand. Frankreich 1789–1799, Bd. 2, Frankfurt a. M. (Fischer TB) 1987, S. 698f.

M 2 Die Konsulatsverfassung vom 13. Dezember 1799

Erster Abschnitt. Von der Ausübung des französischen Bürgerrechts

1. Die französische Republik ist eins und unteilbar. Ihr Gebiet in Europa ist in Departements und Gemeindebezirke abgeteilt.

2. Jeder in Frankreich geborene und wohnhafte Mann, der volle 21 Jahre alt ist, sich in das Bürgerverzeichnis seines Gemeindebezirkes hat einschreiben lassen und auf dem Gebiete der Republik ein Jahr lang gewohnt hat, ist französischer Bürger. […]

7. Die Bürger eines Gemeindebezirkes bestimmen durch ihre Wahl diejenigen unter ihnen, welche sie am fähigsten zur öffentlichen Geschäftsführung halten. Hieraus entsteht ein Namensverzeichnis von Bürgern, die das öffentliche Zutrauen besitzen, welche dem Zehntel der Anzahl aller derjenigen, die das Stimmrecht haben, gleich sein muss. Aus diesem ersten Gemeindeverzeichnis müssen die öffentlichen Beamten des Bezirks genommen werden.

8. Die in den Gemeindeverzeichnissen eines Departements genannten Bürger bestimmen gleichfalls den zehnten Teil aus ihrer Mitte. Dadurch entsteht ein zweites Zutrauens-, das Departementalverzeichnis, aus welchem die öffentlichen Beamten des Departements genommen werden müssen.

9. Die in dem Departementalverzeichnis genannten Bürger erwählen gleichfalls ein Zehntel aus ihrer Mitte. Hieraus entsteht ein drittes Verzeichnis von Bürgern dieses Departements, die zu öffentlichen Nationalstellen wählbar sind. […]

15. Der Erhaltungssenat besteht aus 80 Mitgliedern, die unabsetzbar und auf lebenslang ernannt sind; sie müssen wenigstens 40 Jahre alt sein. […]

19. Alle kraft des 9. Artikels in den Departements gebildeten Verzeichnisse müssen dem Senat zugeschickt werden; aus ihnen besteht das Nationalverzeichnis.

20. Er wählt aus diesem Verzeichnis die Gesetzgeber, die Tribunen, die Konsuln, Kassationsrichter und die Rechnungskommissarien. [...]

23. Die Sitzungen des Senats sind nicht öffentlich.

Dritter Abschnitt. Von der gesetzgebenden Gewalt

[...] 25. Es sollen keine neuen Gesetze verkündet werden, als wenn der Vorschlag dazu von der Regierung gemacht, dem Tribunate mitgeteilt und vom Gesetzgebungskörper dekretiert sein wird. [...]

34. Der Gesetzgebungskörper macht das Gesetz, indem er durch geheime Stimmensammlung, ohne die geringste eigene Verhandlung seiner Mitglieder, über die Gesetzesvorschläge entscheidet, welche von den Sprechern des Tribunats und der Regierung vor ihm erörtert werden. [...]

Vierter Abschnitt. Von der Regierung
[...]
39. Die Regierung ist dreien Konsuln, welche auf zehn Jahre ernannt werden und unbeschränkt wieder wählbar sind, anvertraut. [...]

41. Der Erste Konsul verkündet die Gesetze; er ernennt und entsetzt nach Willkür die Mitglieder des Staatsrats, die Minister, die Gesandten und andere auswärtige Oberbeamten (Agens en Chef), die Offiziere der Land- und Seemacht, die Mitglieder der örtlichen Verwaltungen und die Regierungskommissarien bei den Gerichtshöfen. Er ernennt alle Kriminal- und Zivilrichter, ausgenommen die Friedens- und Kassationsrichter, ohne jedoch sie absetzen zu können. [...]

44. Die Regierung schlägt die Gesetze vor und macht die nötigen Verordnungen, um ihre Vollziehung zu sichern. [...]

52. Der Staatsrat beschäftigt sich, unter der Leitung der Konsuln, mit Abfassung der Vorschläge zu Gesetzen und Verordnungen der öffentlichen Verwaltung und mit Auflösung der Schwierigkeiten, die im Verwaltungsfache sich ergeben.

Karl H. L. Pölitz [Hrsg.], Die europäischen Verfassungen seit dem Jahre 1789 bis auf die neueste Zeit. Bd. 2, Leipzig ²1834, S. 58 ff.

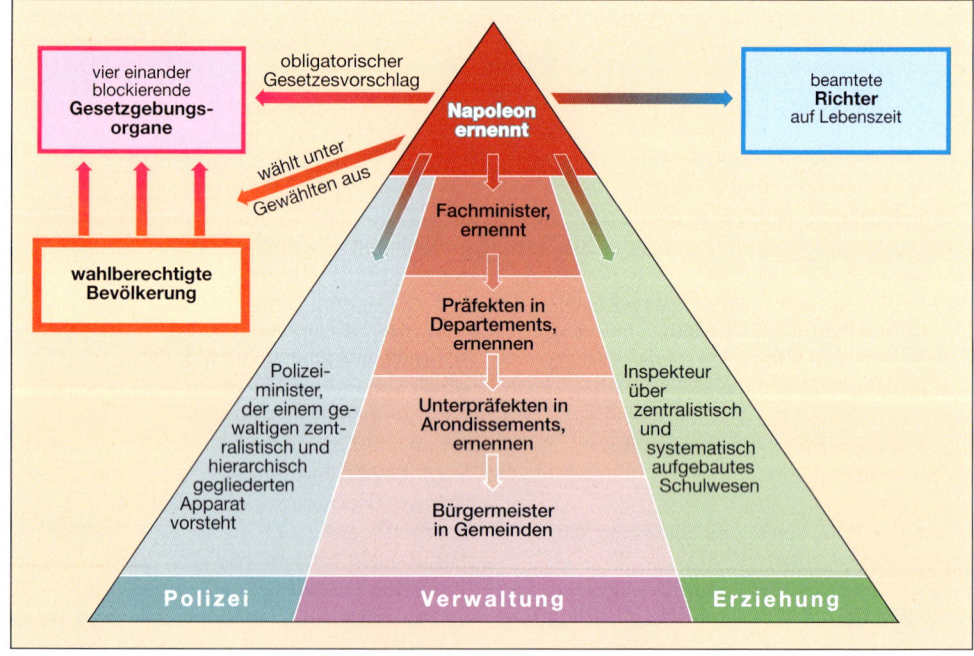

M 3 Napoleons zentralistisches Verwaltungsmodell

1 Nennen Sie die Bürgerrechte der Konsulatsverfassung von 1799.
2 Prüfen Sie, wem die beherrschende Rolle im Staatsaufbau zukommt bzw. wie diese abgesichert wird.
3 Vergleichen Sie die Verfassung von 1799 mit denen von 1791, 1793, 1795. Zeigen Sie, wem welche Verfassung nützt.

M4 Der Historiker François Furet über die Gründe des Erfolgs Napoleons bei den Franzosen

Die Öffentlichkeit entdeckt in dem Haupt, das sie sich gegeben hat, einen Stil sowie Gewohnheiten, die allesamt Züge republikanischer Schlichtheit und einer zivilen Regierung in sich bergen. Der Erste Konsul kennt keine der dummen Angewohnheiten der Bourbonen; er isst schnell, er liebt die eintönige Bekleidung und die alten Hüte, er verschwendet seine Zeit nicht mit dem Hofzeremoniell. Er arbeitet und entscheidet.

Das sind die Bilder, die er hervorragend anzufertigen versteht, aber sie korrespondieren auch mit der Wirklichkeit der Epoche. Der Konsul Napoleon hat die Qualitäten eines republikanischen Helden und eines Bürgerkönigs mit dem vermischt, was seine Persönlichkeit bereits an Despotismus und Unkontrollierbarem enthält. […]

Soeben aus dem Heldengedicht der Revolution herausgetreten, hätten die Franzosen kaum einen Herrscher mit weniger nationaler Ausstrahlung akzeptiert. Aber ermüdet vom revolutionären Spielplan und gestützt auf das Erreichte, wünschten sie, dass die dem Eigentum und der Ordnung gegebenen Garantien bekräftigt würden.

François Furet, in: Kritisches Wörterbuch der Revolution, Stuttgart (Suhrkamp) 1996, Bd. 1, S. 348 ff.

M5 Napoleon über Republik und Freiheit, 1797

5a) Tagesbefehl Napoleons an seine Soldaten (Italien, 14. Juli 1797):
Soldaten, heute ist die Jahresfeier des 14. Juli. […] Ihr seid […] ganz dem Ruhm jenes Namens verbunden, der durch eure Siege neuen Glanz empfangen hat. Soldaten, ich weiß, ihr seid tief betrübt über die Leiden, die dem Vaterland drohen; aber das Vaterland kann nicht ernstlich gefährdet werden. Hier stehen die Männer, die es zum Triumph über das verbündete Europa geführt haben. Berge trennen uns von Frankreich; ihr würdet sie mit Adlerflügeln überqueren, wenn es nötig sein sollte, um die Verfassung aufrechtzuerhalten, die Freiheit zu verteidigen, die Regierung und die Republik zu schützen.

Aus: Walter Markov, Revolution im Zeugenstand, Bd. 2, Frankfurt a.M. (Fischer TB) 1987, S. 697 f.

5b) Vertrauliche Äußerung des Generals Bonaparte gegenüber dem französischen Gesandten in der Toskana, Miot de Melito:
Glauben Sie vielleicht, dass ich eine Republik begründen will? Welcher Gedanke! […] Das ist eine Wahnvorstellung, in die die Franzosen vernarrt sind, die aber auch wie so manche andere vergehen wird. Was sie brauchen, das ist Ruhm, die Befriedigung ihrer Eitelkeit, aber von Freiheit verstehen sie nichts. […] Die Nation braucht einen Führer, einen durch Ruhm hervorragenden Führer, aber keine Theorien über Regierung, keine großen Worte, keine Reden von Ideologen, von denen die Franzosen nichts verstehen. Man gebe ihnen ihre Steckenpferde, das genügt ihnen, sie werden sich damit amüsieren und sich führen lassen, wenn man ihnen nur geschickt das Ziel verheimlicht, auf das man sie zumarschieren lässt.

Miot de Melito, Mémoires I (übersetzt von Wilhelm A. Fleischmann), Stuttgart (Schweizerbart) 1866, S. 163 f.

4 Stellen Sie Napoleons innenpolitische Maßnahmen, ausgehend von M3, dar.
5 Arbeiten Sie die Mechanismen heraus, die Napoleons Popularität unterstutzen.
6 Erläutern Sie anhand von M5 die Einstellung Napoleons zur Demokratie bzw. sein eigenes politisches Selbstverständnis.
7 Diskutieren Sie die These, Napoleon habe die Revolution sowohl vollendet als auch beendet.

Weiterführende Arbeitsanregungen

Studienfahrt nach Paris
Zum Abschluss der Unterrichtseinheiten zur Französischen Revolution bietet es sich an, eine Studienfahrt nach Paris zu organisieren. Auch heute noch lassen sich viele Ereignisse der Revolution über Straßen, Plätze und Gebäude vergegenwärtigen. Als Vorbereitung für die historische Erkundung der Stadt kann eine kleine Geschichte der im Plan auf S. 91 eingezeichneten Gebäude während der Französischen Revolution erarbeitet werden.

M6 „Place de la Bastille".
200-Jahr-Feier der Revolution auf dem ehemaligen Standort der Bastille, 14. Juli 1989, im Hintergrund die „Opera de la Bastille".

M7 „Place de la Revolution".
Szene aus dem Spielfilm „Die Französische Revolution" (1989) auf dem heutigen „Place de la Concorde".

Literatur, Sachbücher und Reiseführer zur Einführung und Vorbereitung
Bernhard Askani, Paris 1789, in: Praxis Geschichte 1/1989, S. 20–24.
Julia Droste-Hennings, Thorsten Droste, Paris. Kunst-Reiseführer, Köln (DuMont) 2000.
Jean-Paul Bertaud, Alltagsleben während der Französischen Revolution, Freiburg (Ploetz) 1989.
Lutz Richter, Eine Stadt macht Geschichte. Paris und die große Französische Revolution von 1789, Leipzig (Brockhaus) 1989.
G. Pernoud, S. Flaissier, Die Französische Revolution in Augenzeugenberichten, München 1976.

Themenvorschläge für Gruppenreferate
Thema 1: Paris in Reiseberichten deutscher Intellektueller
Thema 2: Versailles. Vom Zentrum des Absolutismus zum Schauplatz der Revolution
Thema 3: Pariser Plätze in der Französischen Revolution
Thema 4: Louvre: Jacques-Louis David: Vom Maler der Revolution zum Maler des Kaiserreiches

Paris Links
www.paris.org
www.paris-touristoffice.com/
www.louvre.fr/
www.chateauversailles.fr/
www.frankreich-experte.de/fr/2/paris/paris.html

9 Die Neugestaltung Europas unter den Vorzeichen der Revolution und der Herrschaft Napoleons

Revolutionskriege und die napoleonische Neugestaltung Europas

Der König, die konservative Partei (feuillants), aber auch die Girondisten hatten während des Jahres 1791 aus unterschiedlichen Motiven auf einen Krieg hingearbeitet. Einen Kriegsgrund fand man im Kampf gegen die vor allem ins Fürstbistum Trier emigrierten französischen Adligen, die aufgrund der international angespannten Lage versuchten, sich auf eine militärische Intervention vorzubereiten. Man stellte an den Fürstbischof die Forderung, die Truppen der Emigranten aufzulösen. Von Kaiser Leopold II. verlangte man nach der **Pillnitzer Erklärung** vom August 1791, in der die Möglichkeit einer europäischen Intervention zu Gunsten des französischen Königs angedeutet wurde, er solle auf alle Abkommen und Verträge verzichten, die sich gegen das revolutionäre Frankreich richteten. Ein entsprechendes Ultimatum vom 25. März ließ der Kaiser unbeantwortet. Daraufhin erklärte Frankreich am 20. April 1792 dem „König von Ungarn und Böhmen" den Krieg.

Die verschiedenen am Krieg interessierten Gruppen in Frankreich wollten einen kurzen und begrenzten Krieg. Deshalb wurde die Kriegserklärung nur an Österreich, nicht aber an das Reich gerichtet. Allerdings hatten Österreich und Preußen schon im Februar 1792 einen Beistandspakt geschlossen, sodass im Juli 1792 Preußen unter Friedrich Wilhelm II. in den so genannten **ersten Koalitionskrieg** eintrat. 1793 schlossen sich weitere europäische Länder und das Reich der Koalition an. Schlechte Koordination und gegenseitiges Misstrauen bezüglich der jeweiligen Kriegsziele verhinderten jedoch eine effektive Kriegsführung der Alliierten. Nach anfänglichen deutlichen Niederlagen Frankreichs gelang 1794 durch die militärische Mobilisierung der Bevölkerung (**Levée en masse**) und die Organisation des neuartigen **Volksheeres** durch Carnot der endgültige Umschwung des Krieges. Frankreich eroberte die Niederlande, das linke Rheinufer und – unter dem Kommando Napoleons – weite Teile Norditaliens. Preußen schied bereits 1795 vertragswidrig aus der Koalition aus. Im Frieden von Campo Formio (1798) mussten Österreich und das Reich nicht nur die österreichischen Niederlande (Belgien), sondern auch das gesamte linksrheinische Reichsgebiet an Frankreich abtreten. Die österreichischen Besitzungen in Oberitalien wurden zu Tochterrepubliken, ebenso die Niederlande (Batavische Republik) und die Schweiz (Helvetische Republik).

Die Koalitionskriege veränderten die Landkarte Europas

Insgesamt führten die europäischen Mächte fünf Koalitionskriege gegen Napoleon. Für das Heilige Römische Reich Deutscher Nation brachte jeder dieser Kriege spezifische Konsequenzen und Herausforderungen:

Im ersten Koalitionskrieg (1792–1797) verfolgte Frankreich zunächst im Vertrauen auf die Macht der revolutionären Ideen eine Politik der Unterstützung demokratischer Bestrebungen in den eroberten Gebieten, wobei diese ihre Selbstständigkeit behielten. So etablierte sich in dem von Frankreich eroberten Mainz für einige Zeit die erste Republik auf deutschem Boden. Durch den Wandel der Verhältnisse in Frankreich selbst (Jakobinerherrschaft und Direktorium) veränderte sich jedoch die **französische Außen- und Kriegspolitik.** Sie wurde nationalistischer. Am Ende des ersten Koalitionskrieges wurden deshalb die linksrheinischen Gebiete an Frankreich angeschlossen und zu vier französischen Departements gemacht.

Als Ergebnis des zweiten Koalitionskrieges (1799–1802) musste Österreich im Frieden von Lunéville die Abmachungen des Friedens von Campo Formio nochmals bestätigen. Gleichzeitig betrieb Napoleon eine territoriale **Umgestaltung des Reiches.** Er forderte die Entschädigung der Fürsten, die ihre linksrheinischen Besitzungen verloren hatten, durch die Säkularisierung von Kirchengut, die Mediatisierung von Reichsstädten und Reichsritterschaften. Das Ansinnen Napoleons verstieß zwar gegen die Verfassung des Reiches. Da Napoleon aber den Abzug seiner Truppen von der Zustimmung des Reiches zu diesem Plan abhängig machte, wurde ein Ausschuss des Reichstags, eine so genannte Reichsdeputation, eingesetzt. Sie erarbeitete eine entsprechende Vorlage, den **Reichsdeputationshauptschluss**, der **1803** vom Reichstag angenommen wurde. Dadurch wurden 112 selbstständige Reichsstände (geistliche Fürsten, Reichsritter, Reichsstädte) aufgehoben. Vor allem **Baden, Württemberg und Bayern** profitierten von diesem Kompensationsgeschäft und wurden nun zu Parteigängern Napoleons.

Der dritte Koalitionskrieg (1805) schließlich brachte die vollständige **Auflösung des Reiches**. Nachdem sich das Reich als Ganzes der Koalition gar nicht mehr angeschlossen hatte, Preußen weiterhin neutral blieb und Baden, Württemberg und Bayern sich sogar offen gegen Österreich auf die Seite Napoleons stellten, war der Zusammenbruch nicht mehr aufzuhalten. Nach der Niederlage der Koalition in der Schlacht von Austerlitz traten im Frühjahr 1806 16 süd- und westdeutsche Staaten formell aus dem Reich aus (was reichsrechtlich eigentlich nicht möglich war) und schlossen sich in Paris unter dem Protektorat Napoleons formell zum so genannten **Rheinbund** zusammen. Franz II. legte daraufhin am 6. August 1806 die Kaiserkrone nieder und löste damit das Alte Reich auf.

Der vierte, vor allem von Preußen angestrengte Koalitionskrieg (1806/07) brachte den **Zusammenbruch Preußens** und der fünfte Koalitionskrieg (1809) den **Österreichs**. Preußen verlor seine Besitzungen westlich der Elbe. Sie wurden einem neuen Königreich Westfalen einverleibt, das Napoleon unter die Herrschaft seines Bruders Jerôme stellte. Ebenso verlor Preußen seinen Anteil an den polnischen Teilungen, die Napoleon zum Herzogtum Warschau machte, sowie Danzig, das er zur Freien Stadt erhob. Österreich verlor sämtliche Territorien in Norditalien, außerdem Salzburg und Kärnten, und musste sich ebenfalls vertraglich fest in das napoleonische Herrschaftssystem integrieren lassen. Das bedeutete vor allem umfangreiche Kontributionen, denn Napoleon finanzierte seine große Armee und seine nun vor allem gegen England gerichteten weiteren Kriege im Wesentlichen aus den eroberten Ländern.

Erst die vollständige Vernichtung der **grande armée** im Winter 1812 in dem Eroberungsfeldzug Napoleons gegen **Russland** eröffnete eine realistische Chance der Gegenwehr der von Frankreich besetzten oder abhängigen Staaten. Nun gelang einer von Preußen und Russland ausgehenden Koalition, der sich Österreich und schließlich auch der Großteil der Rheinbundstaaten anschlossen, die militärische Überwindung Napoleons, u. a. in der sog. **Völkerschlacht bei Leipzig von 1813**. Im Jahr 1814 eroberten die Verbündeten schließlich Paris und beendeten dadurch Napoleons Herrschaft.

Napoleon hatte in den Jahren seiner Herrschaft und vor allem seit seiner Kaiserkrönung konsequent am Aufbau einer eigenen **Dynastie** gebaut. Dazu diente seine Heirat mit einer Tochter des österreichischen Kaisers und die Vergabe vieler eroberter Gebiete als Königreiche an seine Familienangehörigen, die er ebenfalls über Heirat in den alten europäischen Hochadel zu integrieren versuchte. Neben seinem Bruder Jerôme (Königreich Westfalen) stattete Napoleon auch seinen Bruder Joseph (1806 Königreich Neapel, 1808 Königreich Spanien), seine Schwester Karoline und deren Mann Joachim Murat (1808 Königreich Neapel) und weitere Geschwister mit europäischen Herrschaftstiteln aus. Er selbst nahm auch noch den Titel eines Königs von Italien an. In diesen Satellitenstaaten, aber auch in den **Rheinbundstaaten** wurden durch die Übernahme französischer Modelle im Bereich von Recht (Code civil) und Administration deutliche **Modernisierungsprozesse** in Gang gesetzt. Vielfach kam es zur Beseitigung alter feudaler Strukturen, zur Säkularisierung von Kirchengut und zur Einführung liberaler Wirtschaftsverfassungen. Diese Errungenschaften wurden in aller Regel auch nach dem Sturz Napoleons nicht wieder rückgängig gemacht, auch wenn durch die Neuregelung der europäischen Ordnung durch die Siegermächte auf dem **Wiener Kongress (1814/15)** die alten Dynastien sonst in der Regel wieder in ihre früheren Rechte eingesetzt wurden.

Revolutionsbegeisterung oder Widerstand gegen den „Revolutionsexport" in Europa?

Im Rahmen der Revolutionskriege hatte Frankreich zunächst auf die Sogwirkung der revolutionären Freiheitsideen vertraut, dann mit Zwang revolutionäre Regierungen eingesetzt oder die Territorien direkt annektiert. Unter Napoleon waren die Strukturen der französischen Verwaltung und des französischen Rechts auf die **Satellitenstaaten** übertragen worden. Mit dem Staatsstreich Napoleons mochte aus dessen Sicht im Inneren Frankreichs die Revolution vollendet und beendet sein. Für viele europäischen Länder bedeutete erst die geografische Ausdehnung seiner Herrschaft über große Teile Europas den Zusammenbruch des so genannten Ancien Régime und die konkrete Auseinandersetzung mit Vorstellungen staatlicher Ordnung, die, wenngleich sie unter Napoleon auch nicht mehr demokratisch waren, doch in vielen Punkten Forderungen der Revolution weitertransportierten.

Die Territorien, die wie die **linksrheinischen Gebiete des Reiches** gleich zu Beginn der Revolutionskriege unter französischen Einfluss gekommen waren, sahen sich sehr stark dem Wechsel der politischen Richtungen in Paris ausgesetzt. Die französische Deutschlandpolitik schwankte zwischen „Befreiermentalität" und Ausbeutung der eroberten Gebiete zur Finanzierung der eigenen Kriegsführung, zwischen Plänen zur Errichtung einer autonomen „Cisrhenanischen Republik" und der schließlichen Eingliederung der linksrheinischen Gebiete als neue Departements in den französischen Staat. Dabei muss man allerdings sehen, dass die Bevölkerung der besetzten Gebiete keineswegs nur Opfer der internationalen Politik war und dass die Ideen der Französischen Revolution hier vielfach auf so fruchtbaren Boden gefallen waren, dass in Deutschland mehr oder weniger starke Gruppen auch selbstständig für die Revolution und die Errichtung von Republiken agitierten.

So konnte sich vom Oktober 1792 bis April 1793 die **Mainzer Republik** zwar nur unter dem Schutz der französischen Truppen etablieren, sie war aber keineswegs allein das Ergebnis der Besatzungspolitik. Nachdem die französische Armee die deutliche Überlegenheit errungen hatte und die linksrheinischen Territorien des Reiches dauerhaft besetzt waren, kam es ab 1794 erneut zu Bemühungen deutscher Anhänger der Revolution, auf diesem Gebiet eine unabhängige Republik zu gründen und die Rückkehr zum Ancien Régime dauerhaft zu verhindern. Als sich durch Vorgaben aus Paris die Gründung einer unabhängigen „Cisrhenanischen Republik" doch nicht realisieren ließ, plädierten die Anführer für den Anschluss an Frankreich.

Auch in **Süddeutschland** besaß die Französische Revolution eine nicht unbeträchtliche Anhängerschaft, besonders unter den Intellektuellen. Hier wurden ebenfalls Pläne für eine Revolution und die Errichtung einer Republik entworfen – freilich ohne wirklich breiten Rückhalt in der Bevölkerung und deshalb auch hier ohne Erfolg.

Dennoch ist es wichtig zu sehen, dass die französischen Truppen in den verschiedenen europäischen Staaten durchaus auf **revolutions- oder reformbereite Kräfte** trafen, mit denen sie sich verbinden konnten – und dies über die erste Phase der Revolution und die Hinrichtung des Königs hinaus. Die Radikalisierung der Revolution bewirkte zwar vielfach Kritik, aber keineswegs die Abkehr von den Prinzipien der Revolution, auch nicht von dem radikaldemokratischen und sozialstaatlich orientierten Programm der linken Jakobiner. Dies lässt sich nicht nur an Deutschland zeigen – wo die Diskussion um die „deutschen Jakobiner" im 19. und 20. Jahrhundert unter dem Aufbau nationaler Feindbilder litt –, sondern auch an ihrer Rezeption in Irland, in England oder in Italien.

In **Irland** orientierte sich die Bewegung der United Irishmen um Theobald Wolf Tone, die die konfessionelle und ethnische Spaltung Irlands und die englische Fremdherrschaft durch die Einrichtung einer säkularen, religionsneutralen Republik nach dem Vorbild Frankreichs und mithilfe französischer Truppen überwinden wollten, an Frankreich.

In **England** blickten die republikanischen Kritiker des oligarchischen Parlaments ebenfalls auf das revolutionäre Frankreich. Der in die **USA** ausgewanderte Engländer Thomas Paine war ihr international wohl bekanntester Anhänger. Sein Buch „The Rights of Man" (1791/92) war seinerzeit das weltweit auflagenstärkste Buch nach der Bibel. Es stellte eine vehemente Verteidigung der Revolution gegen den konservativen englischen Revolutionskritiker Edmund Burke dar und wurde in den Kreisen der englischen Jakobiner begeistert gelesen. Sie finanzierten mehrere Neuauflagen und sorgten für die Verbreitung des Buchs, das gleich in mehrere Sprachen übersetzt wurde. Die Regierung fürchtete sich auch in England vor einer Revolution und bekämpfte derartige Tendenzen mit zum Teil drakonischer Härte.

In **Italien** sympathisierten ebenso viele Intellektuelle mit der Revolution. Vor allem in den norditalienischen Städten und in Neapel bestanden große Jakobinerklubs. In ihnen wurde ähnlich eigenständig und folgenlos über eine Demokratisierungs- und Einigungspolitik nachgedacht wie in den deutschen Klubs.

Zumindest auf dem **europäischen Kontinent** war am Ende die napoleonische Politik und die Übertragung des französischen Code civil sowie der Grundstrukturen der französischen Administration auf die eroberten Staaten folgenreicher als die Revolution im engeren Sinne. Dennoch prägte auch die Revolution selbst die europäische Politik des 19. Jahrhunderts nachhaltig. Die Idee der Menschenrechte und die Forderung nach „Freiheit, Gleichheit, Brüderlichkeit" blieben seither Maßstäbe, an denen sich Politik messen lassen musste. Die Angst vor revolutionärer Einforderung dieser Rechte blieb bei den europäischen Regierungen durch das gesamte 19. Jahrhundert präsent. Revolutionsfurcht wurde zu einem wichtigen Faktor in der europäischen Politik.

Die Französische Revolution brach nicht nur in Frankreich, sondern in allen von ihr erfassten europäischen Ländern mit den politischen, sozialen und rechtlichen Strukturen des Ancien Régime. Sie wurde so zum Symbol für den Beginn einer neuen Zeit. Auch wenn sich im Einzelnen in Europa viele alte Denkweisen und Handlungsformen in Politik und Gesellschaft lange hielten und der Bruch oft nicht so gravierend und auch nicht so dauerhaft war, wie sich manche Revolutionäre das wünschten, so bezeichnen wir die Französische Revolution gerade wegen ihres Symbolcharakters doch zu Recht als die entscheidende gesamteuropäische **Epochengrenze** zwischen der so genannten frühen Neuzeit und der Moderne.

M 1 **Die Errichtung des Mainzer Freiheitsbaumes, Stich um 1792**

Hinweise zur Arbeit mit den Materialien

Napoleon schuf in **Europa** eine neue rechtliche und territoriale Ordnung. In der **Repräsentation** seiner Herrschaft knüpfte er jedoch an traditionelle ikonografische Formen an (M2) und versuchte durch die Schaffung einer eigenen, neuen **Dynastie** seine Herrschaft dauerhaft zu verankern (M4, M5). Die Materialien M2 bis M4 verdeutlichen, wie sich die Wahrnehmung von Napoleon in den **besetzten Gebieten** im Lauf der Jahre veränderte. Wie aber passen die Kaiserkrönung und die Ordnung des Code civil, der sich in der Verfassung Westfalens wiederfindet, zusammen (M2, M5)? Die Auswirkungen des Reichsdeputationshauptschlusses auf territorialer Ebene werden in M8 sichtbar.

Eine zweite Quellengrupe befasst sich mit der „**exportierten**" Revolution ins benachbarte Deutschland. Die deutschen Reaktionen auf die Revolution in Frankreich und die Erwartungen an die Befreiung vom „Despoten" können mit M9a bis M9g untersucht werden.

Die *Methodensonderseiten* führen anhand von Spottzeichnungen zu **Napoleon** ein in die **Interpretation von Karikaturen**. Als Vertiefung werden Materialien angeboten, die sich mit der Entstehung von **Napoleon-Mythen** beschäftigen.

Die *Weiterführenden Arbeitsanregungen* zeigen die **Nachwirkungen** der Französischen Revolution auf Europa auf.

M2 Kaiser Napoleon I.

2a) Ikonografie des Herrscherbildes
Das Gemälde des französischen Malers François-Simon-Pascal Gérard zählt zu den offiziellen Bildnissen Napoleons I., die im Anschluss an seine Weihe zum Kaiser der Franzosen am 1. Dezember 1804 in der Kathedrale Notre Dame zu Paris entstanden. Das Herrscher- und Staatsporträt Kaiser Napoleons I. nimmt formal und ikonografisch die Tradition absolutistischer Herrscherbilder auf, deren Darstellung im 16. Jahrhundert beginnt und ihren Höhepunkt in den berühmten Porträts Ludwigs XIV. (1701) und Ludwigs XV. (1730) im Krönungsornat des Malers Hyacinthe Rigaud erreichte. Wenn auch im Stil des Klassizismus strenger und weniger prunkvoll als jene barocken Gemälde, entspricht die deutliche Anlehnung dem Rückgriff des nicht „auf dem Thron geborenen" Kaisers Napoleon auf vorangegangene Herrscher. Napoleon sah sich als Kaiser der Franzosen in der Nachfolge der französischen Herrscher und darüber hinaus in seinem imperialen Weltherrschaftsanspruch in der Nachfolge des Römischen und des karolingischen Reiches.

Diesem Selbstverständnis entsprechend hat Gérard die Linie der offiziellen französischen Staatsporträts aufgegriffen, während Jean-Auguste-Dominique Ingres in seinem Gemälde (1806) den Kaiser in Anlehnung an antike und frühmittelalterliche Herrscherdarstellungen frontal auf dem Thron sitzend malte. Wie Rigaud hat Gérard den Herrscher in die Mittelachse des Bildes gerückt, zur Rechten liegen die Kroninsignien auf einem blauen Samtkissen, zur Linken steht der Thronsessel im Stil des Empire. Der Kaiser, in Schrittstellung nach links gewandt, blickt den Betrachter mit einer leichten Wendung des Kopfes unmittelbar an. Im Wesentlichen geht der Reiz des Bildes von diesem frischen, lebhaften Gesichtsausdruck aus, während die übrige Gestalt von kühler Statuarik und prächtiger Stofflichkeit bestimmt ist. Zu den Krönungsinsignien gehören der mit Hermelin gefütterte goldbestickte rote Samtmantel, das darunter hervorschauende Schwert, das Zepter mit dem Adler, der von Napoleon als Emblem gewählt und nach der Krönung von ihm in Form von Adlerstangen an jedes Regiment verliehen wurde. Zwei weitere Kroninsignien sind die Hand der Gerechtigkeit Karls des Großen und schließlich der Reichsapfel. Als persönliche „Ehrenzeichen" trägt Napoleon den Ring an der rechten Hand, die Ordenskette der Ehrenlegion mit aneinandergereihten Adlern und den goldenen Lorbeerkranz auf dem Haupt, der auf das römische Kaisertum verweist. Die für ihn eigens angefertigte Krone hat er vermutlich nur bei der Krönungszeremonie getragen.

2b) Kaiser Napoleon im Krönungsornat, Gemälde von François-Pascal-Simon Gérard, 1805/10

Die Tatsache, dass Gérard mehrere Exemplare dieses Gemäldes malen musste, lässt den Schluss zu, dass die Darstellung mit dem Selbstverständnis Napoleons übereinstimmte. Das hier genannte Dresdener Gemälde war ein Geschenk Napoleons an König Friedrich August I. von Sachsen im Jahre 1810. Weitere Ausführungen befinden sich heute in Versailles, in Fontainebleau, in Malmaison, im Rijksmuseum Amsterdam und im Museo Napoleonico Rom.

Gérard war Schüler bei David und genoss in der Pariser Gesellschaft großes Ansehen. Er führte einen eleganten Salon und wurde von Zeitgenossen wegen der zahlreichen Porträts fürstlicher Personen „peintre des rois" genannt. Als Hofporträtist unter dem Empire entstanden von seiner Hand Gemälde und Studien der napoleonischen Familie, die zu seinen besten Arbeiten gehören.

Rosewith Braig-Gachstetter, in: Ausstellungskatalog. Baden und Württemberg zur Zeit Napoleons, Stuttgart (Württembergisches Landesmuseum) 1987, S. 66 f.

M 3 Der „Rheinische Antiquarus" vom 17. September 1804 berichtete über den Besuch Kaiser Napoleons im inzwischen französischen Aachen

Alles (ist) in freudiger Bewegung. Maien zierten die Häuser. […] Weißer Sand bedeckt die Straßen. Geschmückte Ehrengarden besetzen die Zugänge zum Hotel des erwarteten kaiserlichen Paares. Die Trommeln wirbeln, ein staatliches Schützenkorps zieht mit Fahne und Musik hinaus vor die Stadt, wo Joséphine[1] […] gegen Mittag ankommt und unter Glockengeläute und einem großen Zulauf von Menschen […] mit lauten Vivats bis zum Sankt-Kastor-Platze begleitet wird. Nachmittags gegen fünf Uhr wird die Szene eine imposant erhabene. Das Wunder der Zeit, der Held Bonaparte, jetzt Europas erster Herrscher, nähert sich der Stadt und die ganze Bevölkerung strömt ihm entgegen. Einer Viktoria[2] gleich rollt sein Wagen schnell dahin durch die Gassen; Postillone, kaiserliche Herolde und Gardisten zu Pferd, Generale und hohe Zivilbeamte vor, neben und hinter ihm. Vor der Kastorkirche stand ein Priester im prachtvollen Ornat mit dem Weihwedel, dem Wiederhersteller der Altäre huldigend. Es verhallten Glocken und Geschütze, nur ein Sinn – das Auge – war geschädigt und verschlang begierig die Züge des Mannes, der das Schicksal Europas in seinen Händen trägt.

1 Frau Napoleons
2 Göttin des Sieges

M 4 In einem Brief vom 7. Juli 1807 verspricht Napoleon seinem Bruder Jérôme die Königskrone von Westfalen

Mein Bruder, ich habe soeben mit Russland und Preußen Frieden geschlossen. Sie sind als König von Westfalen anerkannt. […] Sie brauchen einen Sekretär, der vorzüglich deutsch spricht, und beschäftigen Sie sich schon damit, mir einige Elsässer von hervorragendem Verdienst vorzuschlagen, die fähig sind, Sie bei Ihrer Verwaltung zu unterstützen. Ich habe übrigens die Absicht, wenn ich Sie in Ihrem Reiche einsetze, Ihnen eine reguläre Konstitution[1] zu geben, die bei allen Klassen Ihrer Völker diese nichtigen und lächerlichen Distinctionen[2] auslöscht.

1 Verfassung
2 (Standes-)Unterschiede

M 5 Aus der Verfassung des neuen Königreichs Westfalen, 1807

Die Verfassung Westfalens wurde am 7. Dezember 1807 erlassen und in den Zeitungen veröffentlicht. Hier ein Auszug aus dem „Braunschweiger Anzeiger":

1. Das Königreich Westfalen soll durch Konstitutionen regiert werden, welche die Gleichheit aller Untertanen vor dem Gesetze und die freie Ausübung des Gottesdienstes der verschiedenen Religionsgesellschaften festsetzen. […]

13. Alle Leibeigenschaft […] ist aufgehoben. […]

14. Der Adel soll in seinen verschiedenen Graden […] fortbestehen, ohne dass solcher jedoch ein ausschließendes Recht zu irgendeinem Amte, Dienste oder einer Würde noch

M6 Europa unter napoleonischer Herrschaft

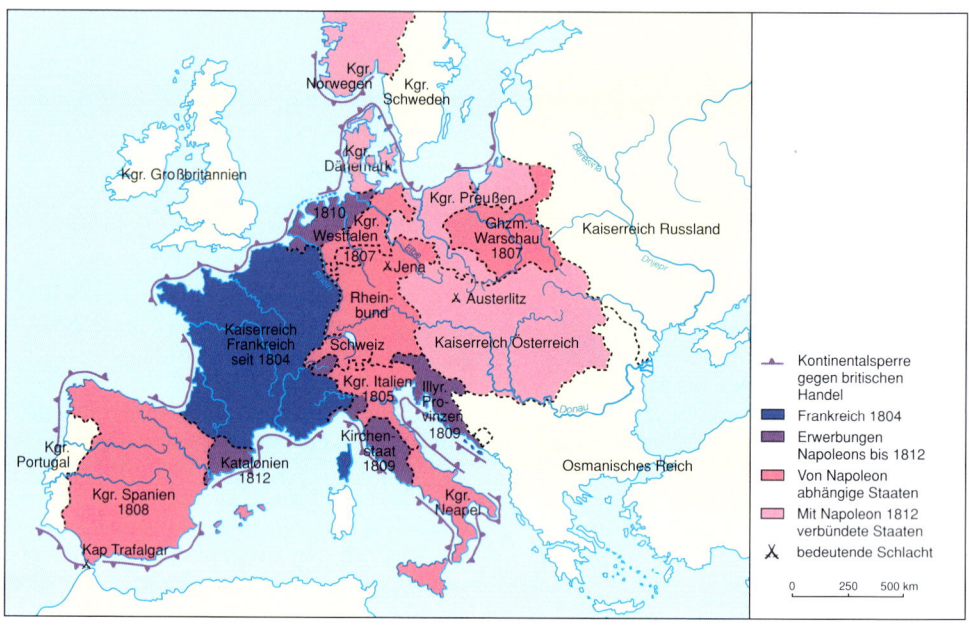

Befreiung von irgendeiner öffentlichen Last verleihen könne. [...]
16. Es soll ein und dasselbe Steuersystem für alle Teile des Königreichs sein.

Reinhard Oberschelp (Hrsg.), Niedersächsische Texte 1756–1820, Hildesheim 1983, S. 49f.

M7 Am 5. Dezember 1811 schreibt Jérôme Bonaparte an seinen Bruder

Ich weiß nicht, Sire, unter welchem Gesichtspunkt Ihre Generale und Agenten die öffentliche Meinung in Deutschland betrachten. Wenn sie von Unterwerfung, Ruhe und Schwäche sprechen, so täuschen sie sich und Eure Majestät. [...] Man nimmt [den Aufstand in] Spanien zum Beispiel, und falls der Krieg [mit Russland] ausbrechen sollte, werden alle zwischen Rhein und Oder gelegenen Gegenden der Schauplatz einer ausgedehnten und lebhaften Erhebung werden. Der Hauptgrund dieser gefährlichen Bewegungen [...] ist vielmehr im Unglück der Zeiten begründet, in dem völligen Ruin aller Klassen, in der Vermehrung der Steuern und Kriegsbeiträge, dem Unterhalt der Truppen, dem Durchmarsch der Soldaten und der ständigen Wiederkehr von einer Unzahl von Plackereien aller Art. [...] Aber nicht nur in Westfalen und in den Frankreich einverleibten Ländern wird diese Feuersbrunst ausbrechen, sondern bei allen Herrschern des Rheinbundes. Sie selbst werden die ersten Opfer ihrer Untertanen werden, wenn sie nicht ihre Gewalttätigkeiten teilen, denn Eure Majestät weiß, dass der einheitliche Charakter der Revolutionen darin besteht, alle Grundsätze umzustoßen und alle Bande und alle Beziehungen zur Gesellschaft zu zerstören.

M3, M4 und M7 zit. nach: Geschichte in Quellen, Bd. 4, bearb. von W. Lautemann, München (bsv) 1981, S. 536ff.

1 Ermitteln Sie in M2 die Bedeutung der einzelnen Insignien und charakterisieren Sie Napoleons Selbst- bzw. Herrschaftsverständnis v. a. in seiner Anknüpfung an Karl den Großen.
2 Beschreiben Sie die Veränderungen der politischen Lage in Europa zwischen 1804 und 1811 anhand der Quellen M3–M7.
3 Projekt: Untersuchen Sie die Auswirkungen der Herrschaft Napoleons in Ihrer Region.

M 8 Veränderungen in Deutschland zwischen 1789 und 1815

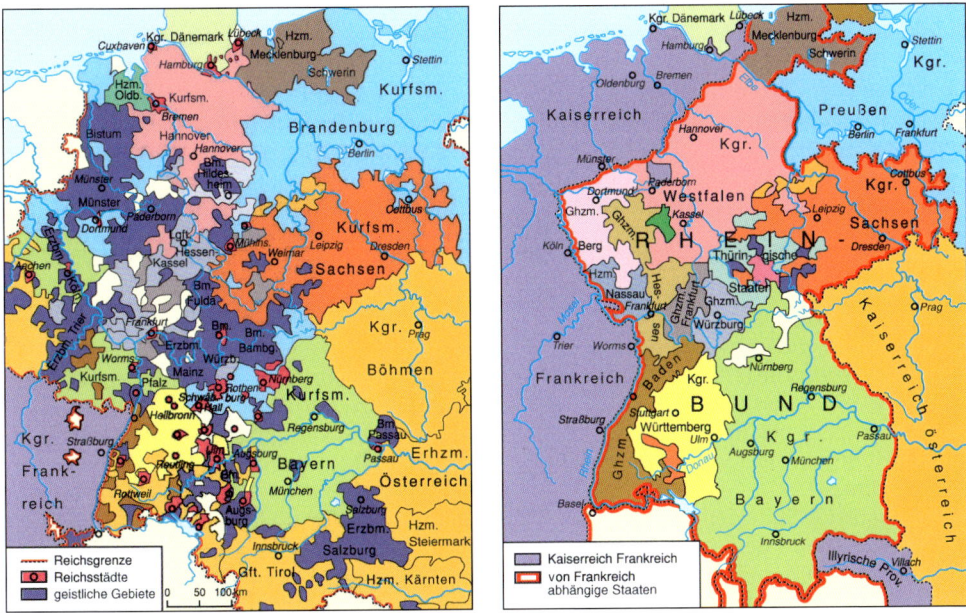

8 a) Mitteleuropa vor 1789

8 b) Mitteleuropa zwischen 1806 und 1815

M 9 Die Französische Revolution in Deutschland

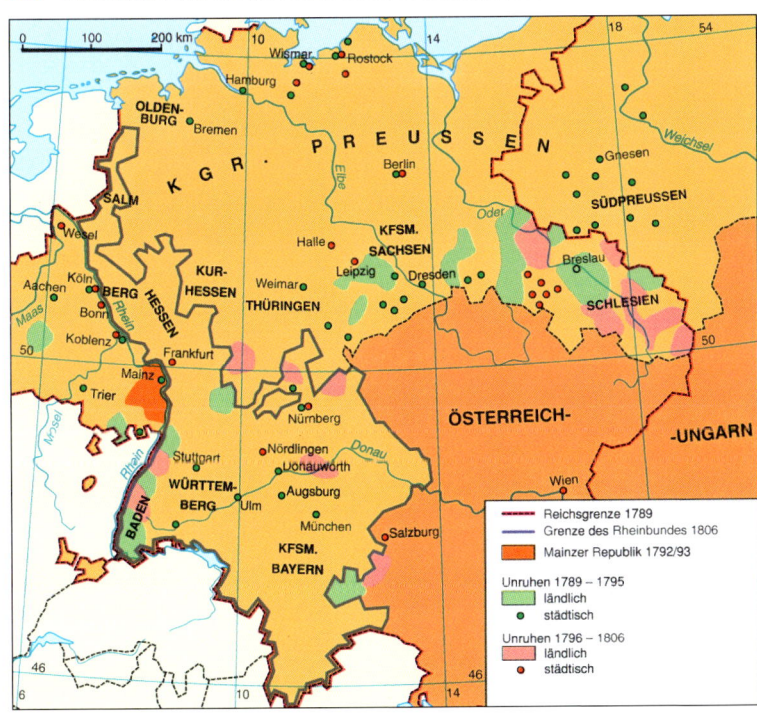

9 a) Revolutionäre Zentren in Deutschland 1789–1806

Neugestaltung Europas

9b) Friedrich Gottlieb Klopstock (1724–1803), Kennet Euch selbst!, 1789:
Frankreich schuf sich frei. Des Jahrhunderts edelste That hub
Da sich zu dem Olympus empor.
Bist Du so eng begränzt, dass du sie ver-
5 kennest, umschwebet
Diese Dämmerung dir noch den Blick,
Diese Nacht: so durchwandre die Welt-
annalen und finde
Etwas darin, das ihr ferne nur gleicht,
10 Wenn Du kannst! O Schicksal! Das sind sie also, das sind sie,
Unsere Brüder, die Franken; und wir?
Ach, ich frag umsonst: ihr verstummet, Deutsche! Was zeiget
15 Euer Schweigen? bejahrter Geduld
Müden Kummer? oder verkündet es nahe Verwandlung
Wie die schwüle Stille den Sturm,
Der vor sich her wirbelt die Donnerwolken,
20 bis Glut sie
Werden und werden zerschmetterndes Eis?
Nach dem Wetter athmen sie kaum, die Lüfte, die Bäche
Rieseln, vom Laube träufelt es sanft,
25 Frische labet, Gerüch' umduften, die bläuliche Heitre
Lächelt, das Himmelsgemälde mit ihr,
Alles ist reg und ist Leben und freut sich, die Nachtigall flötet
30 Hochzeit, liebender singet die Braut,
Knaben umtanzen den Mann, den kein Despot mehr verachtet,
Mädchen das ruhige, säugende Weib.
Zit. nach: Klopstock, Sämtliche Werke, Bd. 4, Teil 1, Leipzig 1854, S. 313 f.

9c) Frau Reimarus aus Hamburg schreibt ihrem Bruder über das Fest am Jahrestag des Sturms auf die Bastille, 1790:
Die jungen Mädchen, alle weiß gekleidet, hatten große Schleifen in den Nationalfarben am Hut und über die Schultern schräge Schärpen von dunkelblau, ponceau[1] und
5 weiß gestreiftem Bande – die jungen Frauen trugen sie um die Taille. Zum Frühstück versammelte sich alles in Harvestehude[2] [...] und um 12 Uhr 30 Min., [...] wurde dreimal geschossen. Die jungen Damen stellten sich
10 im Halbkreise und das Lied, welches ich dir mitschicke, wurde gesungen.

(Auszug:) „Freie Deutsche, singt die Stunde,
die der Knechtschaft Ketten brach.
Schwöret Treu dem großen Bunde
Unsrer Schwester Frankreich nach. 15
Lasst uns großer Taten uns freuen
Frei, frei, frei und reinen Herzens zu sein."
Erst sangen wenige im Chor mit, bald aber alle, und es war fast kein Auge ohne Tränen. Es war, als ob eine Saite berührt wäre, in 20 deren Ton alle einstimmten. Nach dem gab es eine Stille, als wenn jeder den Wert des Gutseins bei sich überdacht hätte, und nun war auch jeder für den Tag zur Freude gestimmt. 25
Die Musik dauerte fort, die jungen Leute fingen an zu tanzen, wir Älteren gingen spazieren, setzten uns an einer schönen Stelle und baten Klopstock, von dem wir gehört hatten, dass er der Freiheit zwei Oden ge- 30 dichtet, er möge sie uns vorlesen. Er sagte sie uns vor. [...] Bei dem Gesundheittrinken der Freiheit und ihrer Helden wurde immer geschossen. Am Ende der Mahlzeit verlangten alle das Lied wieder. Die jungen Sänge- 35 rinnen standen auf und der ganze Tisch sang mit. Ein Amerikaner, der mit uns war, wurde recht laut, schüttelte jedem, der ihm nahe kam, die Hand: Morgen schreibe ich das nach Amerika; solch ein Tag lohnt für man- 40 che Angst und Mühe, die man gehabt hat! [...] Ehe wir vom Tisch aufstanden, gingen die Frauen mit verdeckten Tellern herum und sammelten für die Armen und erhielten über 200 M. 45

1 rot
2 Stadtteil Hamburgs

9d) 1798 erinnert sich die Tochter Reimarus an das Revolutionsfest in Hamburg:
Heute ist der 14. Juli. Ob Ihr diesen Tag wohl noch in Hamburg feiert? Wie froh, wie selig haben wir ihn [...] miteinander gefeiert! Schon damals sangen wir: „Zwar auch Blut und Tränen flossen [...]." Ach, wie wenig 5 Blut war damals geflossen! Erst nachher kam die Schreckensepoche, die Zeit der Tränen und Seufzer! Wenn ich mich an alles das erinnere, was nachher kam, kann ich nur mit Mühe wieder den Weg zu jenen ersten 10 schönen Tagen zurückfinden. Ich denke an die schöne folgende Strophe unseres Liedes:

„Hebt den Blick! Der ganzen Erde
Galt der Kampf und floss das Blut.
Dass sie frei und glücklich werde,
Aufgeklärt und weis und gut!"
Diese Zeilen können, müssen noch wahr werden, in ihnen allein liegt Trost und Hoffnung. Gute Menschen müssen eine große Sache, für die sie und andere so viel gelitten haben, nie verlassen, selbst die Leiden müssen sie fester daran ketten. Die Macht des Bösen wird dann vorübergehend sein und die Tränen sind die Saaten hoher Freuden, großer Taten!

M9c und d zit. nach: Heinrich Sieveking, Georg Heinrich Sieveking – Lebensbild eines Kaufmanns aus dem Zeitalter der Französischen Revolution, Berlin 1913, S. 48 ff. und 52 f.

9 e) In einem „Freiheitsgebet eines Jakobiners", das nicht nur im französisch besetzten Rheinland, sondern auch in der Hamburger demokratischen Presse abgedruckt wurde, heißt es zum Lob der Mainzer Republik:

Unser aller Nutz und Frommen,
Göttin Freiheit! Sei willkommen!
Steure jenen deutschen Fürsten,
Die nach Frankreichs Blute dürsten,
Weck das Volk der Sklaverei,
Mach die ganze Menschheit frei.
Einen Freiheitsbaum, den pflanzen
Wir am Rhein, die Mainzer tanzen
Schon mit Ça ira um ihn;
Deine Siegeskränze blühn.
Um die Brüder, deren Ketten
Dort noch klirren, bald zu retten,
Leit uns Franken Hand in Hand
An der Eintracht Rosenband.
Dass wir, raschen Trittes, gehen
Siege prangend auszuspähen,
Wo der Aberglaube wohnt,
Pfaffendespotie noch thront.
Alles wird dir untertänig,
Göttin Freiheit, sei uns gnädig!
Horch von jenen lichten Höhn
Auf der Jakobiner Flehn.
Denn so werden deine Franken
Dir mit allen Völkern danken.

Zit. nach: Walter Grab, Uwe Friesel, Noch ist Deutschland nicht verloren. Eine historisch-politische Analyse unterdrückter Lyrik von der Französischen Revolution bis zur Reichsgründung, München (Hauser) 1970.

9 f) Steht Deutschland kurz vor einer Revolution? Der deutsche Jakobiner, Schriftsteller und Jurist Georg Friedrich Rebmann (1768–1824) über die Revolution, die napoleonischen Kriege und den Geist der Freiheit, 1796:

Der Krieg, welcher jetzt geführt wird, ist von allen andern bisher geführten Kriegen ziemlich verschieden. Statt dass gewöhnlicherweise die Bürger der Staaten dabei ganz ruhig sein konnten, ob dieser oder jener siege, ob eine rote oder blaue oder weiße Fahne künftig von ihren Wällen wehe, statt dass sie sich sonst in der Lage einer Herde Schafe befanden, deren Eigentümer mit einem andern über ihren Besitz einen Prozess führte, dessen Ausgang den Schafen gleichgültig sein konnte, statt dessen sind wir jetzt alle bei dem großen Kampfe interessiert, der fast noch mehr mit der Feder als mit den Waffen geführt wird. [...]

Die Macht der Ideen ist es, welche unsern gegenwärtigen schlechten Regierungen furchtbar wird, furchtbarer als Held Bonaparte und sein tapfrer Haufe. Und gegen diese tief gedachten, durch Prüfung bewährten Ideen vermögen sie nichts. Den Institutionen der Zeit hat unsre Überzeugung das Todesurteil gesprochen, unsre Überzeugung zu ihnen zurückzubringen ist unmöglich. Vernichtet heute alle Pressen, verbrennt alle Druckschriften, fesselt alle Federn – was gelesen worden ist, könnt ihr nicht aus den Köpfen schaffen. Das Missverhältnis zwischen Ideen und Verfassungen ist da, gerade die Schritte, welche ihr euch erlaubt, um diejenigen zu verhindern, die seine Augenscheinlichkeit aufdecken, vermehrt es immer mehr. Mit jeder Verfolgung des Einzelnen, mit jedem Zwang, den ihr dem Volke auflegt, nimmt es zu. Ihr bewaffnet das Volk, und ihr lehrt es dadurch die Waffen brauchen, die es bald gegen euch wenden wird. Ihr malt ihm die Schrecken des feindlichen Überfalls, und ihr erinnert es zugleich mit diesem Aufruf daran, dass ihr an diesem Kriege schuld seid, dass ihr an noch mehrern künftig schuld sein werdet und dass es also eure Institutionen zu Boden werfen muss, wenn es künftig des Friedens genießen will. Ihr presst den, welcher zu laut schreit, und erinnert das Volk daran, sein Geschrei anzuhören. Ihn straft nach Willkür, um dem Volk anschaulich zu machen, dass es nicht nach Gesetzen, sondern nach Willkür regiert wird. Indem ihr den Geist des Volks in eure hinfälligen Gerüste einsperren wollt, erschüttert ihr selbst die letzten Stützen, welche sie noch halten.

Georg Friedrich Rebmann, Ideen über Revolutionen in Deutschland, hg. v. Werner Greiling, Leipzig (Reclam) 1988, S. 77 und 149 f.

9g) *Karl August Freiherr von Hardenberg (1750–1822) äußerte am 24. Januar 1794 über die Haltung der Deutschen gegenüber der Französischen Revolution:*

Man würde sich täuschen, wenn man nicht in Deutschland eine Klasse von Bösewichtern oder Schwindelköpfen sähe, die, itzt noch von den französischen Grundsätzen angesteckt, die ganze Anwendung derselben wünschen. Hoffentlich ist sie nicht zahlreich, wenigstens gewiss nicht so sehr als ehedem, bevor man die französische so genannte Freiheit ganz kannte; aber sie hebt doch hin und wieder seit den letzten Unglücksfällen ihr Haupt wieder empor und würde durch Verführung äußerst gefährlich werden, wenn feindlicher Einfall oder etwa eine unvorsichtige Bewaffnung der Untertanen oder andere sie begünstigende Umstände einträten.

Eine zweite Klasse verabscheut zwar die französischen Grundsätze und die dortige Zügellosigkeit, wünschte aber doch eine Revolution in Deutschland, indem sie dem deutschen Charakter, vielleicht zu gutmütig, zutraut, er sei solcher Dinge nicht fähig und werde in gewissen Schranken bleiben. Diese weit zahlreichere als die erste zählt zuverlässig viele großen Einfluss habende Geschäftsmänner unter sich und arbeitet im Stillen nach einer Revolution hin.

Eine dritte Gattung sieht zwar manche Mängel in unseren Verfassungen, hält aber dafür, es sei besser, solche nach und nach unvermerkt abzustellen, Mäßigung, Gerechtigkeit und die Gesetze, welche allmählich den Zeitumständen nach zu formieren, herrschen zu lassen, dem Talent und dem Verdienst aus allen Ständen eine freie Konkurrenz zu eröffnen, darin und in unparteiischer gleicher Anwendung der Gesetze, in möglicher gleicher Verteilung der Lasten, völliger Sicherheit des Eigentums und der Person wahre Freiheit zu setzen und solche mit Religion und bürgerlicher Ordnung, ohne welche sie nicht bestehen können, zu verbinden. Diese Klasse, hoffentlich auch zahlreich, wünscht einen sicheren Frieden, um jene Pläne desto besser und schneller erfüllt zu sehen. Sie wird am geeignetsten sein, zu allen Maßregeln beizutragen und eigene Kräfte aufzuopfern, um diesen Zweck recht bald zu bewirken.

Eine vierte, geschreckt durch den Gedanken, irgendein Vorrecht zu verlieren, fällt in das Extrem: alles aufs Äußerste treiben zu wollen und dadurch nicht selten in Härte, Stolz und Ungerechtigkeit, beurteilt den Geist der Zeit gar nicht und handelt darin ganz verkehrt, indem sie gleich der ersten Klasse Animosität und Gährung vermehrt. Sie findet sich wohl nur bei einem Teile der privilegierten Stände und bei einigen Geschäftsmännern.

Zit. nach: Wolfgang von Hippel (Hrsg.), Freiheit, Gleichheit, Brüderlichkeit? Die Französische Revolution im deutschen Urteil von 1789 bis 1945, München (dtv) 1989, S. 55 f.

4 Erarbeiten Sie aus der Karte (M9a) die räumlichen und zeitlichen Schwerpunkte revolutionärer Ereignisse und Unruhen in Deutschland.

5 Interpretieren Sie das Gedicht von Klopstock (M9b) vor dem Hintergrund der politischen Verhältnisse in Deutschland.

6 Wie wurde in Hamburg der erste Jahrestag des Sturms auf die Bastille gefeiert? Wie beurteilten Teilnehmerinnen dieses Festes einige Jahre später die Revolution (M9c und M9d)?

7 Analysieren Sie M9g. Ordnen Sie die in den Materialien dieses Arbeitsteils (M9b–g) dokumentierten Einstellungen den von Hardenberg identifizierten vier politischen Gruppen zu. Welcher Position würden Sie Hardenberg zuordnen? Erläutern Sie die sozialen und politischen Ursachen der Einstellungen und des Einstellungswandels.

Präsentation

8 🚶 Napoleon im Bild. Suchen Sie ein offizielles Gemälde von Napoleon aus der Zeit seiner Herrschaft und präsentieren Sie es. Internettipp: *www.nga.gov/kids/napoleon/nap1.html*

• Themen • **Methoden** • Themen • **Methoden** • Themen • **Methoden** • Themen • **Methoden** •

Napoleon in Karikaturen – Napoleon als Mythos

Zur historischen Interpretation von Karikaturen – Erläuterungen zum Begriff „Mythos"

Karikaturen stehen immer in Bezug zu realen Personen oder Geschehnissen – und damit zur Geschichte. Indem der Karikaturist Personen oder Zustände überzeichnet, gibt er sie der Lächerlichkeit preis und kritisiert sie. Dies funktioniert aber nur, wenn die Verzerrung die Wirklichkeit noch wiedererkennen lässt. Während uns dies heute bei aktuellen Ereignissen meist gelingt, müssen wir bei Karikaturen aus anderen Epochen erst den Kontext erschließen.
Die Interpretation einer Karikatur folgt in der Regel folgenden Fragen:
a) Wer ist der Karikaturist, wann hat er gelebt, welchem politischen Umfeld gehörte er an?
b) Wann entstand die Karikatur, an welchem Ort und ggf. für welchen Auftraggeber?
c) Auf welche Epoche, welches Thema oder welche Person bezieht sich die Karikatur?
d) Was wird dargestellt und mit welchen Stilmitteln?
e) Welche Aussgagen lassen sich aus den Befunden zu d) ableiten?

Mythen sind verherrlichende Vorstellungen von einer Person, Sache oder Begebenheit. Sie haben die Funktion, zwischen gegenwärtigen und vergangenen Generationen eine Schicksalsgemeinschaft herzustellen. Dafür beschwören sie häufig eine glanzvolle Vergangenheit oder stellen ehemalige Herrscher als „groß" dar. Mythen bieten Sinn- und Heilsversprechen und sollen Sehnsüchte nach einer besseren Welt befriedigen bzw. in eine Richtung lenken.

9 Untersuchen Sie die Karikatur M10 im Kurs (Hilfe: s. Methodenhinweise oben und M14).
10 Hausaufgabe: Interpretieren Sie selbstständig Karikatur M11, M12 oder M13.
11 Stellen Sie mithilfe von M15a und b dar, wie es zur Bildung von Napoleon-Mythen kam.
12 Suchen Sie sich einen Film, ein Denkmal oder ein literarisches Werk über Napoleon aus (s. M15a, b) und untersuchen Sie, welche Mythen über Napoleon darin verbreitet werden.
13 Erörtern Sie: Können auch Karikaturen einen Napoleon-Mythos begründen?

M10 Aufstieg und Fall Napoleons (1769–1821), deutsche Karikatur. – *„Corsischer Knabe, Militair Schüler. Glücksritter zu Paris. General, Herrscher, Großherrscher, Abschied aus Spanien, Schlittenfahrt aus Moskau. Lebewohl! aus Deutschland. Ende. Fortdauer nach dem Tode"*

139

M 11 Napoleon als Bäcker eines neuen Europas, Karikatur von James Gillray, 1806.
„Tiddy-Doll the great French Gingerbread-Baker, drawing out a new Batch of kings, his mom, Hopping Talley, mixing up the Dough." Der französische Außenminister Charles de Talleyrand, ehemals Bischof von Autun, hilft dem Bäcker Napoleon, der gerade einige frische Königsfiguren in den Ofen schiebt.

M 12 Triumph des Jahres 1813, Brüder Henschel, 1814

M 13 Kleine „Zeichenschule" zur Anfertigung einer Karikatur, Wilhelm Busch, o. J.

M 14 Zur Entstehung und Verbreitung zeitgenössischer Napoleon-Karikaturen

Im Katalog einer Ausstellung über Napoleon-Karikaturen schreibt die Herausgeberin (2006):
Zwischen 1797 und 1815 sind weit über 2000 Karikaturen erschienen, bis 1813 jedoch fast ausschließlich in England. Dort hatte sich nach Einführung der konstitutio-
5 nellen Monarchie 1689 ein liberaler Umgang mit Presse- und Meinungsfreiheit etabliert, wie er in den anderen europäischen Ländern zu dieser Zeit nicht einmal denkbar war. […]
Die Karikaturen der bis heute berühmtes-
10 ten Künstler James Gillray, Thomas Rowlandson oder George Cruikshank waren wie die ihrer zahlreichen Kollegen täglich aufs Neue präsent in den Auslagen ihrer Londoner Verleger. […] Der Vertrieb war so gut
15 organisiert, dass neben der städtischen auch die ländliche Klientel bedient werden konnte. […] Auch der Export funktionierte aufgrund der engen Handelsverbindungen mit den europäischen Staaten bis zur 1806 von
20 Napoleon verhängten Kontinentalsperre reibungslos. […]
„Alles Druckende gehört vor die Censur" – so steht es im preußischen Zensuredikt von 1788. Erst als dieses Edikt durch die beson-
25 deren Umstände während der Befreiungskriege entschärft wurde, erschienen deutsche Karikaturen gegen Napoleon in großer Zahl. […]
Die deutschen Karikaturen sind in der weit überwiegenden Zahl kleinformatig,
30 zum Teil nicht größer als 10 x 12 Zentimeter. Ein wichtiger Grund dafür ist wohl, dass sie so leichter zu versenden waren, was unter den herrschenden Bedingungen die einfachste und sicherste Form des Vertriebs war.
35 Von den Gebrüdern Henschel ist eine entsprechende Anzeige bekannt, in der „6 couleurte Kupferstiche" angeboten werden: „Die ganze Collection wiegt nicht mehr als ein einfacher Postbrief und daher zum Versen-
40 den sehr bequem." […] [D]en deutschen Karikaturisten [gelangen einige] herausragende Blätter, die als eigenständige Beiträge in der Geschichte der Napoleon-Karikatur gelten können. Darunter sind nicht von ungefähr
45 die Arbeiten, die über die deutschen Grenzen hinaus zahlreiche Nachahmer gefunden haben, allen voran der Leichenkopf [M12].

M 15 Mythos Napoleon

15 a) In dem Ausstellungskatalog „Napoleon – Genie und Despot" schreibt die Herausgeberin Gisela Vetter-Liebenow über die Napoleon-Verklärung im 19. Jahrhundert (2006):
Mit einigen wenigen Getreuen trifft Napoleon am 16. Oktober 1815 auf der Insel St. Helena ein. […] Bald wird die Rede vom Martyrium des Verbannten sein, und Napoleon
5 wirkt an dieser Legendenbildung eifrig mit: In endlosen Monologen und langen Gesprächen mit Las Cases [seinem Kammerherrn] und anderen Getreuen entwirft Napoleon auf St. Helena seine Memoiren. 1823 veröf-
10 fentlicht sie Las Cases unter dem Titel *Mémorial de Sainte-Hélène* in acht Bänden. Dem Werk war ein anhaltender Erfolg beschieden; es ist bis heute Grundlage der bonapartistischen Geschichtsschreibung
15 und vieler Mythen, die sich um Napoleon ranken. […]
Am 5. Mai 1821 stirbt Napoleon. Über die Todesursache wurde heftig spekuliert, und das Gerücht, Napoleon sei vergiftet worden,
20 hielt sich hartnäckig. Heute gilt ein gutartiges Magengeschwür, das die kranke Leber in Mitleidenschaft gezogen hatte, als Todesursache. […]
Im Oktober 1840 veranlasste Louis-Philip-
25 pe I. [König 1830–1848] die Überführung von Napoleons Leichnam nach Frankreich; am 15. Dezember wurde der ehemalige Kaiser in einer großen Zeremonie im Invalidendom[1] beigesetzt. Die politischen Verhältnis-
30 se in Frankreich, Restauration und Julimonarchie, bewirkten in weiten Kreisen eine Verklärung der napoleonischen Epoche, des Ersten Empires, und ein regelrechter Kult um Napoleon setzte ein. Der Bonapartismus
35 entwickelte sich zu einem politischen Programm und führte im Zweiten Empire 1852 zur Thronbesteigung von Napoleons Neffen Louis Napoleon als Napoleon III. [Kaiser 1852–1870].

M14 und M15a: Gisela Vetter-Liebenow, Von Napoleon zu Little Boney, in: dies. (Hg.), Napoleon – Genie und Despot, Hannover (Wilhelm-Busch-Gesellschaft), S. 8–11 und 173.

1 Im Invalidendom steht bis heute auf einem grünen Granitsockel der rote Porphyrsarkophag Napoleons. Er wird von zwölf Siegesgöttinnen umgeben (Erinnerung an die zwölf siegreichen Feldzüge 1797–1815).

15 b) Interview mit dem Historiker Jean Tulard (geb. 1933) in „Die Zeit" (2006):

DIE ZEIT: *Die offiziellen Feiern zum 200. Jahrestag der Kaiserkrönung sowie des Sieges von Austerlitz fielen in Frankreich äußerst bescheiden aus. Warum?*

JEAN TULARD: Bei der Krönung war das verständlich, weil der Staat nicht die Wiedereinführung der Monarchie feiern will. Doch dass der Sieg von Austerlitz 1805, bei dem unsere Grande Armée der Revolution die europäischen Feudalherrscher bezwang, nahezu ignoriert wurde, ist eine Schande. Schuld daran ist unsere Regierung, die dem Druck von Kolonialismus-Kritikern nachgegeben hat.

Worum ging es?

Kurz vor dem Jubiläum veröffentlichte der Schriftsteller Claude Ribbe, dessen Vorfahren aus der Karibik stammen, eine scharfe Polemik gegen die Wiedereinführung der Sklaverei durch Napoleon auf Guadeloupe und Santo Domingo. In der Tat hat Napoleon den von der Französischen Revolution verbotenen Menschenhandel 1802 wieder erlaubt. Man sollte das jedoch unter den Bedingungen der damaligen Zeit sehen. Auch in den USA oder Großbritannien war seinerzeit die Sklavenhaltung üblich. Aber weil der Rassismusvorwurf erhoben wurde, und das vor allem von Bürgern aus Guadeloupe, ist unsere Regierung eingeknickt. […]

Sind die Franzosen dieser Entwicklung gefolgt?

Nicht wirklich. In der Bevölkerung ist Napoleon unverändert populär. Nicht nur in Frankreich, sondern europaweit war die vierteilige Fernsehserie mit Christian Clavier 2002 ein Riesenerfolg. Napoleon ist und bleibt der berühmteste Franzose aller Zeiten und verkörpert mehr noch als Ludwig XIV. den Höhepunkt der französischen Dominanz in Europa. Dass Politiker heute nicht mehr gern über ihn sprechen, mag auch an den aktuellen Debatten über den déclin français liegen, den Niedergang Frankreichs. Jede Vergegenwärtigung des Kaiserreichs verschärft nur das Bewusstsein der verlorenen Größe. […]

Warum ist der Mythos Napoleon bis heute […] ungebrochen?

Weil seine Auswirkungen universell waren und selbst die verlorenen Kriege Konsequenzen für den gesamten Planeten hatten. Während des Feldzuges gegen Spanien und Portugal konnten sich die lateinamerikanischen Kolonien emanzipieren, von Ägypten bis zum Kap trat Afrika auf die politische Landkarte, Australiens Südküste hieß lange Zeit Côte Bonaparte. Selbst das heutige Straßensystem in Indonesien ist napoleonischen Ursprungs. 1812 zogen die USA an Napoleons Seite erstmals in einen europäischen Krieg. Und immer wieder staune ich darüber, wie groß in Asien das Interesse für Napoleon ist. […]

Sie sind auch Filmhistoriker. Welche Napoleon-Filme gefallen Ihnen am besten?

Mit Abstand der Stummfilm von Abel Gance aus dem Jahr 1927. Danach kommt für mich Sergej Bondartchouks Waterloo von 1970, aber auch Ridley Scotts The Duelists von 1977. Und selbst Propagandafilme, die den Napoleon-Mythos für das Kino ausschlachten, sind für mich bedeutende Geschichtsdokumente: Da ist zum einen Koutousov, ein im Auftrag Stalins gedrehter Film, in dem der Sieg von Borodino 1812 mit Stalingrad gleichgesetzt wird. Als Reaktion darauf ließen die Nazis dann Kolberg von Veit Harlan drehen, um aus dem letzten preußischen Widerstand gegen die napoleonischen Truppen einen Durchhalteappell gegen die Rote Armee zu machen. Beide Male ist Napoleon das Medium, an dem Deutsche und Russen sich abarbeiten. […]

Sie haben Ihrer Napoleon-Biografie von 1978 den Untertitel „Der Mythos des Retters" gegeben. Ist die Vorstellung vom „homme providentiel", vom Mann der Vorsehung, in Frankreich noch aktuell?

Unsere Geschichte zeigt, dass das Land in jeder Krise nach einem Retter ruft: Das fängt mit Jeanne d'Arc an, geht mit dem Aufstieg Napoleons nach dem Tod von Robespierre weiter […] bis hin zu de Gaulle im Algerien-Krieg 1958. Wir haben immer „Retter im Wartestand" – von Georges Pompidou bis zum heutigen Innenminister Nicolas Sarkozy. Doch es ist ebenfalls charakteristisch für die Franzosen, dass der „Mann der Vorsehung" jedes Mal prompt verjagt wird, wenn er seine Schuldigkeit getan hat.

ZEIT online vom 7. August 2006 (30. Juli 2007).

Weiterführende Arbeitsanregungen zu „Europa und die Revolution"

Auch wenn es in Europa im Anschluss an die Niederlage Napoleons zu einer Phase der Restauration kam, waren die Auswirkungen der Französischen Revolution und der napoleonischen Herrschaft auf die europäischen Staaten tief greifend und nachhaltig. Der Code civil Napoleons blieb in vielen Ländern z. T. bis in das 20. Jahrhundert hinein Grundlage des bürgerlichen Rechts. Die Menschenrechtserklärung der amerikanischen und der französischen Verfassungen bilden eine zentrale Grundlage moderner rechtsstaatlicher Verfassungen. Ihr Anspruch auf Allgemeingültigkeit gehört heute jedoch zu einem der brisantesten Probleme der internationalen Rechtsordnung. Die aus dem Naturrechtsdenken der Aufklärung erwachsene Menschenrechtserklärung, die auch die Grundlage der Menschenrechtserklärung der UNO von 1948 bildet, wird heute wegen ihrer Auswirkungen auf die interne Sozialordnung und den Umgang mit öffentlicher System- oder Religionskritik von vielen nicht-westlichen Staaten hinterfragt und als eine versteckte Form des westlichen Kulturimperialismus abgelehnt.

Menschenrechtserklärungen – ein Referat
Vergleichen Sie die Menschenrechtserklärung der Französischen Revolution von 1789 mit der Allgemeinen Erklärung der Menschenrechte der Vereinten Nationen (UNO) vom 10. Dezember 1948.

Universalismus der Menschenrechte – eine Klassendiskussion
Informieren Sie sich über die angegebene Literatur und evtl. auch das Internet über die Argumente für und gegen eine universelle Gültigkeit der Menschenrechte. Diskutieren Sie pro und kontra auch anhand konkreter Konfliktfälle und Beispiele von Menschenrechtsverletzungen. Verschaffen Sie sich über die Schriften oder auch die Internetseiten von amnesty international einen Überblick über Menschenrechtsverletzungen – auch in Europa.

Arbeit von Menschenrechtsorganisationen – Information und Diskussion
Informieren Sie sich über die Arbeit von Menschenrechtsorganisationen wie amnesty international. Laden Sie einen Vertreter einer dieser Organisationen zu einem Informationsvortrag in Ihre Klasse/Schule ein. Diskutieren Sie in diesem Zusammenhang auch nochmals das Problem revolutionärer Gewalt. Sollen sich Menschenrechtsorganisationen, die sich um politische Gefangene kümmern, auch für die Freilassung gewalttätiger Revolutionäre einsetzen?

Literaturhinweise
Christiane Tichy, Lutz Tornow, Französische Revolution: Menschenrechte, Machtkampf, Ideologie, Frankfurt am Main (Diesterweg) 1989.
Barbara Brüning (Hrsg.), Recht, Gerechtigkeit, Menschenrechte, Berlin (Cornelsen) 2001 (Kurshefte Ethik, Philosophie).
Sibylle Tönnies, Der westliche Universalismus: die Denkwelt der Menschenrechte, 3., überarb. Aufl. Wiesbaden (Westdeutscher) 2001.

Link
http://www.amnesty.de/rechte/aemr.htm

10 Die Revolution in der historischen Diskussion

Kaum ein Ereignis, so lautet eine gängige These, habe die Geschichte der **Moderne** so tief geprägt wie die Französische Revolution. Tatsächlich wurde dieses Ereignis nicht nur in Frankreich als ein alle Lebensbereiche erfassender Umbruch wahrgenommen, sondern es hat auch in europäische und außereuropäische Regionen ausgestrahlt.

Auf den *Sonderseiten 52f. und 70–72* wurden bereits ältere Deutungen zur Französischen Revolution und die marxistische Revolutionstheorie vorgestellt. Im Schlusskapitel soll es nun darum gehen, die Bedeutung des Ereignisses anhand dreier Historikertexte zu untersuchen. Thematisch geht es dabei um die Rolle der Revolution im Prozess der **Modernisierung**.

Arbeitshinweise:
1 Zur Klärung der *Begriffe* „Moderne" und „Modernisierung": siehe Begriffslexikon, S. 153.
2 Beispiele für *Leitfragen* zur Analyse der Sekundärtexte M1–M3 sind unten aufgeführt. (Hinweis: Nicht alle Sekundärtexte gehen auf alle Teilfragen ein.)
3 Als *Einstieg* empfiehlt sich die gemeinsame Behandlung der Thesen von Thamer (M1).
4 Die Texte von Mager (M2) und Reichardt (M3) bieten sich für eine *Kleingruppenarbeit* an.
5 Mithilfe der *Probeklausur (Methodensonderseite 147)* kann das Gelernte getestet werden.

Leitfragen:
A Bedeutete die Revolution einen **Einschnitt** oder war sie Teil einer allmählichen **Transformation**?
B Wie ist die Frage „Einschnitt oder Transformation?" zu beantworten, wenn man in die verschiedenen **historischen Räume** schaut, das heißt a) nach Frankreich, b) in andere Staaten Europas oder c) in andere Weltregionen, z. B. in die französischen Kolonialgebiete?
C Welche **historischen Dimensionen** beziehen die Forscher bei der Frage „Einschnitt oder Transformation?" mit ein: Schauen sie nur auf *verfassungsgeschichtliche* Änderungen oder auch auf *ökonomischen* Wandel? Beziehen sie die *sozialgeschichtlichen* und die *geschlechterhistorischen* Dimensionen mit ein? Berücksichtigen sie die *Kultur- und Mentalitätsgeschichte*?

M1 Hans-Ulrich Thamer (2004)

Die Französische Revolution [...] eröffnete eine Phase grundstürzender Veränderungen der politischen, sozialen und kulturellen Verhältnisse in Frankreich. Als epochales Ereignis hat die Französische Revolution weit über den nationalen französischen Rahmen hinaus tiefe Spuren in der politischen und sozialen Entwicklung anderer Länder hinterlassen. [...] Sie wurde zum Laboratorium der Moderne, indem sie in der kurzen Spanne eines Jahrzehnts die unterschiedlichsten Verfassungsformen entwickelte, die für das 19. und 20. Jahrhundert wirkungsmächtig werden sollten, von der konstitutionellen Monarchie über die Republik bis zur bonapartistischen Diktatur; indem sie die Grundlagen einer bürgerlich-individualistischen Eigentums- und Gesellschaftsverfassung schuf; indem sie zum ersten Mal eine demokratische politische Kultur entfaltete und damit den Durchbruch zur politischen Freiheit erkämpfte; indem sie einen fundamentalen Prozess der Politisierung der Gesellschaft und der Ideologisierung der politischen Sprache auslöste und dabei zugleich die Selbstgefährdung demokratischer Ordnung demonstrierte. Ihre historisch-politische Bedeutung reicht darum bis in die Gegenwart.

Hans-Ulrich Thamer, Die Französische Revolution, München (C. H. Beck) 2004, S. 7.

M2 Wolfgang Mager (1980)

Der Ort der Französischen Revolution im Wandel zwischen Ancien Régime und Moderne [...]

In der Geschichte von Verkehr und Kommunikation stellt die Französische Revolution keinen erheblichen Einschnitt dar. Die sogenannte Verkehrsrevolution, welche durch das Aufkommen von Eisenbahn und Dampfschifffahrt charakterisiert ist, hat erst in den 1840er- und 1850er-Jahren begonnen. […]

In der Bevölkerungsentwicklung Frankreichs bildet die Epoche der Französischen Revolution keine Zäsur. Bereits seit dem zweiten Viertel des 18. Jahrhunderts hat die Bevölkerung stetig zugenommen. […]

Auf die Entwicklung der Landwirtschaft hat die Französische Revolution mehr hemmende als förderliche Auswirkungen gehabt. Seit den 1730er-Jahren ist eine kontinuierliche, wenn auch bescheidene Zunahme der Nahrungsmittelproduktion zu verzeichnen, im Wesentlichen das Ergebnis einer mäßigen Ausweitung der landwirtschaftlichen Nutzflächen. Die durch Stallfütterung, Düngung, Fruchtwechselwirtschaft und große Betriebseinheiten gekennzeichnete intensive Landwirtschaft modernen Typs setzte sich in nennenswertem Umfang erst seit dem zweiten Drittel des 19. Jahrhunderts durch. […]

Auf die Entwicklung der gewerblich-industriellen Produktion hat sich die Französische Revolution im Ganzen abträglich ausgewirkt. Im großgewerblichen Sektor hatte Frankreich in den Jahrzehnten vor der Revolution ähnliche Zuwachsraten insbesondere in den frühindustriellen Wachstumsbranchen erzielt wie England während der Frühindustrialisierung ein halbes Jahrhundert zuvor. Mit der Französischen Revolution brach der industrielle Aufschwung ab, setzte Stagnation, ja zum Teil Rückschritt ein. […] Die Industrielle Revolution setzte nicht vor den 1820er- und 1830er-Jahren in nennenswertem Umfang ein. In England hat die Fabrikindustrialisierung während der Epoche der Französischen Revolution deutliche Fortschritte gemacht; Frankreich war deshalb 1814/15 weit hinter England zurückgefallen. […]

Der französische Binnen- und Außenhandel ist seit dem zweiten Drittel des 18. Jahrhunderts schubartig angewachsen. […] Im Ganzen hat die Französische Revolution den Handel erheblich beeinträchtigt. […]

Die Französische Revolution schuf die rechtlichen Rahmenbedingungen der Klassengesellschaft. Gemäß dem Prinzip der Rechtsgleichheit wurden von der Konstituante alle privat- und sachenrechtlichen Differenzierungen zwischen den Angehörigen unterschiedlicher sozialer Schichten und Gruppen, zwischen Stadt und Land, zwischen den Regionen und Provinzen Frankreichs beseitigt. Gemäß dem Prinzip der Gewerbefreiheit wurden alle korporativen, regionalen und ständischen Einschränkungen der wirtschaftenden Betätigung aufgehoben. Da zugleich mit der Herbeiführung von Rechtsgleichheit und Gewerbefreiheit die Ungleichheit in der Verfügung über Eigentum, Einkommen und Bildung ausdrücklich beibehalten und bekräftigt wurde, erhielt die neue Gesellschaft die ökonomisch-soziale Struktur einer Klassengesellschaft. Da in ihr die vermögenden Grundbesitzer und die bedeutenderen Steuerzahler – die Notabeln […] – politisch privilegiert wurden, nahm die neue Klassengesellschaft den Charakter einer Notabelgesellschaft […] an. […] Der Code civil Napoleons, der die Zivilrechtsordnung der Revolution sanktionierte, blieb bis heute in der Substanz unangetastet. […]

Die Französische Revolution war wesentlich eine politische Revolution. Die ungeachtet aller autokratisch-zentralistischen Tendenzen bis 1789 […] fraktionierte und […] regionalisierte politische Organisation ist in der Revolution durch die einheitliche moderne Staatsgewalt ersetzt worden. […]

Charakteristisch für das neugeschaffene politische System war die öffentlich-rechtliche Privilegierung der Notabeln [durch die] Unterscheidung zwischen den politisch berechtigten „Aktivbürgern" (citoyens actifs) und den politisch nichtberechtigten „Passivbürgern" (citoyens passifs). […]

Auf Struktur und Wandel der Welt- und Lebensanschauungen (Mentalität) konnte nicht im Einzelnen eingegangen werden. So viel scheint gewiss: Seit dem zweiten Drittel des 18. Jahrhunderts hat sich in Frankreich ein neuer Begriff des Politischen ausgebildet, der im Zuge der Französischen Revolution in die mittleren, ja unteren Gruppen und Schichten der Bevölkerung eingedrungen ist. […]

Fasst man die Gesamtentwicklung vom Ancien Régime zur Moderne in allen ihren

Dimensionen ins Auge, so erscheint die Französische Revolution als akute, durchbruchartige Krise innerhalb eines säkularen Prozesses beschleunigten Wandels, der im zweiten Drittel des 18. Jahrhunderts einsetzte und nicht vor dem zweiten Drittel des 19. Jahrhunderts zu einem gewissen Abschluss kam, ein Wandel, der inhaltlich als „bürgerliche Umwälzung" zu bestimmen ist.

Wolfgang Mager, Frankreich vom Ancien Régime zur Moderne, Stuttgart (Kohlhammer) 1980, S. 225–233.

M 3 Rolf Reichardt (1988)

Was die Revolution von 1789 mehr als etwa die Englische Revolution des 17. Jahrhunderts oder die Amerikanische Revolution zu einem weltweit beachteten Modell macht, ist nicht nur ihre idealtypische Verlaufskurve, wie sie sich z. B. noch in der iranischen Revolution [1979] wiederholt, sondern auch und besonders der engstens mit ihr verknüpfte Messianismus der Freiheit und Gleichheit. Er vor allem ist es, der in der Erinnerung fortlebt und politisch wie gesellschaftlich bis heute eine aktuelle Herausforderung bleibt. Je länger und nachdenklicher man die Quellen befragt, welche Kraft die Französische Revolution denn eigentlich vorantrieb, worin deren frappierende Selbstläufigkeit und Prozesshaftigkeit bestand, umso deutlicher erkennt man, dass selbst Schlüsselereignisse wie die Einnahme der Bastille, der Tuileriensturm, das Abschlachten der Gegenrevolutionäre in der Vendée letztlich Oberflächenerscheinungen waren. Was ihnen zugrunde lag, was sie auffordernd, kommentierend, rechtfertigend wie selbstverständlich begleitete, das waren zum einen politische Grundsatzerklärungen, Parolen, Leitbegriffe und Symbole, also im weitesten Sinne sprachlich-zeichenhafte Äußerungen, zum anderen sie tragende oder bekämpfende politische Gruppierungen. […] Lässt man sich erst einmal auf diese Perspektive ein, wird eine damals neuartige, originäre politische Kultur in der Phase ihrer ersten praktischen Erprobung und Entwicklung sichtbar. Wie einige Revolutionäre selbst erkannten, handelte es sich um nicht weniger als um das erste, modellhafte Experiment der „Demokratie" im modernen Sinne. […]

Was diese demokratische Kultur kennzeichnet, ist hauptsächlich zweierlei: Zum einen eine permanente, sehr grundsätzliche und unitarische öffentliche Debatte um die aktuelle Politik, ihre Recht- und Zweckmäßigkeit: im damaligen Verständnis eine freie Diskussion aufgeklärter Privatleute, aus deren Meinungswettstreit die „Wahrheit" von selbst als Siegerin hervorgehen würde. Um sich gegen die historisch und juristisch argumentierenden Reform- und Revolutionsgegner durchzusetzen, ging der revolutionäre Diskurs von naturrechtlichen und existenziellen Grundsätzen aus […], es konnte nur eine wahre Meinung, nur eine wahre Politik zum Wohl des Volkes geben, alles Konkurrierende, Widersprechende war notwendig entweder in Vorurteilen befangen oder „konterrevolutionär".

Zum anderen bestand die demokratische Kultur der Französischen Revolution in einer neuartigen Öffentlichkeit und ihren Kommunikationssystemen: einem Netzwerk von Versammlungen und Clubs, von Zeitungen, Flugschriften, Bildflugblättern, Liedern und anderen Medien der Informationsvermittlung und Meinungsbildung, das es in dieser Dichte, Intensität und Aktualität zuvor nicht gegeben hatte. Es bildete den Resonanzboden jener permanenten politischen Diskussion und vermittelte diese an breite, traditionell eher unpolitische soziale Gruppen. Indem es in Hauptstadt und Provinz Teile der klein- und unterbürgerlichen Schichten politisierte und mobilisierte, verschaffte es der Revolution erst ihre Massenbasis bis hin zu Gruppen, die noch ganze oder halbe Analphabeten waren.

Rolf Reichardt, Die städtische Revolution als politisch-kultureller Prozess, in: ders. (Hg.), Die Französische Revolution, Freiburg/Br. (Ploetz) 1988, S. 28 ff.

Weiterführende Diskussionsanregungen
1 Was kann man Ihrer Meinung nach aus der Französischen Revolution über die Voraussetzungen für das Funktionieren einer Demokratie lernen (s. auch Thamer in M1, Z. 22–27)?
2 Setzen Sie sich mit der Behauptung auseinander, die Französische Revolution sei „weniger die Mutter der neuzeitlichen Revolutionen denn die Mutter der neuzeitlichen Diktaturen".

Probeklausur – Analyse eines Sekundärtextes

M 4 Der Historiker Hans Fenske schreibt am Ende seines Aufsatzes „Staatsformen im Zeitalter der Revolutionen"[1] (2007)

Schlussbetrachtung
Noch in der Mitte des 18. Jahrhunderts hatte die uneingeschränkte Monarchie im Diskurs [Rede] über die Staatsformen die weitaus
5 meisten Verfechter, wobei freilich zur Voraussetzung gemacht wurde, dass der Herrscher sich dem Gemeinwohl verpflichtet fühle und die Gesetze achte. Aber die Anhänger einer konstitutionellen Monar-
10 chie nach dem Vorbild Englands, das seit 1689 Verfassungsstaat war, gewann stetig an Boden. Der erste moderne Verfassungsstaat, also ein auf dem Willen der Nation beruhendes, gewaltenteilig organisiertes und die
15 Menschenrechte garantierendes Gemeinwesen, wurde indessen nicht in Europa, sondern in Nordamerika errichtet, nachdem es wegen der Zuständigkeiten bei der Steuererhebung zwischen der britischen Krone und
20 den Kolonisten zu einem langwierigen Streit und schließlich zum Kriege gekommen war. Das alles wurde in Europa sehr aufmerksam beobachtet. Die einflussreichsten Teilnehmer an der Debatte über die Neugestaltung
25 des Staates in Frankreich am Vorabend der Revolution und in ihrer ersten Phase zielten auf eben dies, auf einen auf der Volkssouveränität beruhenden gewaltenteiligen Rechtsstaat. Am Ende stand nach schwersten
30 Erschütterungen allerdings nur ein autoritärer Rechtsstaat mit pseudokonstitutioneller Fassade. Die englische Verfassung blieb im Zeitalter der Revolutionen trotz lebhafter Forderungen nach tief greifenden Reformen
35 unverändert. Die meisten deutschen Staaten betrieben innerhalb des überkommenen Rahmens Reformen. Am deutlichsten waren konstitutionelle Tendenzen dabei in Preußen. Die napoleonische Imperialpolitik
40 hatte beträchtlichen Anteil daran, dass die Reformer zum Zuge kamen, doch hatten sie ihre Konzepte gemeinhin abhängig von den Diskussionen und Entwicklungen in Frankreich ausgebildet. So sind an der herrschen-
45 den Ansicht, die Französische Revolution habe die Entwicklung zur Moderne in Europa ungemein beschleunigt, Zweifel möglich. Die Eruption [Ausbruch] in Frankreich gab dem Konservatismus außerordentlich viel
50 Nahrung. Er existierte schon vor 1789, aber jetzt kräftigte er sich nachhaltig und wurde auch entschlossener. Der konservative, im Dienst Wiens stehende Publizist Friedrich von Gentz brachte das Ende 1805 in einem
55 Brief an den Historiker Johannes von Müller in wenige Sätze. Zwei Prinzipien konstituierten die Welt, so schrieb er: das des immerwährenden Fortschritts und das der notwendigen Beschränkung dieses Fortschritts. Die
60 besten Zeiten seien diejenigen, in denen sich beide Tendenzen im Gleichgewicht befänden. Wenn aber, „wie in unserem Jahrhundert, Zerstörung alles Alten die herrschende, die überwiegende Tendenz wird, so müssen
65 die ausgezeichneten Menschen bis zur Halsstarrigkeit altgläubig werden". So wie Gentz dachten viele. Es ist zu vermuten, dass sich die Erfolgsaussichten der vielen reformunwilligen Persönlichkeiten unter dem Ein-
70 druck der Entwicklung in Frankreich wenigstens ab 1792 verschlechterten, dass ihr Weg schwieriger wurde. Genau messen lässt sich das nicht, aber es ist doch erwägenswert, ob die europäischen Staaten 1815 ohne die
75 Französische Revolution nicht auch dort gestanden hätten, wo sie tatsächlich waren. Es ist sogar denkbar, dass sie auf dem Wege zum modernen Verfassungsstaat schon weiter vorangekommen wären.

Hans Fenske, Staatsformen im Zeitalter der Revolutionen, in: Alexander Gallus/Eckehard Jesse (Hg.), Staatsformen von der Antike bis zur Gegenwart, 2. aktual. Aufl., Köln (Böhlau) 2007, S. 184f.

1 Damit meint der Autor die Zeit um 1765–1815.

3 Stellen Sie dar, wie Fenske (M4) die Französische Revolution beurteilt.
4 Stellen Sie Fenskes Position andere, Ihnen bekannte Forschungsmeinungen gegenüber (s. z. B. S. 72 ff. und 144 ff.).
5 Bewerten Sie Fenskes Position im Streit um die historische Bedeutung der Französischen Revolution.

Zur Wiederholung und Abiturvorbereitung

Methodenkompetenzen üben
1 Zentrale Begriffe mithilfe von Karteikarten wiederholen:
a) Halten Sie die Unterschiede zwischen einer „Revolution" und einer „Reform" fest (Kapitel 1).
b) Schreiben Sie mit eigenen Wort nieder, was unter dem historischen Fachbegriff „Modernisierung" zu verstehen ist (Begriffslexikon, Kapitel 10).
c) Erläutern Sie mit eigenen Worten zehn weitere zentrale Begriffe aus der Geschichte der Französischen Revolution (Begriffslexikon).
2 Textquellen von Sekundärtexten unterscheiden: Lesen Sie – in Partnerarbeit – die Überschriften, Einleitungen und Anfänge der Textmaterialien in Kapitel 4 und bestimmten Sie jeweils, ob es sich um eine Textquelle oder einen Sekundärtext handelt.
3 Inhaltliche Erschließung einer Textquelle üben (= Anforderungsniveau I in Abiturklausuren): Trainieren Sie anhand von sechs Textquellen dieses Heftes die inhaltliche Erschließung einer Textquelle, das heißt: Lesen Sie die Quelle und halten Sie jeweils in Stichworten Autor, Entstehungsort, Entstehungsdatum, Art der Quelle, Adressaten, Sprachstil und Kerninhalte fest.

Sach- und Urteilskompetenzen trainieren
4 Erläutern Sie, welche Faktoren im Frankreich des 18. Jahrhunderts zur Krise des Ancien Régime führten (Kapitel 2). Gehen Sie ein auf a) kulturelle Umbrüche, b) Entwicklungen in Wirtschaft und Finanzen und c) Wandlungen in der Gesellschaft.
5 a) Bestimmen Sie, ob das folgende Zitat von Montesquieu, Voltaire oder Rousseau stammt, und begründen Sie Ihre Entscheidung ausführlich: „Es geht darum, eine Gesellschaftsform zu finden, die mit der ganzen gemeinsamen Kraft die Person und die Güter jedes Gesellschaftsmitgliedes verteidigt und schützt und durch welche jeder Einzelne […] dennoch […] so frei bleibt wie zuvor. Dies ist das Grundproblem, dessen Lösung der ‚Gesellschaftsvertrag' bietet."
b) Grenzen Sie die politischen Ansichten des Autors dieses Zitats von den Ansichten der beiden anderen Aufklärungsphilosophen ab.
c) Erörtern Sie, inwieweit man die oben genannten Philosophen als „Wegbereiter des modernen Staates" bezeichnen kann (Kapitel 2).
6 Der Philosoph Jürgen Habermas spricht von einem „Strukturwandel der Öffentlichkeit", der im Zeitalter der Aufklärung begonnen hat. Erläutern und beurteilen Sie den Wandel (Kapitel 2).
7 Zeigen Sie, welche Reformansätze und Gegenkräfte es angesichts der Krise im Ancien Régime gegeben hat, und beurteilen Sie diese (Kapitel 2).
8 Klären Sie, was Historiker unter der „Vorrevolution" des Adels verstehen (Kapitel 3).
9 Es gibt Forscher, die sprechen von den „drei Revolutionen des Jahres 1789". Erläutern Sie, was darunter zu verstehen ist (Kapitel 4).
10 Stellen Sie in einer Zeittafel den Umbau von Staat und Gesellschaft von 1789 bis zur Errichtung der französischen Republik übersichtlich dar (Kapitel 4 und 5).
11 Setzen Sie sich mit der Frage auseinander, warum es 1793/94 zur so genannten „Herrschaft des Terrors" kam (Kapitel 5).
12 Erläutern Sie, welche neuen politischen Ausdrucksformen die Französische Revolution hervorgebracht hat (Kapitel 6).
13 Nehmen Sie Stellung zu der These: „Die Französische Revolution hat die volle gesellschaftliche und politische Gleichberechtigung für Frauen hervorgebracht." (Kapitel 7)
14 Fassen Sie die wesentlichen Merkmale der „Direktoriumsherrschaft" zusammen (Kapitel 8).
15 „Beendete" oder „vollendete" Napoleon die Revolution? Erörtern Sie (Kapitel 8 und 9).
16 Erstellen Sie eine Landkartenskizze Europas und halten Sie mit erläuternden Pfeilen und Stichworten fest, inwieweit die napoleonische Herrschaft die „politische Landkarte" Europas verändert hat. Berücksichtigen Sie nicht nur neue Grenzziehungen, sondern auch die innenpolitischen Veränderungen in ausgewählten Staaten (Kapitel 8 und 9).

Facharbeiten: Methodische Tipps und Beispiele für Gegenstandsbereiche

Facharbeiten haben das Ziel, in wissenschaftliche Arbeitsweisen einzuführen. Ihr Umfang sollte in der Regel 8 bis 12 maschinenschriftliche Seiten nicht überschreiten. Der Gegenstand einer Facharbeit ist immer auf eine Fragestellung bezogen und besitzt eine in sich geschlossene Argumentation. Von den allgemeinen Arbeitsschritten sollten die Schritte 1 bis 3 von dem Betreuer/der Betreuerin begleitet werden, die Schritte 4 bis 7 sind selbstständig zu erarbeiten:

1. Thema formulieren (als Problemstellung) und Ziele der Arbeit bestimmen
2. Materialien sichten
3. Quellenbelegstellen und Literaturhinweise zitieren
4. Materialien gliedern
5. Materialien unter Beachtung der fachspezifischen Methoden auswerten
6. Die Argumentation aufbauen und entwickeln: Fragestellung(en), Methode(n) der Bearbeitung, Untersuchung (ggf. mit ungelösten Problemen und offenen Fragen), Ergebnis(se)
7. Die Arbeit gliedern und formal gestalten (z.B. textillustrierende oder -stützende Materialien einbauen). Die Gliederung sollte in jedem Fall folgende Elemente enthalten:
a) Deckblatt mit Thema, b) Inhaltsverzeichnis, c) Einleitung, d) Hauptteil, e) Ergebnisse, f) Verzeichnis der benutzten Quellen und Literatur.

Praktische Hilfen zur Planung und Durchführung der Facharbeit
Werner Braukmann, Die Facharbeit, Berlin (Cornelsen) 2001.
Gerd Brenner, Die Facharbeit. Von der Planung zur Präsentation, Berlin (Cornelsen) 2002.

Vorschläge für Gegenstandsbereiche (Literatur-/Internethinweise: siehe S. 158)
1. Menschenrechte auch für Sklaven? Untersuchen Sie, wie in der Französischen Revolution und unter der Herrschaft Napoleons die Sklavenfrage behandelt wurde.
2. Die Französische Revolution und ihre Spuren in der politischen und sozialen Entwicklung Polens
3. Die Französische Revolution und ihre Spuren in der politischen und sozialen Entwicklung Spaniens
4. Die Situation der Juden in Frankreich vor und nach 1789
5. Die Geschichte der Mainzer Republik
6. Der Code Napoleon (= Code civil) und seine Bedeutung für die Entwicklung des deutschen Bürgerlichen Gesetzbuches
7. Die napoleonische Herrschaft in Preußen und ihre Folgen
8. Goethe und Schiller über die Französische Revolution
9. Die Wahrnehmung und Darstellung Napoleons im heutigen Frankreich
10. Die „bürgerliche Revolution" – ein umstrittener Begriff
11. Der Verlauf der Revolution 1848/49 in Deutschland im Vergleich mit der Französischen Revolution
12. Die Bedeutung der Französischen Revolution für die Entwicklung des modernen Verfassungsstaats
13. 1789–1989: Die Zweihundertjahrfeier in Frankreich zur Erinnerung an die Französische Revolution
14. Die Französische Revolution im Vergleich mit der Friedlichen Revolution in der DDR 1989: Ursachen, Ablauf, Folgen

Zeittafel

1774	Thronbesteigung Ludwigs XVI.
1778	Kriegseintritt Frankreichs gegen England auf Seiten der USA
1783	Friedensvertrag England–Frankreich
1788	8. August: Einberufung der Generalstände (seit 1614 zum ersten Mal) für 1789
1789	Januar: Emmanuel Sieyès Broschüre „Was ist der Dritte Stand?" erscheint; 5. Mai: Eröffnung der Generalstände in Versailles; der Dritte Stand der Generalstände erklärt sich zur Nation (17. Juni); Sturm auf die Bastille (14. Juli); Abschaffung der Privilegien (4. August); Erklärung der **Menschen- und Bürgerrechte** (26. August); Unruhen in Paris wegen Lebensmittelknappheit, Zug der Marktweiber nach Paris, Zwangsumsiedlung des Königs nach Paris (5./6. Oktober); Verstaatlichung der Kirchengüter (2. November).
1790	14. Juli: Föderationsfest in Paris; Verfassungseid des Klerus beschlossen (2. November).
1791	20./21. Juni: Fluchtversuch der königlichen Familie; Frankreich erhält eine liberale **Verfassung** und wird zur konstitutionellen Monarchie (3. September); Juden in Frankreich bürgerlich gleichberechtigt (27. September).
1792	Frankreich erklärt Österreich und Preußen den Krieg (20. April); Sturm auf die Tuilerien (10. August); die Monarchie wird abgeschafft, Frankreich wird eine **Republik** (21./22. September).
1793	21. Januar: Ludwig XVI. wird hingerichtet. **Terrorherrschaft** des Sicherheits- und Wohlfahrtsausschusses.
1794	27. Juli: Sturz Robespierres beendet die Phase des Terrors.
1795–1799	Das Direktorium übernimmt die Herrschaft.
1795	23. September: **Direktorialverfassung** verkündet; Aufstand von Royalisten mithilfe Napoleons niedergeschlagen (5. Oktober).
1796	Napoleon Oberbefehlshaber der Italien-Armee (Feldzüge in Italien bis 1799).
1797	Friede von Campo Formio mit Österrreich.
1798	19. Mai: Aufbruch Napoleons nach Ägypten; März: Gründung der Helvetischen Republik.
1799	9. Oktober: Rückkehr Napoleons aus Ägypten; mit einem Staatsstreich am 18. Brumaire (9. November) übernimmt **Napoleon Bonaparte** die Herrschaft (**Konsularregierung** Napoleon 1799–1804).
1801	9. Februar: Friede von Lunéville zwischen Frankreich, Österreich und dem Reich.
1802	27. März: Friede von Amiens zwischen England und Frankreich.
1803	25. Februar: Reichsdeputationshauptschluss zu Regensburg: Auflösung aller geistlichen und der meisten weltlichen Territorien in Deutschland; Wiederausbruch des Krieges zwischen England und Frankreich.
1804	Veröffentlichung des „Code civil"; Bonaparte lässt sich als Napoleon I. zum „Kaiser der Franzosen" krönen (2. Dezember).
1805	2. Dezember: Dreikaiserschlacht bei Austerlitz (Frankreich, Russland, Österreich).
1806	Errichtung von napoleonischen Vasallenfürstentümern: Neapel, Holland, Berg, Rheinbund; 6. August: Niederlegung der deutschen Kaiserkrone durch Franz II.; Ende des Heiligen Römischen Reiches Deutscher Nation.
1813	Nach französischer Niederlage in Russland Freiheitskriege in Mitteleuropa; 16.–19. Oktober: Völkerschlacht bei Leipzig mit französischer Niederlage.
1814/15	Der **Wiener Kongress** beendet die napoleonische Herrschaft.

Begriffslexikon

Absolutismus: Herrschaftsform des 17./18. Jh. mit einem starken Monarchen an der Spitze, der nach zentralisierter Macht und unbeschränkter Herrschaft strebt, welche er von Gott herleitet; er stützt sich auf Bürokratien und stehende Heere. Hauptvertreter: Frankreich unter Ludwig XIV. (1661–1715).

Adel: Bis um 1800 war der Adel in Europa die mächtigste Führungsschicht mit erblichen Vorrechten, politischen und militärischen Pflichten, mit Standesbewusstsein und besonderen Lebensformen. Adel war meist verbunden mit Grundbesitz und daraus begründeten Herrschafts- und Einkommensrechten (Grundherrschaft). Obwohl gesellschaftlich zur sozialen Oberschicht gehörend, konnte der Landadel wirtschaftlich z. T. zur Mittelschicht gehören.

Administration (lat. ministrare = bedienen): Verwaltung, Verwaltungsbehörde.

Aufklärung: Im umfassenden Sinne ist die Aufklärung eine europäische Geistesbewegung des 16.–17. Jh., die Kritik an den überkommenen transzendental begründeten religiösen und politischen Autoritäten übt; diese sollen ersetzt werden durch neue immanente Grundwerte wie irdisches Glück, Nützlichkeit, Humanität, Freiheit, Perfektibilität, die sich aus der menschlichen Vernunft und den Sinneserfahrungen ergeben. Mittel zur Durchsetzung waren vor allem Wissenschaft und Erziehung.

Bartholomäusnacht: Während der Vermählung ihrer Tochter Margarete von Valois mit dem protestantischen Heinrich von Navarra (der spätere Heinrich IV. von Frankreich) wurden in Paris auf Befehl Katharinas de Medici in der Nacht vom 24. 8. 1572 tausende Hugenotten ermordet („Pariser Bluthochzeit").

Bastille: alte Pariser Stadtfestung, diente als Staatsgefängnis, in vorrevolutionärer Publizistik als Symbol der Willkür angeprangert. 1789 nur von Militär besetzt (30 Schweizern und 25 Invaliden), schuf ihre Eroberung durch das Pariser Stadtvolk dennoch einen Mythos; bei ihrer Schleifung wurden ihre Steine wie Reliquien gehandelt. An ihrer Stelle steht auf dem heutigen Bastilleplatz eine Säule mit einer Freiheitsstatue; bei Jahresfeiern des 14. Juli in späterer Revolutionszeit oft Schauspiele mit der Erstürmung künstlicher „Bastillen".

Beamte: Personen, denen der Staat oder die Gemeinschaft fest umschriebene Aufgaben zuweist. Das Beamtentum bildete sich in Europa heraus, als im Zuge der Entstehung des Staates der Herrscher professionell eingestellte Personen für Justiz, Hofhaltung, Heer, Verkehr, Wirtschaft, Diplomatie u. a. benötigte. Entscheidend für das Amt war nicht mehr die Herkunft, sondern die berufliche Bildung. Der Absolutismus systematisierte diese Entwicklung im 17./18. Jh.

Bergpartei, s. Jakobiner

Brumaire, 18.: entspricht dem 9./10. November 1799; Staatsstreich, durch den Napoleon Bonaparte das Direktorium stürzte und als erster Konsul die Regierung übernahm.

Bürger/Bürgertum: in Mittelalter und früher Neuzeit vor allem die freien und vollberechtigten Stadtbewohner, insbesondere die städtischen Kaufleute und Handwerker; im 19./20. Jh. die Angehörigen einer durch Besitz, Bildung und spezifische Einstellungen gekennzeichneten Schicht, die sich von Adel, Klerus, Bauern und Unterschichten (einschließlich Arbeitern) unterschied. Staatsbürger meint alle Einwohner eines Staates, ungeachtet ihrer sozialen Stellung.

Bürokratie: Organisation und Verwaltung eines Staates durch fachlich spezialisierte und geschulte Beamte und Angestellte.

Commune: revolutionäre Pariser Stadtregierung, im Juli 1789 entstanden, im Mai 1790 gesetzlich verankert (Sektionen wählen 96-köpfigen Generalrat, dieser wählt aus seiner Mitte den Bürgermeister, 32 Stadträte, 1 Prokurator und 2 Substitute), am 9. August 1792 durch radikale Sektionäre besetzt und auf 288 Mitglieder vergrößert, bis Herbst 1793 eine Art Nebenregierung Frankreichs, dann von den Montagnards diszipliniert, 1795 vollends entmachtet. Die Pariser Commune von 1871 knüpfte bewusst an das revolutionäre Vorbild an.

Départements: Anfang 1790 eingeführte neue Verwaltungseinheiten Frankreichs mit gewählten Selbstverwaltungsorganen („Conseil général" als Parlament, „Directoire général" als Exekutive), untergliedert in Distrikte und Kantone mit entsprechenden Körperschaften. Die Départements waren nicht reißbrettartig-abstrakte Gebietseinheiten, sondern fügten sich in die alten Provinzgrenzen ein. Weil die Départementsvertreter meist konservativer eingestellt waren als die Pariser Revolutionäre, wurden ihre Funktionen während der „Terreur" weitgehend den Distrikten übertragen. (Vgl. Karte S. 67.)

Diktatur: ein auf Gewalt beruhendes, uneingeschränktes Herrschaftssystem eines Einzelnen, einer Gruppe oder Partei. In modernen Diktaturen ist die Gewaltenteilung aufgehoben; alle Lebensbereiche werden staatlich überwacht; jegliche Opposition wird unterdrückt. Typische Merkmale von Diktaturen im 20. Jh. sind staatliche Propaganda mit Aufbau von Feindbildern sowie Abschaffung der Meinungs- und Pressefreiheit; politische Machtmittel sind die Androhung und/oder Ausübung von Terror und Gewalt.

Direktorium (franz. „Directoire"): französische Regierung vom 26. Oktober 1795 bis zum 10. November 1799, die vom „Rat der Fünfhundert" gewählte kollektive Exekutive von 5 „Direktoren". Im übertragenen Sinne die ganze Revolutionsphase von 1795 bis 1799.

Dritter Stand (franz. „Tiers État"): Nach dem Staatsrecht des französischen Ancien Régime Sammelbegriff für die gesamte politische Bevölkerung außer Geistlichkeit und Adel. Zugleich die Vertretung dieser Bevölkerung auf den Generalständen, bis 1614 ein Drittel der Ständevertreter insgesamt, 1789 auf die Hälfte vermehrt. Letzteres war ein Zugeständnis der Regierung an die politische Aufklärung, die den Begriff des „Tiers État" dem der Nation annäherte.

Emanzipation (lat. emancipare = in die Selbstständigkeit entlassen): (Selbst-)Befreiung aus einem Zustand der Abhängigkeit und Unterdrückung, meist im Zusammenhang mit benachteiligten Gesellschaftsschichten (Arbeiter, Frauen, Juden).

Enzyklopädie (griech. = Nachschlagewerk): Darin ist ähnlich wie in Lexika das Gesamtwissen einer Zeit oder eines Landes aufgezeichnet.

Fortschritt: Bez. für einen Wandel in aufsteigender Linie, wonach ein späterer Zustand einen früheren übertrifft. Die Menschen in der Renaissance gingen davon aus, in einem Zeitalter des Fortschritts zu leben. Im Laufe der Jahrhunderte ist immer deutlicher geworden, dass Fortschritt auf einem Gebiet negative Folgen auf einem anderen Gebiet nach sich ziehen kann.

Freimaurerlogen: vor allem in England entwickelte Form von Geheimgesellschaften im Dienst der philosophischen Reflexion und philanthropischen Aktion, zusammengesetzt aus den städtischen Eliten; Mitglieder durch geheimnisvolle Initiationsriten aufgenommen. In Frankreich verbreitet seit den 1730er-, besonders seit den 1770er-Jahren; die Großloge des „Grand Orient" zählte 1789 allein 629 Einzellogen mit insgesamt 30 000 Mitgliedern, darunter viele Adlige. Die Bedeutung der Logen für die Revolution liegt nicht in ihrer angeblichen Vorbereitung einer Verschwörung, sondern in der teilweisen internen Überwindung der Standesschranken, der Organisierung der aufklärerisch-politischen Kommunikation und Meinungsbildung, der Propagierung neuer Slogans wie „Freiheit – Gleichheit – Brüderlichkeit".

Frieden: Im Mittelalter bezeichnet der Begriff einen Bereich, in dem Menschen Schutz und Rechtssicherheit garantiert wurden. Es gab z. B. Hausfrieden, Stadtfrieden, Burgfrieden, Gerichtsfrieden. Gewalt und Fehde waren hier verboten. Da die Bevölkerung durch zahlreiche Fehden bedroht war, versuchten die Könige schon im frühen Mittelalter, durch Grafengerichte den Frieden wiederherzustellen. Auch die Kirche bemühte sich, das Fehdewesen einzuschränken, und verkündete „Gottesfrieden", um Gruppen wie Geistliche, Kaufleute, Bauern, Frauen, Kinder zu schützen.

Generalstände (franz. „États généraux"): beratende Vollversammlung der drei Stände des Königreichs (Geistlichkeit, Adel, Dritter Stand), seit Anfang des 14. Jh. vom König zur Akklamation (d. h. Zustimmung durch Zuruf) und Steuerbewilligung unregelmäßig einberufen, vor 1789 zuletzt 1614. In Form der Beschwerdehefte („Cahiers de doléances") überbrachten sie dem König die Klagen und Reformwünsche der von ihnen vertretenen Bevölkerungsschichten.

Gewaltenteilung: Aufteilung der staatlichen Gewalt in eine gesetzgebende (legislative), gesetzesvollziehende (exekutive) und Recht sprechende (judikative) Gewalt. Sie geht auf die Aufklärung zurück und soll die Konzentration der staatlichen Gewalt in einer Hand verhindern. Als Verfassungsorgane entwickelten sich aus dem Prinzip der Gewaltenteilung das Parlament, die Regierung und das selbstständige Gerichtswesen.

Girondisten: hergeleitet vom Departement Gironde, in der Nationalversammlung eine Gruppe gemäßigter Republikaner unter Brissot, die gemeinsam mit den Jakobinern das französische Königtum stürzten, aber vergeblich versuchten, das Leben des Königs zu retten.

Grundherrschaft: Wirtschaftssystem in Europa vom frühen Mittelalter bis in das 19. Jh. Ein Grundherr konnte eine Person (meist ein Adliger) oder eine Institution (z. B. die Kiche) sein. Er verfügte über das Obereigentum an Grund und Boden und gab diesen an abhängige, oft unfreie Untereigentümer (Hörige) zur Bewirtschaftung aus. Für den Schutz, den der Grundherr gewährte, waren die Hörigen zu Abgaben und Diensten (Frondiensten) verpflichtet.

Grundrechte: unantastbare, vom Staat zu achtende Rechte der Bürger, die in der Regel in der Verfassung festgeschrieben sind – in der Bundesrepublik Deutschland im Grundgesetz. Zu den Grundrechten gehören u. a. das Recht auf Leben, Religions-, Meinungs-, Presse-, Versammlungsfreiheit, Freizügigkeit, persönliche Sicherheit, Eigentum. Die Grundrechte gehen zurück auf die Aufklärung und wurden erstmals in der Amerik. und Frz. Revolution mit Verfassungsrang ausgestattet. In der Weimarer Reichsverfassung konnten sie – im Gegensatz zu der Verfassung der Bundesrepublik – abgeändert oder aufgehoben werden.

Ideologie: vor allem die Bez. für eine umfassende Deutung gesellschaftlich-politischer Verhältnisse und historischer Entwicklungen. Diese Deutung ist durch Interessen bedingt und daher einseitig und verzerrt; sie soll bestehende Verhältnisse begründen bzw. rechtfertigen.

Jakobiner: Die radikalen Republikaner benannten sich nach ihrem Versammlungsort, dem Dominikanerkloster St. Jakob in Paris; seit 1791; unter Leitung Robespierres übten sie 1793/94 eine terroristische Diktatur, die so genannte Schreckensherrschaft, aus; nach Robespierres Hinrichtung (1794) wurden sie bedeutungslos.

Kapitalismus: Wirtschaftsordnung, in der sich das Produktivkapital in den Händen von Privatpersonen bzw. -personengruppen befindet (Kapitalisten und Unternehmer). Diesen stehen die Lohnarbeiter gegenüber. Der erwirtschaftete Gewinn geht wieder an den Unternehmer und führt zur Vermehrung des Produktivkapitals. Die wichtigsten wirtschaftlichen Entscheidungen werden in den Unternehmen im Hinblick auf den Markt und die zu erwirtschaftenden Gewinne getroffen, nicht aber vom Staat.

Klerus: Gesamtheit der Personen, die durch eine kirchliche Weihe in den Dienst der Kirche getreten sind (= Geistliche); besaßen bis ins 19. Jh. gesellschaftliche Vorrechte.

Konsul: in der römischen Republik Amtsbezeichnung der beiden obersten Beamten, die auf ein Jahr gewählt waren; in Frankreich wurden die drei höchsten Staatsbeamten von 1799 bis 1804 Konsuln genannt: erster Konsul war Napoleon.

Landstände (franz. „États provinciaux"): in Kammern der drei Stände gegliederte, meist wenig demokratisch bestellte Repräsentationskörperschaften, die sich trotz des Absolutismus in einigen Randprovinzen Frankreichs (Flandern, Hennegau, südliche Guyenne, Burgund, Dauphine, Provence, Languedoc) bis zu ihrer Abschaffung 1790 halten konnten. Sie sicherten den betreffenden Provinzen eine gewisse Selbstverwaltung durch Honoratioren, vor allem im Steuerwesen. Nicht zu verwechseln mit den Provinzialversammlungen (s. d.).

Levée en masse: allgemeines Aufgebot der männlichen Bevölkerung (unverheiratete 18–25 Jahre alte Männer) zum Militärdienst; in Frankreich 1793 beschlossen.

Menschen- und Bürgerrechte: Der durch die Aufklärung verbreitete und in der Amerik. und Frz. Revolution mit Verfassungsrang ausgestattete Begriff besagt, dass jeder Mensch unantastbare Rechte besitzt, die der Staat achten muss; dazu gehören vor allem das Recht auf Leben, Glaubens- und Meinungsfreiheit, Versammlungs- und Vereinigungsfreiheit, Freizügigkeit, persönliche Sicherheit, Eigentum und Widerstand im Fall der Verletzung von Menschenrechten. Im 19. und 20. Jh. wurden auch soziale Menschenrechte, besonders von sozialdemokratisch-sozialistischer Seite, formuliert, so das Recht auf Arbeit, soziale Sicherheit und Bildung.

Moderne/Modernisierung: Prozess der beschleunigten Veränderung einer Gesellschaft in Richtung auf einen entwickelten Status (Moderne), meist bezogen auf den Übergang von der Agrar- zur Industriegesellschaft. Kennzeichen: Säkularisierung, Verwissenschaftlichung, Bildungsverbreitung, Technisierung, Ausbau und Verbesserung der technischen Infrastruktur (Verkehr, Telefonnetz, Massenmedien), Bürokratisierung und Rationalisierung in Politik und Wirtschaft, soziale Sicherung (Sozialstaat), zunehmende Mobilität, Parlamentarisierung und Demokratisierung, kulturelle Teilhabe (Massenkultur), Urbanisierung; wissenschaftlich nicht unumstritten, weil als Maßstab der Moderne meist die europäische Zivilisation gilt und Kosten, z. B. Umweltverschmutzung, kaum berücksichtigt sind.

Nation (lat. natio = Geburt): Bez. großer Gruppen von Menschen mit gewissen, ihnen bewussten Gemeinsamkeiten, z. B. gemeinsame Sprache, Geschichte, Verfassung sowie innere Bindungen und Kontakte (wirtschaftlich, politisch, kulturell). Diese Bindungen werden von den Angehörigen der Nation positiv bewertet. Nationen haben oder wollen eine gemeinsame staatliche Organisation (Nationalstaat) und grenzen sich von anderen Nationen ab.

Nationalstaat: Bez. für die annähernde Übereinstimmung von Staat und Nation durch staatliche Konstituierung einer gegebenen Nation; der Nationalstaat löste im 19. Jh. den frühneuzeitlichen Territorialstaat ab.

Naturrecht: das in der „Natur" des Menschen begründete, ihr „entspringende" Recht, das dem positiven oder von Menschen „gesetzten" Recht gegenübersteht und ihm übergeordnet ist. Historisch wurde das Naturrecht zur Begründung entgegengesetzter Positionen benutzt, und zwar abhängig vom Menschenbild: Entweder ging man davon aus, dass alle Menschen von Natur aus gleich seien, oder umgekehrt, dass alle Menschen von Natur aus verschieden seien. In der Neuzeit wurde es sowohl zur Legitimation des Absolutismus benutzt (Recht des Stärkeren) wie, über die Begründung des Widerstandsrechts, zu dessen Bekämpfung (Gleichheit aller Menschen).

Nationalgarde (franz. „Garde nationale"): hervorgegangen aus der Pariser Bürgerwehr, die nach alter städtischer Tradition bei Aufständen im Juli 1789 gebildet wurde, um die öffentliche Sicherheit zu schützen. In Paris zählte die mit eigenen Uniformen und Fahnen ausgerüstete, nach Bezirken bzw. Sektionen gegliederte Nationalgarde 48 000 Mann. Nach diesem Beispiel stellten die Provinzstädte gleichnamige Garden auf. Zunächst nur den wohlsituierten Bürgern zugänglich, öffneten sich die Nationalgarden mit dem 10. August 1792 den Sansculotten. Unter dem Direktorium (s. d.) wurden sie weitgehend bedeutungslos.

Notabelnversammlung (franz. „Assemblée des Notables"): ohne feste Regeln aus einflussreichen und angesehenen Persönlichkeiten des Reiches und aller drei Stände gebildete beratende Versammlung, die der König einberief, wenn er Rückhalt in der Öffentlichkeit suchte, aber Generalstände (s. d.) vermeiden wollte. Die letzten Notabelnversammlungen fanden statt: 1627 unter Richelieu, dann erst wieder vom 22. Februar bis zum 25. Mai 1787 zur Absicherung von Reformen und höheren Steuern (wobei antiabsolutistische Kritik laut wurde) sowie im Oktober 1788 zur Vorbereitung der Generalstände.

Provinzialversammlungen (franz. „Assemblées provinciales"): seit 1778 regional erprobte, 1787 in zwei Dritteln Frankreichs eingeführte Selbstverwaltungskörperschaften aus teils ernannten, teils gewählten Vertretern der drei Stände mit Untergliederungen auf Bezirks- und Lokalebene. Sie praktizierten zukunftsträchtige Prinzipien der Wahl, der Stärkung des Dritten Standes auf die Hälfte der Abgeordneten, der gemeinsamen Beratung der Stände und ihrer Mehrheitsabstimmung nach Köpfen. Sie bedeuteten eine gewisse Konstitutionalisierung des Absolutismus, wurden von den revolutionären Ereignissen überholt, bildeten aber das Vorbild für die neue Departementalverwaltung. Fast ein Drittel der Abgeordneten auf den Generalständen war durch die „Schule" der Provinzialversammlungen gegangen.

Restauration: Wiederherstellung der alten Ordnung, Wiedereinsetzung des alten Königshauses.

Revolution: Am Ende einer Revolution steht der tief greifende Umbau eines Staates und nicht nur ein Austausch von Führungsgruppen. Typisch ist das Vorhandensein eines bewussten Willens zur Veränderung, einer Aktionsgruppe mit Unterstützung im Volk oder in einer großen Bevölkerungsgruppe. Typisch sind auch Rechtsverletzung, Gewaltanwendung und die schnelle Abfolge der Ereignisse. Klassische Beispiele sind die Französische Revolution 1789 und die Russische Revolution 1917. Revolutionen werden auch Vorgänge genannt, die nicht alle o. g. Merkmale aufweisen.

Schreckensherrschaft (franz. = la terreur): Phase der Herrschaft der Jakobiner (1793–1794), die durch diktatorische Gewalt des Wohlfahrtsausschusses geprägt war; Höhepunkt Sommer 1794 mit über 1400 Hinrichtungen.

Sektionen: neben die Einteilung Frankreichs in 83 Departements trat die Gliederung von Paris in 48 Sektionen.

Stände/Ständegesellschaft: Stände waren im Mittelalter und in der frühen Neuzeit einerseits gesellschaftliche Großgruppen, die sich voneinander durch jeweils eigenes Recht, Einkommensart, politische Stellung, Lebensführung und Ansehen unterschieden (Ständegesellschaft); man unterschied Klerus, Adel, Bürger und Bauern sowie unterständische Schichten. Stände waren andererseits Körperschaften zur Wahrnehmung politischer Rechte, etwa der Steuerbewilligung, in den Vertretungsorganen (Landtagen, Reichstagen) des frühneuzeitlichen „Ständestaates". Adel, Klerus, Vertreter der Städte und z. T. der Bauern traten als Stände gegenüber dem Landesherrn auf. Der Absolutismus höhlte die Rechte der Stände im 17./18. Jh. aus, mit den Revolutionen seit 1789 hörten die Stände auf, vorherrschendes Prinzip in der Gesellschaft zu sein.

Trikolore: im Juli 1789 entstandene dreifarbige Nationalflagge Frankreichs, zusammengesetzt aus den Farben der Stadt Paris (Blau und Rot) und dem Weiß der Monarchie. Sie spielte eine große Rolle als Schmuck von Freiheitsbaum und Jakobinermütze oder bei der Kleidung der Sansculotten.

Tuilerien (franz. „Palais des Tuileries"): im 16. und 17. Jh. erbautes Schloss der französischen Könige am rechten Seine-Ufer zwischen dem Louvre und der heutigen Place de la Concorde. Im 18. Jh. zunächst nicht bewohnt, seit dem 6. Oktober 1789 Residenz Ludwigs XVI., nach dem 10. August 1792 unter dem Namen „Palais national" Sitz des Konvents und des Wohlfahrtsausschusses (s. d.), ab November 1796 Sitz des Ältestenrates, 1800 Amtssitz des Ersten Konsuls Bonaparte, während des Kommuneaufstands im Mai 1871 abgebrannt.

Versailles: von Ludwig XIV. erbaute neuartige Schlossanlage, ein Vorbild des europäischen höfischen Barockstils, 1682–1789 Residenz der französischen Könige mit Hof und Regierung; eine von Paris abgesonderte höfische Welt mit einem Heer von Bediensteten, hier tagten 1789 die Generalstände (s. d.) und nach ihnen die Nationalversammlung bis Mitte Oktober.

Wohlfahrtsausschuss (franz. „Comité de salut public"): Parlamentsausschuss, am 6. April 1793 anstelle des ineffektiven Verteidigungsausschusses errichtet, zunächst 6 Mitglieder, nach dem 2. Juni und dem 4. Dezember 1793 reorganisiert, mit diktatorischen Regierungsvollmachten ausgestattet, ein Jahr lang wichtigste Institution der Terreur. Seine 12 kollektiv entscheidenden Mitglieder waren für einzelne Sachgebiete spezialisiert, die führenden Mitglieder waren Robespierre, Couthon und Saint-Just. Nach dem 9. Thermidor (Sturz Robespierres) wurde der W. in seinen Befugnissen beschnitten, im Herbst 1795 ganz abgeschafft.

Personenlexikon und Personenregister

Bonaparte, Jerôme (1784–1860), jüngster Bruder von Napoleon, von 1807 bis 1813 König von Westfalen. *133*

Bonaparte, Napoleon (1769–1821), aus Korsika stammender französischer Offizier, unter dem Direktorium schlug Napoleon als Brigadegeneral einen Aufstand von Königstreuen nieder, als Oberbefehlshaber der französischen Truppen 1796 siegreich gegen die österreichischen Heere, 1798 Feldzug gegen Ägypten, 1799 stürzte der siegreich aus Ägypten kommende Napoleon das Direktorium und regierte als Erster Konsul fast allein bis zu seiner Kaiserkrönung 1804, nach der Dreikaiserschlacht von Austerlitz 1805 gegen Österreich und Russland bestimmte er bis zur Völkerschlacht von Leipzig 1813 die europäische Politik; 1815 nach der Verbannung auf Elba, nach kurzer Rückkehr auf das Schlachtfeld endgültig von den Engländern auf die Insel St. Helena verbannt, wo er 1821 starb. *107, 120 ff., 126 ff., 132 ff., 136 ff.*

Brissot, Jacques Pierre (1754–1793), Führer der Girondisten, Gegner Robespierres, wurde 1793 hingerichtet. *78, 81*

Carnot, Lazare (1753–1823), Staatsmann und Mathematiker, 1793 zuständig für das französische Kriegswesen, erließ er die „Levée en masse", Schöpfer des modernen Massenheeres. *128*

Danton, Georges Jacques (1759–1794), Rechtsanwalt, begabter Redner der Französischen Revolution, seit 1792 Justizminister, Mitglied der Bergpartei, war anfänglich an der Organisation der Schreckensherrschaft beteiligt, nach Eintreten für gemäßigten Kurs angeklagt und hingerichtet. *58*

David, Jacques-Louis (1748–1825), franz. Maler, bekannte sich zu Idealen der Französischen Revolution, Jakobiner, später Napoleons Hofmaler. *53, 112*

Desmoulins, Camille (1760–1794), war initiativ bei der Erstürmung der Bastille, Mitarbeiter Dantons, hingerichtet. *59, 86 f.*

Diderot, Denis (1713–1784), Schriftsteller, Philosoph, Literatur- und Kunstkritiker, zusammen mit d'Alembert an der „Encyclopédie" (1751 bis 1780) beteiligt, später alleiniger Herausgeber, machte das Werk zu einem Organ der Aufklärung. *11, 18 ff.*

Engels, Friedrich (1820–1895), Sohn eines rheinischen Textilfabrikanten, engster Weggefährte Karl Marx', theoretischer Mitbegründer des Marxismus. *52 f.*

Franklin, Benjamin (1706–1790), amerikanischer Politiker, Naturwissenschaftler und Schriftsteller, trat für die Unabhängigkeit der Kolonien in Nordamerika ein und unterzeichnete 1776 die Unabhängigkeitserklärung, von 1776 bis 1785 amerikanischer Gesandter in Paris. *51*

Gouges, Olympe de (1748–1793), franz. Schriftstellerin, verfasste Theaterstücke und Romane, forderte in Bezug auf die Menschenrechtserklärung von 1789 die völlige Gleichberechtigung der Geschlechter, trat für die Girondisten ein, machte sich Robespierre zum Feind und wurde guillotiniert. *116 ff.*

Hardenberg, Karl August Freiherr von (1750 bis 1822), preußischer Staatsmann und Reformer, der „von oben" den monarchischen Staat umbauen wollte, neben dem Freiherrn vom Stein maßgeblich für die Einführung der Gewerbefreiheit, die Bauernbefreiung und Verwaltungsreform in Preußen. *138*

Kant, Immanuel (1724–1804), Philosoph der Aufklärung, für den Erkenntnis immer nur im Zusammenspiel von Anschauung und Denken zustande kommt (Kritik der reinen Vernunft, 1781). *10, 20,*

Klopstock, Friedrich Gottlieb (1724–1803), deutscher Dichter, sympathisierte für die gemäßigte Französische Revolution und entwickelte eine romantisch-nationale Dichtung. *136*

La Fayette, Marie Joseph, Marquis de (1757 bis 1834), französischer Staatsmann, nahm 1777 als General am Unabhängigkeitskampf der USA teil und trug wesentlich zur Kapitulation der Briten bei, 1789 Mitglied der Generalstände, reichte der Nationalversammlung einen Entwurf zur Erklärung der Menschenrechte ein; für die konstitutionelle Monarchie eintretend, musste er 1792 zu den Österreichern fliehen. Seit 1818 war er liberaler Abgeordneter, er führte bei der Julirevolution von 1830 die Nationalgarde an. *58*

Leopold II. (1747–1792), Kaiser des Heiligen Römischen Reiches, proklamierte 1791 zusammen mit dem preußischen König Friedrich Wilhelm II. die Erklärung von Pillnitz, die der Position des französischen Königs schadete. *68, 74, 128*

Liancourt, François-Alexandre-Frédéric, Herzog von Rochefoucauld (1747–1827), der Revolution aufgeschlossener Adliger, berühmt durch seinen Ausspruch vom 14. Juli 1789, plädierte für eine Abschaffung der Adelsprivilegien, 1794 emigrierte er nach England und die USA, über die er Reiseberichte schrieb, von Napoleon erhielt er seinen Herzogstitel zurück. *56*

Lisle, Claude Joseph Rouget de (1760–1836), Offizier und Komponist, dichtete und komponierte in Straßburg während der Kriegserklärung an Österreich in der Nacht vom 25. auf den 26. April 1792 die Marseillaise (seit 1879 Nationalhymne). *80*

Ludwig XVI. (1754–1793), französischer König, verheiratet mit der österreichischen Kaisertochter Marie Antoinette, von der Dynamik der Revolution überfordert, nach seinem Fluchtversuch ins Ausland als Landesverräter guillotiniert. *5, 42f., 56ff., 65ff., 74, 81ff., 97*

Marat, Jean-Paul (1743–1793), Herausgeber der radikalen Pariser Revolutionszeitung L'Ami du Peuple, Präsident des Jakobinerklubs, wurde 1793 von Charlotte Corday, einer Anhängerin der Girondisten, beim Bad ermordet. *58, 97*

Marx, Karl (1818–1883), dt. Philosoph und Volkswirtschaftler, begründete mit Engels den wissenschaftlichen Sozialismus. Nach dem Verbot der „Rheinischen Zeitung", deren Chefredakteur er war, emigrierte er 1843 nach Paris; 1845 aus Paris ausgewiesen, Übersiedlung nach Brüssel, 1848 Rückkehr nach Deutschland, nach gescheiterter Revolution lebte er bis zu seinem Tod in London. Unter seiner Mitwirkung Gründung der Ersten Internationale 1864 in London. *6f., 52f.*

Montesquieu, Charles de Secondat, Baron de La Brède et de M. (1689–1755), französischer Intellektueller der Aufklärung, hatte mit seiner Schrift „Vom Geist der Gesetze" (1748) großen Einfluss auf die moderne Staatstheorie und Verfassungsentwicklung, besonders mit dem von ihm vertretenen Grundsatz der Gewaltenteilung. *11, 20f., 58*

Mozart, Wolfgang Amadeus (1756–1791), musikalisches Wunderkind und bedeutender Komponist der Klassik, seit 1784 in der Freimaurerloge „Zur Wohltätigkeit". *54*

Napoleon, s. Bonaparte

Necker, Jacques (1732–1804), Schweizer Bankier, 1777 von Ludwig XVI. zum Finanzminister ernannt, scheiterte seine Sanierungspolitik am Widerstand des Adels; wies auf die große Verschwendung des Hofes hin, was schließlich 1781 zu seiner Entlassung führte, wurde 1788 vom König zurückgeholt, setzte die Einberufung der Generalstände durch. Wegen seiner liberalen Politik am 11. Juli 1789 wiederum entlassen; drei Tage folgte später der Sturm auf die Bastille, die ihn kurzzeitig ins Amt zurückbrachte. *17, 42*

Rebmann, Georg Friedrich (1768–1824), politischer Schriftsteller und Intellektueller, der in Deutschland die Französische Revolution verteidigte. *143*

Robespierre, Maximilien de (1758–1794), Rechtsanwalt, 1789 für den Dritten Stand in die Nationalversammlung gewählt, führendes Mitglied des Jakobinerklubs, betrieb die Hinrichtung des Königs und den Sturz der Girondisten, 1793 übte er über den Wohlfahrtsausschuss die Schreckensherrschaft aus, 1794 hingerichtet. *58, 74ff., 81f., 90ff., 120*

Rousseau, Jean-Jacques (1712–1778), französisch-schweizerischer Schriftsteller, Philosoph und Komponist, lernte in Paris Diderot kennen, nach R. verderbe die Gesellschaft den ursprünglich guten Menschen, im „Contrat social" (1762) entwirft er ein politisches Modell einer Gesellschaft, in der sich der Einzelne total dem Gesetz unterordnet. *11, 22f., 104*

Sade, Francois, Marquis de (1740–1814), französischer Freigeist und Schriftsteller, 27 Jahre in Haft wegen Sittlichkeitsvergehen und später wegen angeblicher Revolutionsfeindlichkeit, rechtfertigt in seinem Werk die Macht des Bösen als Naturgewalt. *112*

Sieyès, Emmanuel Joseph (1748–1836), Geistlicher, der sich schon früh für politische Probleme interessierte, berühmt durch sein Pamphlet „Was ist der Dritte Stand?", legte als Mitglied des Verfassungsausschusses das Fundament für die Erklärung der Menschen- und Bürgerrechte (Juli 1789) und wurde zum maßgeblichen Motor der Einteilung Frankreichs in Departements, Mitglied des Direktoriums, ermöglicht Napoleon 1799 den Staatsstreich. *46f., 123, 125*

Smith, Adam (1723–1790), Philosoph und Volkswirtschaftler, begründete die klassische Nationalökonomie (Volkswirtschaft), er sieht die Quelle des Reichtums einer Nation in seiner Arbeitskraft. *11, 25*

Tocqueville, Alexis de (1805–1859), frz. Staatsmann und Schriftsteller. *70*

Turgot, Anne Robert (1727–1781), französischer Staatsmann und Nationalökonom, 1774/76 Finanzminister Ludwigs XVI. *42*

Voltaire (1694–1778), französischer Philosoph und Wissenschaftler, der zu den zentralen Aufklärern des 18. Jahrhunderts gehörte. *11, 19, 24*

157

Fachliteratur, Internethinweise und Hilfsmittel für Präsentationen und Projekte

Fachmethodisches Arbeiten
Bauer, Volker, u. a. (Hg.), Methodenarbeit im Geschichtsunterricht, Berlin 1998.
Kolossa, Bernd, Methodentrainer Gesellschaftswissenschaften. Arbeitsbuch für die Sekundarstufe II, Berlin 2000 (Projekte, Präsentationen, Facharbeiten).

Nachschlagewerke, Handbücher, Chronologien
Atlas zur Kirchengeschichte, 3. Aufl., Freiburg 1988.
dtv-Atlas zur Weltgeschichte, Bd. 1: Von den Anfängen bis zur Französischen Revolution, 31. Aufl., München 1997.
Der große Ploetz, 32. Aufl., Freiburg u. a. 1998.
Schulze, Winfried, Einführung in die Neuere Geschichte, 3. Aufl., Stuttgart 1996.
Stein, Werner, Der große Kulturfahrplan, erw. Aufl., München u. a. (Herbig) 1993.

Übersichtsdarstellungen, Sammelbände
Berding, Helmut, u. a. (Hg.), Deutschland und Frankreich im Zeitalter der Französischen Revolution, Frankfurt/Main 1989.
Fehrenbach, Elisabeth, Vom Ancien Régime zum Wiener Kongress, 4. Aufl., München 2001.
Kosselleck, Reinhard/Reichardt, Rolf (Hg.), Die Französische Revolution als Bruch des gesellschaftlichen Bewusstseins, München 1988.
Kruse, Wolfgang, Die Französische Revolution, Paderborn 2005 (UTB).
Kuhn, Axel, Die Französische Revolution, Stuttgart 1999.
Reichardt, Rolf, Das Blut der Freiheit. Französische Revolution und demokratische Kultur, Frankfurt/Main 1998.
Reichardt, Rolf (Hg.), Ploetz, Die Französische Revolution, Würzburg 2003.
Schmale, Wolfgang, Geschichte Frankreichs, Stuttgart 2000 (UTB).
Schulin, Ernst, Die Französische Revolution, 4. Aufl., München 2004.
Thamer, Hans-Ulrich, Die Französische Revolution, München 2004.
Vovelle, Michel, Die Französische Revolution. Soziale Bewegung und Umbruch der Mentalitäten, Frankfurt/Main 1985.

Revolutionen im Vergleich
Hobsbawm, Eric J., Europäische Revolutionen 1789 bis 1848, München 2004.
Wende, Peter (Hg.), Große Revolutionen im Vergleich. Von der Frühzeit bis zur Gegenwart, München 2000.

Populäre Zeitschriften
GEO Epoche: Die Französische Revolution, Oktober 2006.
ZEIT Geschichte: Tyrann oder Befreier? Napoleon in Deutschland, Juni 2006.

Didaktische Zeitschriften
Praxis Geschichte: Schauplätze der Französischen Revolution, Heft 6, 2006.
Praxis Geschichte: Napoleonische Ära, Heft 6, 2004.

Quellensammlungen
Fischer, Peter, Reden der Französischen Revolution, München 1974.
Landauer, Gustav (Hg.), Briefe aus der Französischen Revolution, Frankfurt/Main 1989.
Pernoud, Georges/Flaissier, Sabine, Die Französische Revolution in Augenzeugenberichten, München 1988.

Frauen
Schmidt-Linsenhoff, Viktoria (Hg.), Sklavin oder Bürgerin? Französische Revolution und neue Weiblichkeit 1780–1830, Marburg 1989.

Sturm auf die Bastille
Lüsebrink, Hans-Jürgen/Reichardt, Rolf, Die „Bastille". Zur Symbolgeschichte von Herrschaft und Freiheit, Frankfurt/Main 1990.
Schulze, Winfried, Der 14. Juli 1789. Biographie eines Tages, Stuttgart 1989.

Kulturgeschichte
Hunt, Lynn, Symbole der Macht, Macht der Symbole. Die Französische Revolution und der entwurf einer politischen Kultur, Frankfurt/Main 1989.

Alltag
Bertaud, Jean-Paul, Alltagsleben während der Französischen Revolution, Würzburg 1989.

Internetadressen
www.historicum.net/themen/franzoesische-revolution/
  Umfassende Seite mit Text- und Bildquellen, Biografien, Zeitleiste u. a.
http://www.lehrer-online.de/index.htm
  Unterrichtsreihe zu Frauen in der Französischen Revolution.
dl.lib.brown.edu./napoleon/
  Englischsprachige Seite mit Napoleonbildern.
www.chnm.gmu.edu/revolution/
  Englischsprachige Seite mit Text-, Ton- und Bilddokumenten.

Sachregister

Fett gesetzte Seitenzahlen: siehe Erläuterung im Begriffslexikon.

Abgaben 10, 13
Absolutismus 11, 151
Adel 9 ff., 14 f., 42, 151
Administration 57, 151
Ancien Régime 9 ff., 57
Aufklärung 10 ff., 20, 51

Ballhausschwur 55, 108
Bartholomäusnacht 59, 151
Bauern 13, 15, 41, 47 ff.
Bastille 56 ff., 151
Beamte 69, 151
Bergpartei 60, 151
Beschwerdehefte 43, 50 f.,
Brumaire 121, 151
Bürger/Bürgertum 11, 15, 71, 151
Bürgerliche Revolution 6, 70
Bürokratie 151

Code civil 122, 150,
Code Napoléon s. Code civil
Commune 75, 151

Départements 66 f., 151
Demokratie 7, 146
Deutschland 127 ff.
Diktatur 42 ff., 144 ff., 152
Direktorium 120, 150, 152
Dritter Stand 42, 46 f., 55 ff., 109, 150, 152

Emanzipation 35, 111 ff., 152
England 129 f., 145 ff.
Enzyklopädie 11, 18 f., 152
Europa 34, 127 ff., 144 ff.

Feste 96 ff.
Finanzen 9, 12, 16 f., 43
Flugblätter 9 / f., 108 f.
Fortschritt 11, 152
Freimaurerlogen 10 f., 152
Frauen 57, 111 ff.
Freiheit 20 ff., 75, 125, 107
Frieden/Friedensschlüsse 150, 152

Generalstände 42, 150, 152
Gerichtsbarkeit 57
Gesellschaft 9 ff., 22 ff.
Gewaltenteilung 20 ff., 56, 152

Girondisten 60, 74, 152
Grundherrschaft 13, 29, 32, 152
Grundrechte 153
Guillotine 89

Heiliges Römisches Reich Deutscher Nation 127 ff.
Hungerunruhen 31

Ideologie 153
Italien 130

Jakobiner 58, 60, 74, 100, 153
Juden 150

Kalender 99, 106
Kapitalismus 6, 153
Kirche 28
Klerus 9 ff., 14, 58, 150, 153
Klubs 27, 54
Koalitionskriege 127
König/Königtum 58, 81, 150
Kokarde 56, 107
Konsul/Konsularverfassung 123 f., 150, 153
Konvent 120
Krieg 74 ff., 122, 127 ff., 150

Landstände 153
Levée en masse 127, 153

Mainzer Republik 129
Marseillaise 80, 100
Marxismus 5, 52 f.
Menschen- und Bürgerrechte 57, 63 f., 111, 114 ff., 150, 153
Mode 93 f.
Moderne/Modernisierung 35, 69, 128, 144 ff., 153
Monarchie, konstitutionelle 58, 122, 150,
Munizipalrevolution 56
Mythos 139 ff.

Nation 12, 56, 147, 150, 153
Nationalgarde 58, 154
Nationalstaat 153
Naturrecht 11, 153
Nationalkonvent 82, 90 ff.,
Nationalversammlung 55, 60
Naturrecht 11, 154
Notabeln/-versammlung 45, 154

Öffentlichkeit 11, 32 ff., 146
Österreich 128
Oper 54

Paris 91, 126, 150
Parlament 55, 74
Pillnitzer Erklärung 74, 127
Presse/Pressefreiheit 26 f., 97
Preußen 128, 135
Privilegien 55, 64 ff.
Propaganda 33, 105, 112
Provinzialversammlungen 154

Reichsdeputationshauptschluss 128, 150,
Republik 75, 83, 104, 125, 150,
Restauration 5, 154
Revolte 5, 42
Revolution 5, 41 ff., 70 ff., 144 ff., 154
Revolutionskriege 25, 127
Rheinbundstaaten 128, 135, 150
Russland 128

Sansculotten 75, 94 f.,
Schreckensherrschaft 74 ff., 88, 154
Sektion 75 f., 155
Souveränität 56
Stände/Ständegesellschaft 9 ff., 42 ff., 101, 155
Steuern 10 ff.

Territorialstaat 155
Terror/-herrschaft 74 ff., 85 ff., 150
Todesstrafe 75, 90
Trikolore 100, 155
Tuilerien 75, 150, 155

USA 25

Verfassung 12, 43, 68 f., 83 ff., 120, 150
Versailles 150, 155

Wiener Kongress 128, 150,
Wirtschaft 9 ff.
Wohlfahrtsausschuss 75, 85, 150, 155
Wohlfahrtsverbände 75

Zensur 96, 141

Bildquellenverzeichnis

akg-images: Titelbild, 17, 62, 76, 80, 89, 94, 95, 102/M5, 104/M8, 109, 113, 116, 132, 140/M12;
Bildarchiv Preußischer Kulturbesitz: 51, 53, 55, 92;
Bridgeman Giraudon: 43, 140/M11;
J. E. Bulloz, Paris: 101 (3a, 3b);
Bundesarchiv Rastatt: 130;
Centre historique des Archives nationales, Paris: 46;
Cinetext: 126/M8;
Cliché Bibliothèque nationale de France; Paris: 45, 98, 100, 102/M4, 103, 105/M10, 107/15a, 139;
Corbis: 136/M7;
Deutsches Historisches Museum, Berlin: 107/M14;
Hachette, Paris: 13;
Musée Carnavalet, Paris: 65, 107/15 b;
Musée Fabre: 83;
Museum für deutsche Geschichte, Berlin: 108;
Photothèque des Musées de la Ville de Paris: 6, 15;
Eric Rouvre, Pradines: 72;
Sächsische Landesbibliothek, Dresden: 18;
Schlossmuseum Gotha, Photo Ebhardt: 93;
Stadtarchiv Worms: 105/M9;
The Bridgeman Art Library: 30, 104/M7;
Thomaschoff/CCC,www.c5.net: 21